AF569875

Jörg Lesczenski – Andrea H. Schneider-Braunberger

Farben für die Kunst

Jörg Lesczenski – Andrea H. Schneider-Braunberger

Farben für die Kunst

Die Geschichte der Künstlerfarbenfabrik H. Schmincke & Co.

PRESTEL
MÜNCHEN • LONDON • NEW YORK

Penguin Random House Verlagsgruppe FSC® N001967

Erstellt in Zusammenarbeit mit der Gesellschaft für Unternehmensgeschichte e.V.
www.unternehmensgeschichte.de
Erste Auflage 2021

in der Penguin Random House Verlagsgruppe GmbH,
Neumarkter Straße 28, 81673 München
Lektorat: Anne Hagenlocher, Bad Boll
Lithographie: Regg Media GmbH, München
Umschlaggestaltung: Büro Jorge Schmidt, München
Umschlagabbildungen im Uhrzeigersinn beginnend oben links: Hermann Schmincke, Josef Horadam, Julius Hesse, Ernst O. Hesse und Peter Hesse.
Satz: Satzwerk Huber, Germering
Druck und Bindung: Druck-Partner GmbH, Essen
Printed in Germany
ISBN 978-3-7913-7916-6
www.prestel.de

INHALT

III. Von der Nachkriegszeit bis in das Zeitalter der Globalisierung 89

Jörg Lesczenski

IV. Schlussbetrachtungen und Ausblick 155

Jörg Lesczenski/Andrea H. Schneider-Braunberger

V. Anhang 163

GRUSSWORT

Die Firma H. Schmincke & Co. GmbH & Co. KG stellt in der vierten Generation der Eigentümerfamilie hochwertige Künstlerfarben her. Nach uns, der vierten Generation, wird es keinen Gesellschafter aus dem Familienkreis mehr geben. Das ist für die jetzigen Gesellschafter, Peter, Thomas und Ariane Hesse, Anlass für mehrere Initiativen: Zum einen müssen wir entscheiden, in welchem Rahmen die hochwertigen Farben für die Anwender erhalten bleiben können. Zum anderen ist es uns ein großes Anliegen, die Zukunft für die kompetenten Mitarbeiter und Mitarbeiterinnen zu sichern. Darüber hinaus möchten wir zurückblicken, um die Geschichte des Familienunternehmens aufzuzeichnen, solange die Erinnerung aus der Familie lebendig und verfügbar ist.

Bei der Suche nach einer Lösung für die Zukunft der Firma lernte ich, Ariane Hesse, in einem Seminar Frau Dr. Schneider-Braunberger und die Arbeit der GUG e.V., der Gesellschaft für Unternehmensgeschichte, kennen. Mir war sofort klar, hier die richtige Partnerin für das Erfassen der Unternehmensgeschichte gefunden zu haben. Wir hatten zwar eine Menge an Dokumenten, Bildern und Erzählungen, es fehlten aber oft die größeren Zusammenhänge und für manche Zeitabschnitte belastbares Material. Für alle an diesem Prozess Beteiligten war es erstaunlich, wo Quellen aufgetan werden konnten und was dabei zutage kam. Wir erfuhren Details und Zusammenhänge, die uns bisher vollkommen unbekannt waren. Manches hätten wir ohne die Hilfe der Historiker nicht einordnen können. Wir freuen uns, jetzt eine Geschichte der Firma Schmincke vorlegen zu können, die über die 140 Jahre ihres Bestehens wichtige Abläufe und Entscheidungen der jeweiligen Inhaber und Geschäftsführer präsentiert. Wir bedanken uns für die engagierte und profunde Arbeit von Frau Andrea Schneider-Braunberger und Herrn Jörg Lesczenski. Bedanken möchten wir uns auch für die Aussagen von langjährigen »Schminckianern«, die zu dieser Arbeit beigetragen haben. Besonders erfreulich ist es, dass die Veröffentlichung beim renommierten Prestel Verlag möglich wird.

Familienunternehmen haben immer die Aufgabe, zwei unterschiedliche Kulturen in Kooperation zusammenzubringen: die emotional geprägte Familienlogik und die an wirtschaftlichen Gegebenheiten orientierte sachliche Unternehmenslogik, um den Zweck des Unternehmens erfolgreich umzusetzen. Selbst wenn der Zweck im Wortsinn so »schön« ist wie bei Schmincke, können aufgrund dieser Grundsituation Konflikte nicht immer vermieden werden. Dazu kommen bestimmende politische, gesellschaftliche und wirtschaftliche Umstände, denen sich niemand entziehen kann und die in unternehmerische Entscheidungen hineinwirken.

Die Familiengesellschafter haben ihr Engagement für das Unternehmen Schmincke und seine Produkte durch eine lebenslange Prägung erhalten und verinnerlicht. Für die folgende Generation ergibt sich die treuhändische Verantwortung dagegen aus ihrer Werteverwandtschaft verbunden mit unternehmerischen Fähigkeiten.

Über die gesamte Zeit hinweg zeigt die Firmengeschichte, dass es immer wieder neue Wege gab, wenn die alten nicht mehr hielten. Wir hoffen, dass auch dieses Buch unsere späteren Nachfolger ermutigt, in diesem Sinne H. Schmincke & Co. weiterzuführen.

Ariane Hesse Thomas Hesse

1 Die erstgeborene, vierjährige Tochter Frida Hesse, 1875

2 Die Geschwister Julius, Josephine und Frida Hesse, 1886

3 Der 15jährige Julius Hesse mit seiner jüngeren Schwester Josephine, 1889

4 Die Eltern Therese und Oswald Hesse mit ihren Kindern Josephine, Julius und Frida (v.l.n.r.), 1896

I / **EINLEITUNG**

(JÖRG LESCZENSKI/ANDREA H. SCHNEIDER-BRAUNBERGER)

5 Das Familienunternehmen: die Porträts von Hermann Schmincke (l.), Julius Hesse (M.) und Josef Horadam (r.) sowie Peter Hesse (stehend) und Ernst O. Hesse (sitzend), ca. 1980

Es gibt für ein Unternehmen unterschiedliche Gründe, sich der Vergangenheit zu stellen und die eigene Geschichte mithilfe von professionellen Historikern aufarbeiten zu lassen. Ein bevorstehendes Firmenjubiläum ist dabei häufig ein Anlass für eine kritische Spurensuche, verbunden mit dem Wunsch, den eigenen Mitarbeiterinnen und Mitarbeitern, aber auch einer breiten Öffentlichkeit die Herkunft, die Kontinuitäten sowie die Brüche der Unternehmensgeschichte aufzuzeigen. Eine Aufarbeitung, die wissenschaftlichen Standards gerecht wird, erwächst mitunter auch aus dem Bedürfnis, eine Überlieferung der Firmenhistorie, die bislang auf unbewiesenen Vermutungen, Gerüchten, Spekulationen und sprichwörtlichem Halbwissen beruhte, nach einem umfassenden Quellenstudium in Teilen zu korrigieren, möglicherweise aber auch zu bestätigen. Der öffentliche Druck von Medien, teils auch von Geschäftspartnern im Ausland, hat ebenfalls manche Archivtüren aufgestoßen und erheblich dazu beigetragen, dass seit den späten 1980er Jahren zahlreiche deutsche Unternehmen Auf-

6 Julius Oswald Hesse und Therese geb. Horadam mit ihren Kindern Frida Auguste und Josephine Hesse sowie Julius Anton Oswald Hesse mit seiner Gattin Gerta Hanau (M.), 1900er Jahre

tragsarbeiten zu ihrer Geschichte in der NS-Zeit vergeben haben.

Die vorliegende Publikation geht auf ein anderes, eher außergewöhnliches Motiv zurück. Die Inhaber der H. Schmincke & Co. GmbH & Co. KG, die Geschwister Peter, Ariane und Thomas Hesse, haben keine Nachkommen. Dass es im Gesellschafterkreis und im operativen Geschäft einmal keinen Nachfahren aus der Gründerfamilie mehr geben wird, ist für die Unternehmensgeschichte zweifelsohne ein tiefer Einschnitt – und für die Eigentümerfamilie Grund genug, Bilanz zu ziehen und auf die bisherige Firmenhistorie zurückzublicken. Es ist bemerkenswert, dass wir als Historiker im Fall von H. Schmincke & Co. Zeuge des bewussten Wandels eines Familienunternehmens zu einem »Verantwortungsunternehmen« werden, dessen Unternehmerfamilie sich gerade nicht gegen das Unternehmen entscheidet, sondern zu einem natürlichen Ende gelangt. Den Eigentümern gilt unser Dank dafür, dass sie diese Studie in Auftrag gegeben und die Forschungen darüber hinaus tatkräftig unterstützt haben: mit Interviews und Aktenmaterial gleichermaßen.

Zu den grundlegenden Voraussetzungen für die Langlebigkeit eines Familienunternehmens gehört in der Tat in jeder Generation die Geburt von Nachkommen, die später auch bereit sind, das Unternehmen fortzuführen. Im Falle des Farbenherstellers Schmincke zeigt sich an dem Schlüsselthema Unternehmerfamilie und Nachfolge ein geradezu fatales Versmaß: Schon die erste Gründergeneration – Hermann Schmincke und Josef Horadam – bringen keine Unternehmensnachfolger hervor. Die Ehe zwischen Emma Schmincke und dem späteren Compagnon Josef Horadam blieb kinderlos. Josef Horadam wurde erst mit über 60 Jahren Vater einer Tochter. Seine Schwester Therese Horadam heiratete Julius *Oswald* Hesse, mit dem sie drei Kinder bekam – Julius, Frida und Josephine. In der Familie blieben immer wieder Mitglieder kinderlos, so Julius Hesses Schwester Josephine. Sie adoptierte mit ihrem Ehemann Erwin Zettler das Kind Erich Marquardt. Auch ihre Schwester Frida blieb ledig und kinderlos. In der nächsten Generation der Familie Hesse überlebte nur ein Bruder (Ernst O. Hesse), der in zwei Ehen drei Kinder zeugte (Peter, Thomas und Ariane). Wir beobachten einen Fall, in dem der Fortbestand des Unternehmens von Beginn an durch die prekäre Nachfolgefrage gefährdet war. In der Zeit des Nationalsozialismus spitzte sich die für ein Familienunternehmen existenzielle Frage weiter zu, da durch die Heirat von Julius Hesse mit Gerta Hanau eine Jüdin in das Unternehmen eingetreten war.

Das Autorenteam geht den vielfältigen und bemerkenswert subtilen Beziehungen zwischen Familie und Unternehmen nach und beleuchtet die Herausforderungen und Strategien Schminckes vor dem Hintergrund des sozialen, kulturellen und ökonomischen Wandels seit dem späten 19. Jahrhundert. Andrea H. Schneider-Braunberger zeichnet die Unternehmensgeschichte von seiner Gründung bis zum Ende des Zweiten Weltkrieges nach. Dabei ist zunächst eine historisch anhaltende Unschärfe zur Gründungsgeschichte und zum Gründungsdatum bemerkenswert. Während in frühen Briefköpfen der Hinweis »seit 1881« erscheint, nehmen die Gründer selbst ihren angeblichen 25-jährigen Gründungsjahrestag im Jahr 1907 zur Etablierung einer Stiftung zum Anlass: folglich das Jahr 1882. Diese Unschärfe spricht dafür, dass der Vorläufer des 1890 im Handelsregister eingetragenen Unternehmens H. Schmincke & Co. eher im Garagencharakter eines Start-ups agierte. Vertriebswege und innovative Farben wurden im Betrieb der Unternehmerfamilie entwickelt – im Umfeld der Düsseldorfer Kunstakademie in der goldenen Epoche des Bürgertums. Bei Verkauf dieses Unternehmens von Hermann Schmincke war der Wert deutlich unterhalb einer industriellen Schwelle, die im Anschluss durch die Gründung des Unternehmens H. Schmincke & Co. 1889 überschritten wurde.[1]

Es folgte ein rasanter internationaler Aufstieg, der zwar durch den Ersten Weltkrieg verlangsamt, aber nicht gestoppt wurde. Die »Goldenen Zwanziger« erlebte Schmincke mit einer bunten Produktpalette. Erst in den 30er Jahren zogen schwarze Wolken auf: der überraschende Tod des Eigentümers im Jahre 1937, der erzwungene Austritt seiner Ehefrau aus dem Unternehmen sowie die Erfahrung am Ende des Krieges, durch Kriegsschäden wie Verfolgung nur knapp der Katastrophe entkommen zu sein.

Jörg Lesczenski rekonstruiert den Weg Schminckes von der Nachkriegszeit bis zur Globalisierung in der Gegenwart. Die Zerstörung von Produktionsanlagen, die beschwerliche Suche nach Rohstoffen, ungenügende Absatzchancen unter den Bedingungen der »Katastrophengesellschaft«, in der für nahezu alle Familien die Befriedigung der (über-)lebenswichtigen Grundbedürfnisse im Mittelpunkt stand, sowie Familienstreitigkeiten erschwerten den Wiederaufbau der Firma gehörig. Die Bereitschaft Ernst O. Hesses, ganz neue Geschäftszweige zu erschließen und zunächst Diktiergeräte bzw. später Außenbordmotoren für Sportboote zu importieren, machte die Rückkehr der Firma Schmincke finanziell überhaupt erst möglich. Das Wirtschaftswunder und seine Folgen (kontinuierlich steigende Einkommen,

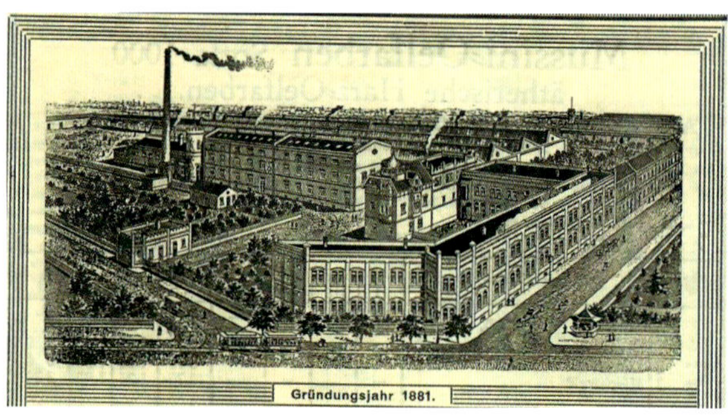
Gründungsjahr 1881.

H. SCHMINCKE & Co.
Künstlerfarben und Malgründe
DÜSSELDORF.
Schutzmarke
Schutzmarke
Liste Nr. 80/26.

7 Briefbogen H. Schmincke & Co., Künstlerfarben und Malgründe, 1926

wachsende Freizeitausgaben etc.), die Bedeutung Düsseldorfs als »Hotspot« der Kunstszene, manche Produktinnovation, die zur Marktreife gebracht wurde, und schließlich das unverändert blühende Importgeschäft sorgten dafür, dass sich Schmincke bis in die frühen 70er Jahre hinein konsolidierte und als anerkannter Player auf dem Farbenmarkt etablierte.

Mit Ernst O. Hesse und seinem Sohn Peter Julius als geschäftsführende Gesellschafter wurde das Unternehmen nun über fast 20 Jahre von einer Doppelspitze geführt. Die Strategie, auf Marktnischen und die Produktion »feinster« und »feiner« Künstlerfarben zu setzen, bewährte sich. Für wachsende Umsätze bis zu Beginn der 90er Jahre sorgte ferner das veränderte Freizeitverhalten der Westdeutschen. Kreativ zu sein, seine Persönlichkeit zu entfalten und sich selbst zu verwirklichen, gehörte zu den wichtigsten Geboten der »Erlebnisgesellschaft«. Zugleich stand Schmincke in der Ära der Doppelspitze wesentlichen, zum Teil neuen internen und externen Herausforderungen gegenüber: Streitigkeiten zwischen Vater und Sohn belasteten das Tagesgeschäft und das Betriebsklima, der Tod Ernst O. Hesses 1992 schwächte die Geschäftsführung, der beschleunigte Branchenwandel (schärferer Wettbewerb, Wandel des Händler- und Kundenverhaltens etc.) stellte neue Aufgaben. Managementfehler und schmelzende Erträge stürzten Schmincke Mitte der 90er Jahre in eine tiefe Krise, die letztlich mit dem endgültigen Abschied von Peter Hesse aus der operativen Verantwortung, der Berufung eines neuen familienfremden Geschäftsführers und angemessenen unternehmensstrategischen Korrekturen überwunden wurde.

Es ist bisweilen nur begrenzt möglich, die hier angerissenen Themen unternehmenshistorisch gründlich aufzuarbeiten. Trotz intensiver Recherchen in zwölf Archiven, bei denen uns Michael Bermejo-Wenzel unterstützt hat, dem hierfür großer Dank gebührt, war es nicht möglich, die wichtigsten betriebswirtschaftlichen Kennzahlen lückenlos zu rekonstruieren. Hinweise geben ab und an die Protokolle der Gesellschafterversammlungen, die gleichfalls nur fragmentarisch vorliegen, oder auch die Berichterstattungen der lokalen und überregionalen Presse. Zudem ist eine seriöse Einordnung der Befunde zur Geschichte Schminckes nahezu unmöglich. Die sehr kleine Branche der Künstlerfarbenproduzenten

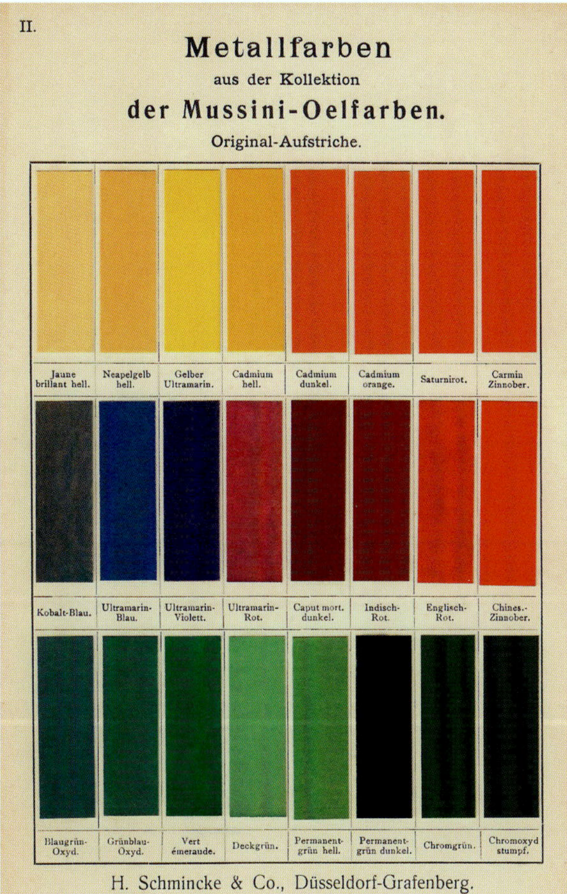

8 Farbtafel »Metallfarben« der Mussini-Ölfarben, 1907

ist von Unternehmenshistorikern bisher faktisch ausgeblendet worden. Weder liegen ältere Arbeiten zu Schmincke noch zu den Wettbewerbern vor.[2] Allerdings lassen sich mithilfe jüngerer Studien, die das Innenleben von Unternehmerfamilien und ihre Konflikte im 19. und 20. Jahrhundert thematisieren, zumindest die Besonderheiten der Eigentümerfamilie Hesse herausarbeiten. Noch erstaunlicher ist es, dass auch einschlägige kunsthistorische und kunstwissenschaftliche Arbeiten darauf verzichten, die Produzenten von Farben, Pinseln, Leinwänden etc. als einen unverzichtbaren Akteur des Kunstmarkts näher zu beleuchten.[3] Daher hoffen die Autoren, mit ihrer kleinen Studie eine erste Tür zu einem Untersuchungsfeld geöffnet zu haben, das zu weiteren interdisziplinären Forschungen geradezu einlädt.

II / VOM BLAU DES ULTRAMARINS IN DAS GRAU DER ZERSTÖRUNG

(ANDREA H. SCHNEIDER-BRAUNBERGER)

VIII

PATENT-URKUNDE

№ 68426

AUF GRUND DER ANGEHEFTETEN BESCHREIBUNG IST DURCH BESCHLUSS DES KAISERLICHEN PATENTAMTES

Jean Joseph Horadam in Düsseldorf-Grafenberg

EIN PATENT ERTHEILT WORDEN.

GEGENSTAND DES PATENTES IST:

GESETZ v. 7. APRIL 1891

Verfahren zur Herstellung von Aquarellfarben.

ANFANG DES PATENTES: 27. August 1892.

DIE RECHTE UND PFLICHTEN DES PATENTINHABERS SIND DURCH DAS PATENTGESETZ VOM 7. APRIL 1891 (REICHS-GESETZBLATT FÜR 1891 SEITE 79) BESTIMMT.

ZU URKUND DER ERTHEILUNG DES PATENTES IST DIESE AUSFERTIGUNG ERFOLGT.

Berlin, den 8. April 1893.

KAISERLICHES PATENTAMT.

Beglaubigt durch Frank

Bureau-Vorsteher des Kaiserlichen Patentamtes.

9 Patenturkunde der Horadam-Aquarellfarben, 1893

10 Abhandlung über die Mussini-Ölfarben, 1912

1. DIE BUNTE WELT DER KÜNSTLERFARBEN (1835–1929)

»Die Farbigkeit gehört zu den Glücksgütern unseres Seins.«[1]

Mit Entstehung des Bürgertums im 19. Jahrhundert und der wachsenden Bedeutung von allgemeiner Bildung und Kunstfertigkeiten entwickelte sich ein Markt für Künstlerfarben. Nach dem elitären Kunstmarkt erreichte Anfang des 20. Jahrhunderts die Kunst mit dem allgemeinen Malunterricht an den Schulen dann auch breitere Bevölkerungsschichten. Es entstand auf diesem Weg ein hoch spezialisierter Markt für industriell gefertigte Künstlerfarben, der bis heute von wenigen Herstellern dominiert wird.

Die Rahmenbedingungen für die Gründungen verschiedener Hersteller von Künstlerfarben ähnelten sich, ebenso die Motivlagen und die Werbungsmaßnahmen der frühen Zeit. Alle Unternehmen bezogen sich auf bedeutende zeitgenössische Künstler, welche ihre Farben nutzten, oder große Meister früherer Tage. War es beim Düsseldorfer Farbenhersteller Franz Schoenfeld (Lukas-Farben) Vincent van Gogh, warb der niederländische Hersteller Royal Talens mit Rembrandt.[2] Der Londoner Hersteller Daler Rowney wiederum nutzte den bekanntesten Maler der Romantik, William Turner, einen Freund der Familie, als Aushängeschild.[3] Bei H. Schmincke & Co. in Düsseldorf begegnen uns in den Anfängen Cesare Mussini, später Otto Dix und Emil Nolde.

Ab wann konnten Künstlerfarben industriell gefertigt werden? Um 1800 war die industrielle Farbenwelt blau. Der natürlich vorkommende, wertvolle Farbstoff Ultramarin wurde zu Beginn des 19. Jahrhunderts erstmals künstlich gefertigt. Zur industriellen Reife brachte 1828 der Chemiker der Königlich Sächsischen Porzellanmanufactur zu Meissen, Friedrich August Köttig, sein Verfahren zur Herstellung von Ultramarin. Weitaus größere Mengen fabrizierte kurz darauf bereits Carl Leverkus mit seinem 1834 in Wermelskirchen etablierten Werk.[4] Eine erste Gründungswelle rollte über Deutschland und ließ eine Vielzahl von Ultramarinfabrikationen entstehen, so auch Johannes Zeltners 1838 errichtete erste bayerische Ultramarinfabrik.[5]

Die industrielle Revolution änderte auch den Herstellungsprozess von Farben. Dies betraf nicht nur das Ultramarin; früh fand Friedlieb Ferdinand Runge das Anilinschwarz (1834); 1852 entdeckte William Henry Perkin das Anilin-Mauvein, das vor allem zur Färbung von Textilien genutzt wurde. In den 60er Jahren folgte die Gründung von Farbenwerken in einer schnellen Taktung: 1863 Meister, Lucius & Brünung (später Hoechst), 1863 Fried. Bayer & Co., 1865 Bad. Anilin- und Sodafabrik (BASF) und 1867 die spätere Agfa.[6] Während die sich rasch zu Konzernen weiterentwickelnden Farbenwerke die Industrie belieferten, entstand zeitgleich ein spezieller Nischenmarkt für Künstlerfarben. Die industrielle Fertigung von Künstlerfarben in Deutschland

11 Johann Dietrich Carl Kreul, »Brief an Emilie«, Öl auf Holz, 1834

nahm ihren Anfang mit der Ölkünstlerfarbenfabrik Carl Kreul, die 1838 in Nürnberg gegründet und 1842 nach Forchheim in Oberfranken verlegt wurde, das gerade für kleinere Unternehmen hervorragende Rahmenbedingungen bot.[7] Johann Dietrich Carl Kreul war selbst Maler (ein Genre- und Bildnismaler) und nutzte seine Farben für seine eigenen Gemälde. Seine Innovation bestand in der Erfindung einer Farbreibemaschine, welche den gleichbleibenden Qualitätsstandard der Ölfarben sicherte.[8]

DREI FAMILIEN – EIN UNTERNEHMEN

Gerade als Carl Kreul sein Werk nach Oberfranken verlagert hatte, wurde am 7. Juni 1844 Josef Horadam im Forsthaus Zentbechhofen geboren, zugehörig zu der gleichnamigen kleinen oberfränkischen Gemeinde zwischen Forchheim und Bamberg. Sein Vater Anton August von Horadam[9] war Forstmeister und heiratete im Sommer 1835 Margarethe Katharina Antonia Kreß von Kreßenstein.[10] Von ihren fünf Kindern überlebten allerdings nur zwei: Margarethe (auch Louise genannt) *Barbara* Antonia Emist und Eduard; Karl Wilhelm, Josephine und Maria verstarben in jungen Jahren. Kurz nach der Geburt Marias verstarb am 23. Juni 1841 auch Margarethe Horadam selbst.

Am 28. Juni 1843 heiratete Anton August von Horadam dann Anna Albertina Segin,[11] mit der er weitere drei Kinder hatte: Dem Sohn *Josef* folgten noch zwei Töchter – *Therese* Maria Rosa (17. September 1851 bis 30. August 1931) und *Auguste* (24. Mai 1861 bis 19. Februar 1948). Josef Horadam wohnte bei seinen Großeltern mütterlicherseits und besuchte in Bamberg die Schule.[12] Sein Weg führte ihn in die Universitätsstadt Erlangen, wo er sich alsbald über die Chemie der Farbenwelt annäherte. Nach seinem Staatsexamen kam er 1872 als technischer Dirigent in die thüringische Ultramarinfabrik Sophienau in Eisfeld.[13] Später war er »Direktor einer [dieser, Anm.d.Verf.] Ultramarinfabrik in Thüringen«.[14]

Am 17. Oktober 1872 heiratete Josef Horadam, der bereits in Düsseldorf wohnte, in Frankfurt am Main die dort am 5. September 1849 geborene Henriette Dorothea *Emma* Schmincke.[15] Sie war die Tochter des in Frankfurt am Main tätigen Chirurgen Dr. Ferdinand Heinrich Schmincke[16] und der Catharina Louise Henriette geb. Wilmans. Ihr jüngerer Bruder, der am 21. Oktober 1853 in Frankfurt am Main geborene Heinrich *Hermann* August Schmincke, war der Gründer der Düsseldorfer Künstlerfarbenfabrik H. Schmincke.[17] Die Bekanntschaft Josef Horadams mit Emma Schmincke dürfte über ihren Bruder zustande gekommen sein, der auch Chemiker war und wie Josef Horadam in der Ultramarinfabrik Piedboeuf in Düsseldorf arbeitete.

»Mein Vater«, so die Tochter Josef Horadams aus zweiter Ehe später, »heiratete die sehr schöne Schwester

12 Anton Horadam (8. August 1808 – 21. November 1889) und Anna Segin (16. Februar 1826 – 18. Mai 1896)

13 Forchheim, Paradeplatz mit Forstamt, 19. Jahrhundert

Emma v. H. Schminke, trotz intensiver Warnungen des Bruders. E. Schminke war drogenabhängig u. die Ehe wurde geschieden. Mein Vater kaufte ihr ein Haus am Schillerplatz und sorgte für eine ständige Pflegerin. Einmal in der Woche ging er hinüber, um nach dem Rechten zu sehen. Als Kind begleitete ich ihn oft auf diesem Weg.«[18] Der Scheidung des katholischen Josef Horadam von seiner Frau Emma[19] aufgrund der nicht näher bezeichneten Erkrankung folgte eine zweite Ehe mit Luise Windscheid.[20] Im hohen Alter von 64 Jahren wurde Josef Horadam aus dieser Ehe 1908 eine Tochter, nämlich Ruth, geboren.[21]

Hermann Schmincke (21. Oktober 1853 bis 25. Oktober 1910) war durch die Ehe seiner Schwester Emma mit Josef Horadam verwandt, war also nicht länger nur Mitarbeiter des fast zehn Jahre älteren Josef Horadam in der Düsseldorfer Ultramarinfabrik, der dort als Direktor beschäftigt war. Damit waren aber auch die Familien Schmincke (über Emma Schmincke & Josef Horadam) und Hesse (über Therese Horadam & Oswald Hesse) miteinander verwandt. Die heutige Eigentümerfamilie von H. Schmincke & Co. Hesse gelangte also nicht erst später in Besitz des Unternehmens, sondern zählte von Beginn an zum Kreis der Unternehmerfamilie.

Schon zwei Jahre vor der Hochzeit von Josef und Emma Horadam heiratete nämlich am 19. Juli 1870 Josef Horadams jüngere Schwester Therese Julius *Oswald* Hesse (17. September 1835 bis 10. Februar 1917) unweit ihres Heimatdorfes in Forchheim. Oswald Hesse war Sohn des Erbschenks und Fleischhauers Johann Gotthelf Hesse (29. Mai 1801 bis 8. Juni 1848) aus dem sächsischen Obereula bei Nossen.[22] Nach dem frühen Tod seiner Mutter wurde er zunächst von einem Schullehrer großgezogen, dann auf Wunsch seines Onkels in der Landwirtschaft praktisch und an der Gewerbeschule Glemnitz theoretisch unterrichtet. Aufgrund einer Verletzung an der Ausübung seiner Pflichten gehindert, widmete er sich der Chemie. Er setzte sich gegen alle Verwandten und Berater durch und studierte Chemie, promovierte 1860 in Göttingen und ging im Anschluss nach Greifswald; von dort wechselte er zur Fabrik Friedrich Jobst in Stuttgart.[23]

14 Hermann Schmincke (21. Oktober 1853 bis 25. Oktober 1910)

15 Josef Horadam (7. Juni 1844 bis 26. Mai 1917)

16 Julius Oswald Hesse (17. Mai 1835 bis 10. Februar 1917)

17 Therese Horadam (17. September 1851 bis 30. August 1931)

18 Josephine Hesse (31. Oktober 1883 bis 11. Februar 1971)

19 Frida Hesse (4. Dezember 1871 bis 22. März 1947)

Ich, Julius Oswald Hesse, bin am 17 Mai 1835 in Obereula bei Nossen (K. Sachsen) geboren, beziehungsweise in Deutschenbora, da die Wohnstätte meiner Eltern jetzt zu Deutschenbora zählt. Bis zum 13. Jahr, wo mein Vater starb, besuchte ich die Schule in Deutschenbora, dann die Schule in Grünlichtenberg, in dem ich zu dem dortigen Schullehrer Schröbel der ein tüchtiger Lehrer war, in Pension kam, wo ich noch bis zum 15 Jahre blieb. Obwohl dieser befürchtete, ich würde einmal einen tüchtigen Schullehrer abgeben, so hatte ich doch keine Lust dazu, sondern entsprach dem Wunsche meines Onkels und lernte auf dessen Gute bis zum 17. Jahre die Landwirtschaft praktisch und dann von Ostern 1853 ab theoretisch indem ich auf die Gewerbeschule in Chemnitz kam, die mit einer landwirtschaftlichen Lehranstalt verbunden war. Dort im zweiten Jahre zog ich mir eine [illegible]

20 Handschriftlicher Lebenslauf von Julius Oswald Hesse, 1910er Jahre

21 Julius Oswald Hesse (2.v.r.) und seine Kinder Julius Anton (3.v.r.), Frida Auguste (1.v.r.) und Josephine Mathilde (4.v.r.) vor ihrem Haus in Feuerbach, ca. 1880er Jahre

22 Fabrik Jobst, Feuerbach, 2. Hälfte 19. Jahrhundert

Der renommierte Dr. Julius *Oswald* Hesse war nicht nur ein erfolgreicher Chemiker und publizierte in seinem Metier, sondern machte auch 1909 mit einer Publikation über die Geschichte Feuerbachs von sich reden.[24] Aus der Ehe von Therese Horadam und Julius *Oswald* Hesse ging am 23. Dezember 1874 der Sohn *Julius* Anton Hesse hervor, der nach der Jahrhundertwende in den Betrieb seines Onkels – Josef Horadam – einsteigen sollte. Während seine ältere Schwester Frida (4. Dezember 1871 bis 22. März 1947) ledig blieb, heiratete die jüngere Schwester Josephine (31. Oktober 1883 bis 11. Februar 1971) den chemischen Fabrikanten Erwin Zettler.

DAS TREFFEN – DIE DÜSSELDORFER ULTRAMARINFABRIK J. HORADAM

Ob Josef Horadam bereits in Eisfeld die Ultramarinfabrik verlassen hatte und die Ultramarinfabrik in Düsseldorf leitete, als seine jüngere Schwester Therese Dr. Oswald Hesse heiratete, ist nicht überliefert. Jedenfalls arbeiteten Hermann Schmincke und Josef Horadam in den 70er Jahren in der Düsseldorfer Ultramarinfabrik J.P. Piedboeuf, und spätestens seit seiner eigenen Hochzeit im Jahr 1872 wohnte Josef Horadam in Düsseldorf. Damit hatte er vor der ökonomischen Trendwende im Deutschen Kaiserreich des Jahres 1873 die Leitung einer Farbenfabrik übernommen, nämlich die des in Düsseldorf angesehenen und bedeutenden Industriellen Jacques Pascal Piedboeuf. Dieser hatte 1812 eine gleichnamige GmbH gegründet: Eine Maschinenfabrik, die Kessel herstellte, die u.a. auch zur Herstellung von Ultramarin benötigt wurden. 50 Jahre später gründete Jacques Pascal Piedboeuf im Jahr 1862 die Düsseldorfer Ultramarinfabrik in der Gerresheimer Straße. Dort stellte er »in der Hauptsache aus importierten Farbstoffen das uralte echte Ultramarin für die damals so beliebten Blaudruckstoffe der Industrie her«.[25] 1876 war Josef Horadam Direktor[26] und zeichnete in dieser Funktion

23 Produktliste der Düsseldorfer Ultramarin-Fabrik Horadam & Cie., 1880er Jahre

24 Josef Horadam (7. August 1844 – 28. Mai 1917)

für die »Düsseldorfer Ultramarinfabrik J.P. Piedboeuf Ultramarinwerke, Oberbilk« im Schriftverkehr mit den städtischen Behörden.[27] Hermann Schmincke und Josef Horadam brachten ihr wissenschaftliches und technisches Können in der Düsseldorfer Ultramarinfabrik ein. Horadam genoss bereits 1880 hohes Ansehen und war »Vorsitzender der Abteilung chemische Industrie in der großen Kunstjahresausstellung 1880« sowie Mitglied des Verwaltungsrats des Zentral-Gewerbeverbandes.[28]

Bis Dezember 1883 zeichnete Josef Horadam noch für die J.P. Piedboeuf, Ultramarinfabrik.[29] Die Konzentrationsprozesse der Wirtschaft, ausgelöst durch die Deflationsphase im Deutschen Kaiserreich Mitte der 80er Jahre, strukturierte diese nachhaltig um: ein Geflecht von Großkonzernen mit sie umgebenden, kleineren Spezialzulieferern entfaltete sich. Josef Horadam war zu dieser Zeit fester Bestandteil des Düsseldorfer Wirtschaftslebens und zentrale Figur der Farbenindustrie. Die Ultramarinfabrik, Düsseldorf firmierte 1884 als Horadam & Co.,[30] nachdem die ursprüngliche Bezeich-

Vereinigte Ultramarin-Fabriken
Aktien-Gesellschaft
vormals Leverkus, Zeltner & Consorten

Telegramm-Adresse: Ultra Koeln

Reichsbank-Giro-Conto

Köln a/Rhein, den 8. Februar 1912

Rechnung für Herrn Gustav Herbst Wegeleben

Senden Ihnen für Ihre Rechnung und Gefahr franco per Bahn

25 Rechnung der Vereinigte Ultramarin-Fabriken vom 4. Januar 1912

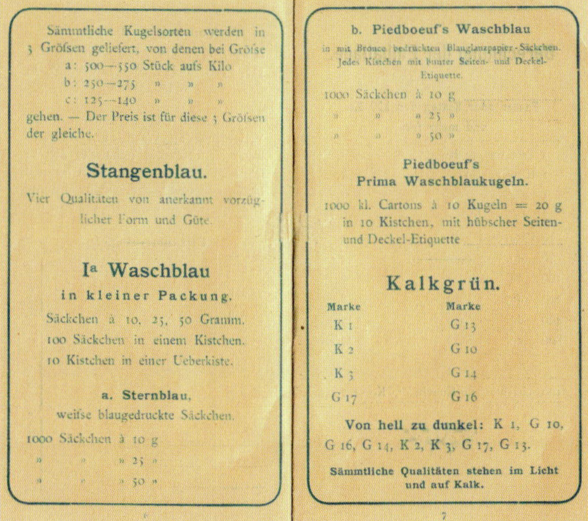

Sämmtliche Kugelsorten werden in 3 Grösen geliefert, von denen bei Grösse
a: 500–550 Stück aufs Kilo
b: 250–275 » » »
c: 125–140 » » »
gehen. — Der Preis ist für diese 3 Grösen der gleiche.

Stangenblau.

Vier Qualitäten von anerkannt vorzüglicher Form und Güte.

I^a Waschblau

in kleiner Packung.

Säckchen à 10, 25, 50 Gramm.
100 Säckchen in einem Kistchen.
10 Kistchen in einer Ueberkiste.

a. Sternblau,

weisse blaugedruckte Säckchen.

1000 Säckchen à 10 g
» » » 25 »
» » » 50 »

6

b. Piedboeuf's Waschblau

in mit Bronce bedruckten Blauglanzpapier-Säckchen. Jedes Kistchen mit bunter Seiten- und Deckel-Etiquette.

1000 Säckchen à 10 g
» » » 25 »
» » » 50 »

Piedboeuf's Prima Waschblaukugeln.

1000 kl. Cartons à 10 Kugeln = 20 g in 10 Kistchen, mit hübscher Seiten- und Deckel-Etiquette

Kalkgrün.

Marke	Marke
K 1	G 13
K 2	G 10
K 3	G 14
G 17	G 16

Von hell zu dunkel: K 1, G 10, G 16, G 14, K 2, K 3, G 17, G 13.

Sämmtliche Qualitäten stehen im Licht und auf Kalk.

7

26 Die Ultramarin-Fabrik Horadam bot an: Ultramarinblau, Ultramarinkugeln, Stangenblau, Waschblau, Sternblau, Piedboeuf's Waschblau, Piedboeuf's Prima Waschblaukugeln, Kalkgrün, 1880er Jahre

nung zunächst nur ergänzt worden war: »J.P. Piedboeuf Horadam & Co.« 1885 wurde Josef Horadam als alleiniger persönlich haftender Gesellschafter eingetragen und die Firma umbenannt in: »Düsseldorfer Ultramarin-Fabrik, vorm. J.P. Piedboeuf, Horadam & Co.«[31] Sie war im Adressbuch der Stadt Düsseldorf eingetragen mit dem Hinweis »Inh. Josef Horadam«.[32] Der Einstieg bei J.P. Piedboeuf und die später durchgeführte Übernahme der Ultramarinfabrik durch Josef Horadam in den 80er Jahren erfolgte vor dem Hintergrund eines ab 1886 steilen konjunkturellen Aufschwungs der deutschen Wirtschaft. So stieg die Produktionsleistung bei der Piedboeuf'schen Ultramarinfabrik zwar noch kurz an, der Preis für Ultramarin verfiel aber aufgrund der wachsenden Konkurrenz.[33] Vor allem die ausländischen Schutzzölle, die auch das Deutsche Kaiserreich nach dem Börsencrash von 1873 eingeführt hatte, machten der stark auf Export ausgerichteten Farbenbranche zu schaffen. Zusätzlich schuf die neue Synthese von Ultramarin ein Überangebot. Der anfängliche Erfolg der Ultramarinfabriken hatte im Laufe des 19. Jahrhunderts zu einer intensiven Konkurrenzsituation und mit den Rahmenbedingungen der 80er Jahre zu einer bedenklichen Marktlage geführt.

Dies antizipierend, vereinigten sich zum 1. Mai 1890 die beiden bedeutendsten Unternehmen der Ultramarinbranche – Zeltner und Leverkus – zu den »Vereinigten Ultramarin-Fabriken ehemals Leverkus, Zeltner, und Consorten«. Noch im gleichen Jahr traten weitere namhafte Hersteller dem neuen Unternehmen bei.[34] Die Produktion der Firmen Julius Curtius in Duisburg und der Actiengesellschaft Georg Egestorff's Salzwerke[35] in Linden wurde für den Zeitraum von 15 Jahren von den Vereinigten Ultramarin-Fabriken übernommen. Die verbleibenden Firmen Theunert & Gechter in Chemnitz, Ultramarinfabrik Wilh. Büchner Actiengesellschaft in Pfungstadt, Horadam & Co. in Düsseldorf,[36] G.G. Stinnes in Ruhrort, Sam. Friedrich Holtzapfel in Grub bei Coburg wurden veranlasst, ihre Fabrikation einzustellen.[37] Für die Ultramarinfabrik Holtzapfel in Grub[38] ist belegt, dass die Einstellung der Produktion gegen eine Abfindungszahlung geschah.[39] Für die Horadam'sche Ultramarinfabrik sind keine Wirtschaftszahlen überliefert; Josef Horadam gab jedoch vermutlich auch gegen die Zahlung einer Abfindung die eigene Produktion von Ultramarin endgültig auf.[40]

27 Unternehmensgründer Hermann Schmincke (21. Oktober 1853 – 28. Oktober 1910), 1900er Jahre

CESARE MUSSINI UND DIE GRÜNDUNG VON H. SCHMINCKE & CO.

Ob Hermann Schmincke seinen Durchbruch bei der Weiterentwicklung der Mussini-Ölfarbe, das Anmieten einer »Handlung« und den Beginn der Farbenfabrikation oder eventuell das Ausscheiden aus der Piedboeuf'schen Ultramarinfabrik als Gründungsdatum seines erst 1890 im Handelsregister eingetragenen Unternehmens interpretierte, muss offenbleiben. Fakt ist: Hermann Schmincke arbeitete in den 70er Jahren als Chemiker in der Ultramarinfabrik unter dem Direktor Josef Horadam, erwarb 1875 die Rezepturen Cesare Mussinis über den Geldener Kaufmann Hermann van der Moolen, entwickelte diese weiter, eröffnete ein Handelsgeschäft, in welchem er auch die Waren der Ultramarinfabrik Josef Horadams vertrieb, bis er dieses 1889 verkaufte, um sich auf die Mussini-Farben, deren Herstellung und Vertrieb zu konzentrieren. Während Josef Horadam in der Funktion des Leiters und ab 1884 des Inhabers der Ultramarinfabrik tätig war, hatte Hermann Schmincke also einen neuen beruflichen Weg eingeschlagen. Ob er dies zunächst nebenbei unternahm und überwiegend sogar noch bei Horadam in der Ultramarinfabrik beschäftigt war, lässt sich nicht rekonstruieren. Jedenfalls ist das später auf den Briefköpfen verwendete Gründungsdatum der Schmincke-Farbproduktion von 1881 nicht verbrieft, was unter anderem daran liegt, dass Hermann Schmincke das Ge-

H. Schmincke & Co. Künstlerfarbenfabrik

Schutzmarke.

Inhaber der Firma: J. Horadam, H. Schmincke.

Telegramm-Adresse:
Schmincke, Düsseldorf-Grafenberg.

Fernsprecher No. 2426.

Reichsbank-Giro-Konto.

Konto bei der k. k. Österr. Postsparkasse: Nr. 47 546.

Konto bei der k. Ungar. Postsparkasse: Nr. 15 029.

Düsseldorf-Grafenberg, den 30. Nov. 1906

(Post- und Frachtgutstation)

28 Briefkopf H. Schmincke & Co. Künstlerfarbenfabrik, 30. November 1906

schäft allein betrieb, sodass es nicht im Handelsregister einzutragen war.

Welches Geschäftsmodell verfolgte Hermann Schmincke zu Beginn der 80er Jahre? Anfangs stellte Hermann Schmincke mit seinem kleinen Geschäft keine eigenen Farben her, sondern vertrieb Produkte anderer Farbhersteller, insbesondere die Farben der Ultramarinfabrik seines Schwagers in Düsseldorf und der Bonner Bleiweißfabrik. »Außerdem vertrieben sie [Schmincke] als reine Handelsfirma alle Utensilien, die mit Künstlerfarben in Zusammenhang standen.«[41] Über den Gelderner Händler Hermann van der Moolen hatte Hermann Schmincke bereits 1875 die Rezepte des italienischen Malers Cesare Mussini erworben:[42] »nel 1875 a Hermann van der Moblen, imprenditore di Geldern che ne avviò la fabbricazione, dopo poco passata alla Schmincke che ancora oggi produce e commercializza i celebri tubetti col marchio ›Mussini‹«.[43]

Cesare Mussini wurde am 9. Juni 1804 in Berlin im Haus Verona-Blesson, Unter den Linden, als Sohn von Natale Mussini, dem Kapellmeister des preußischen Königs, geboren. Mit 14 Jahren zog er mit seiner Familie nach Florenz, wo er später Geschichte und Recht studierte, um eine diplomatische Laufbahn einzuschlagen. Seine wahre Leidenschaft war jedoch die Kunst, die er sich in den Florentiner Museen ansah. 1820 begann Mussini ein Kunststudium, sein Durchbruch erfolgte 1828 mit dem Ölgemälde »Leonardo da Vince vecchio

29 Cesare Mussini, »Leonardo Morente« (»Leonardo da Vinci stirbt in den Armen von Franz I.«), Öl auf Leinwand, 1828

e mortalmente infermo spira tra le braccia di Francesco I«.[44] 1837 zog er nach Mailand und entwickelte dort, ganz üblich für die Maler seiner Zeit, seine eigenen Harzölfarben. 1840 heiratete er die attraktive und junge Elise Blesson. Seine Berühmtheit wuchs, er traf bedeutende Persönlichkeiten, weilte acht Monate in St. Petersburg, wo er Aufträge von Zar Nikolaus I. erhielt. 1842 malte er sein später berühmt gewordenes Selbstporträt, kehrte 1850 nach Florenz zurück, wo er 1875 erkrankte und die Malerei aufgab, um sich der Musik zu widmen. So verkaufte Cesare Mussini die Rezepte 1875 an den Händler Hermann van der Moolen, der sie noch im gleichen Jahr an Hermann Schmincke veräußerte. Am 24. Mai 1879 starb Cesare Mussini in Florenz.[45]

Wie schnell Hermann Schmincke mit der chemischen Bearbeitung der Mussini-Rezepturen begann und wann genau ihm der Durchbruch gelang, wissen wir nicht. Früh hatte aber eine Verschiebung von der chemischen Bearbeitung bestimmter Industriefarbstoffe zum Vertrieb von und zum Experimentieren mit Künstlerfarben eingesetzt. Vermutlich um 1881 gründete Hermann Schmincke sein kleines Vertriebsgeschäft und experimentierte nebenher mit den Rezepturen Mussinis, die Josef Horadam später eher als »Idee« denn als grundlegendes Programm bezeichnete. Das Problem der Mussini-Farben war zu diesem Zeitpunkt, dass sie in Farbbeuteln verpackt waren und sich daher nicht für die Malerei im Freien eigneten. Mit den chemischen Kenntnissen Schminckes gelang es, die Mussini-Farben so herzustellen, dass sie sich in Tuben abfüllen ließen. Ein Durchbruch – für die Farbe wie für Schmincke als Farbenhersteller. Mit der in Tuben abgefüllten Mussini-Natur-Harzfarbe trug Schmincke dazu bei, dass die Landschaftsmalerei der Impressionisten wie der Expressionisten zur Blüte gelangen konnte. Die Tuben, die 50 Jahre zuvor 1841 von dem amerikanischen Porträtmaler John Rand als Patent angemeldet worden waren, bestanden zu diesem Zeitpunkt aus Zinn oder Blei;[46] neben der aus Zinn hergestellten Stanniotube folgte im Laufe des 19. Jahrhunderts die Entdeckung von Aluminium als weiterem Metall zur Herstellung von Tuben.[47]

Hermann Schmincke ersetzte im Herstellungsprozess der Farben das von Mussini verwendete Pinienöl

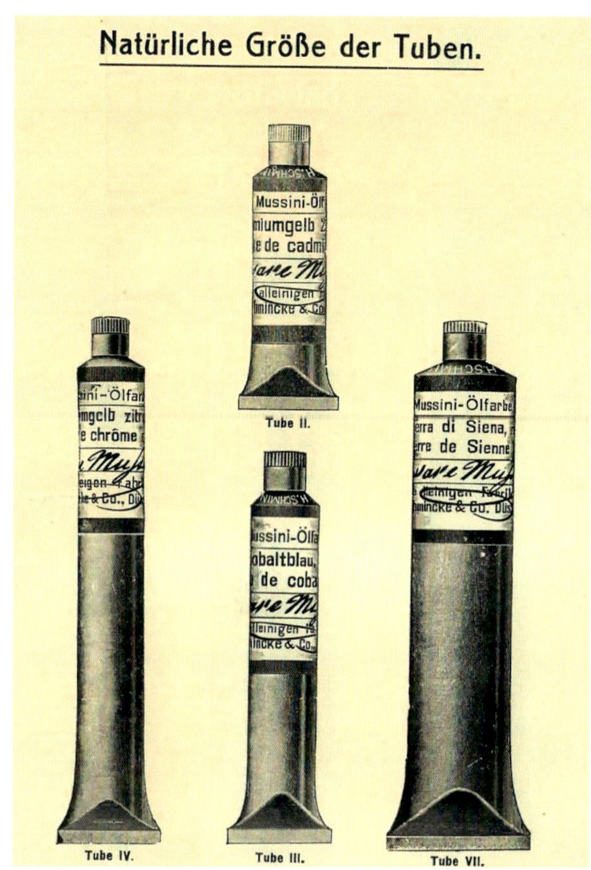

30 Tubenschemata aus einer Informationsbroschüre von H. Schmincke & Co., 1912

durch ein Gemisch aus Mohn- und Leinöl, das, durch Terpentinöl verdünnt, nicht nur lang verarbeitbar war, sondern auch mit anderen Ölfarben kombiniert werden konnte.[48] Damit wurde dem Künstler die mühselige Temperabearbeitung erspart, indem die bereits fertigen Temperafarben in Glasflaschen oder Stannioltuben unmittelbar nutzbar waren. Es war die Zeit der Innovationen. Die 1886 gegründete »Gesellschaft für rationales Malverfahren« war Ausdruck der neuen Bewegung – auch im Bereich der Künstlerfarben.[49] Die Publikation der »Technischen Mitteilungen für Malerei« seit 1884 zeugt von dem wachsenden Markt für Künstlerfarben. Hermann Schmincke wurde bescheinigt, dass er sich für die Materialkunde interessierte; das Unternehmen gab später selbst »Maltechnische Mitteilungen« heraus.[50] Bereits

31 »Farbenmädchen«, 1910er Jahre

am 13. Mai 1887 schloss Hermann Schmincke mit dem Farbenhersteller Fritz Schachinger, Bruder des Kunstmalers und Akademieprofessors Gabriel Schachinger, einen Vertrag zwecks Herstellung von Normalfarben.[51] Die Normierung und damit auch Qualitätssicherung war ihm von Beginn an wichtig. Er bewegte sich dabei im Rahmen der Diskussion um »Farbenfälschungen«, die wohl derart ausufernd waren, dass im Jahr 1905 ein »Kongreß zur Bekämpfung der Farbenfälschung« durchgeführt wurde.[52] Das Thema der Standardisierung und Qualitätssicherung, das zur Entwicklung eines Farbenbuches führte, begleitet das Unternehmen seither.[53]

Dass erste Kontakte, privater wie geschäftlicher Natur, mit der Düsseldorfer Kunstakademie bei dem Entschluss Hermann Schminckes, Künstlerfarben herzustellen, ihren Einfluss hatten, ist denkbar. Düsseldorf war ein zentraler Standort der akademischen Künste, die Künstlerakademie hochrangig. Ortsansässig war der einflussreiche Künstlerverein »Malkasten«, dem bis zu ihrem Tod sowohl Hermann Schmincke als auch Josef Horadam als »Außerordentliche Mitglieder«, angehörten.[54] Die von Hermann Schmincke nach dem Rezept von Cesare Mussini entwickelten Ölfarbe, die er an die Künstler der Akademie verkaufte, wurden von diesen in der ganzen Welt bekannt gemacht.[55] Mitte der 80er Jahre hatte Hermann Schmincke mit den Mussini-Farben einen Status erreicht, der ihn unmittelbar in den Kreis der wenigen renommierten Künstlerfarbenhersteller brachte: Schoenfeld & Co. (Düsseldorf),[56] Moewes (Berlin), C. Kreul (Forchheim), R. Wurm (München), Eberseder (Wien) sowie Winsor & Newton (London).[57] Hermann Schmincke stand dabei in Düsseldorf in unmittelbarem

32 Düsseldorfer Kunstakademie, Broschüre, 1912

33 Düsseldorfer Malkasten, Broschüre, 1912

Wettbewerb mit dem späteren Farbenhersteller Schoenfeld, der 1829 als Fachgeschäft für Künstlermaterialien seine unternehmerische Karriere begonnen hatte, gegenüber dem Künstlerverein Malkasten Geschäftsräume besaß[58] und seine 1862 mit Aquarellfarben gestartete Produktion 1889/90 durch Kauf der Rezepte des Malers Heinrich Ludwig (1829–1897) ergänzte, um »Petroleum-Farben« herzustellen. Durch die schnelle internationale Vermarktung der Farben stand Schmincke bald in Wettbewerb auch außerhalb des Deutschen Kaiserreichs, so zum Beispiel mit Royal Talens in den Niederlanden, die 1899 mit der Produktion von Farben und Lacken in Apeldoorn starteten und eine Ölfarbe unter dem Namen »Rembrandt« vermarkteten. In London – der Mutter der Künstlerfarbenfabrikation – reichten die Traditionen bis ins 18. Jahrhundert zurück: Daler Rowney war 1783 von Richard und Thomas Rowney gegründet worden und stellte Farben für William Turner her; Charles Roberson & Co. begann mit seiner Produktion 1810 in London; der wohl bedeutendste 1832 in London gegründete Hersteller Winsor & Newton vermarktete bereits 1835 die ersten Wasserfarben erfolgreich[59]

Der Erfolg der Ölfarben hatte sich für Hermann Schmincke schnell eingestellt, sodass er bereits im Juli 1889 seine Handlung an Emil Hennig für 10.729,50 Mark verkaufte, wobei der Warenwert allein 8.646,03 Mark ausmachte.[60] Gleichzeitig schrieb der Kaufvertrag fest, dass Hennig für die nächsten sechs Jahre bestimmte Waren, die in einer Liste aufgeführt wurden, von Schmincke zu beziehen hatte. Darüber hinaus untersagte ihm Schmincke, Geschäfte mit anderen »Detailhändlern« abzuschließen. Beim Kaufvertrag mit Emil Hennig firmierte das Unternehmen Hermann Schminckes bereits als H. Schmincke & Co., obwohl man den 26. Juli 1889 schrieb und erst im Sommer des Folgejahres das Unternehmen H. Schmincke & Co. im Handelsregister offiziell eingetragen wurde. Hermann Schminckes Schwager und Arbeitskollege Josef Horadam hatte zu diesem Zeitpunkt die Ultramarinfabrikation aufgegeben und fand als Teilhaber an der H. Schmincke & Co. ein neues Betätigungsfeld. In die mit Aufgabe der Ultramarinproduktion brachliegenden Räume der Ultramarinfabrik an der Gerresheimer Straße 65 zog mit dieser Partnerschaft gegen Ende der 80er Jahre Hermann Schmincke mit der Produktion seiner Künstlerfarben ein,[61] die nun im industriellen Stil erfolgen konnte.

Als Unternehmenspartner begegneten sich die beiden Chemiker – Hermann Schmincke und Josef Horadam – am 5. August 1890 wieder, als die Kommanditgesellschaft »H. Schmincke & Cie.« in das Handelsregister der Stadt Düsseldorf eingetragen wurde.[62] Als Teilhaber waren Josef Horadam und Hermann Schmincke, als Kommanditisten Dr. jur. William Kusenberg (Düsseldorf) und Ludwig von Lilienthal (Kaufmann in Elberfeld) eingetragen. Durch Heirat war Lilienthal Eigentümer des Elberfelder

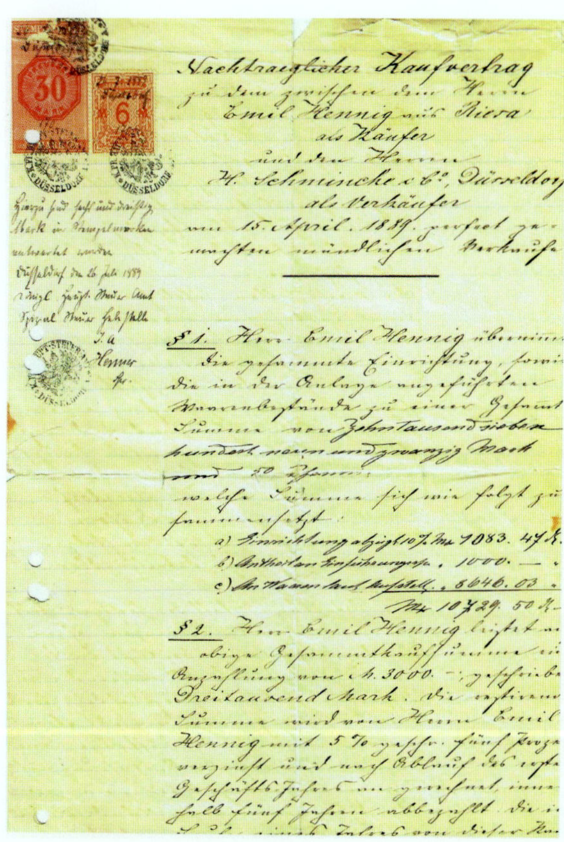
Nachtraeglicher Kaufvertrag
zu dem zwischen dem Herrn
Emil Hennig aus Riesa
als Käufer
und den Herren
H. Schmincke & Co. Düsseldorf
als Verkäufer
am 15. April 1889 ...

34 Kaufvertrag vom April 1889

35 Postkarte der Fa. H. Schmincke & Co., 1898

Unternehmens »Carl Seyd, Handlung für englische, französische und Schweizer Manufakturwaren« geworden. Er selbst war jedoch »Dichter und Maler für den Hausgebrauch« und pflegte für Künstler ein »offenes Haus« zu haben. So dürfte sein Engagement an der Künstlerfarbenfabrikation vor allem auch seiner Leidenschaft und nicht nur seinem kaufmännischen Interesse geschuldet gewesen sein. Lilienthal blieb bis zu seinem Tod am 1. Juni 1893 Kommanditist bei Schmincke & Co., seine Erben blieben bis zum 15. April 1895 am Unternehmen beteiligt, bis sie mit der Kommanditeinlage ausschieden. Auch der zweite Kommanditist, William Kusenberg, blieb bis zu seinem Tod am 10. Januar 1898 in der Gesellschaft. Seine als Erbin eingesetzte Ehefrau schied jedoch direkt im Anschluss des Erbantritts mit der gesamten Einlage aus.[63] Zu diesem Zeitpunkt wurden keine neuen Kommanditisten aufgenommen, was dafür spricht, dass die beiden Teilhaber Schmincke und Horadam bereits hinreichend Kapital aus dem Unternehmen erwirtschaftet hatten, um selbst die Anteile der früheren Kommanditisten zu übernehmen.

Mit 45 Jahren jedenfalls widmete sich Josef Horadam 1890 einem neuen Schwerpunkt und dies sehr schnell mit größtem Erfolg. Denn schon 1892 konnte er das zweite Standbein für H. Schmincke & Co. mit zwei Patentschriften schützen lassen: seine Patentschrift[64] über den Anspruch »Verfahren zur Herstellung von zur Aquarellmalerei geeigneten Farben, dadurch, dass man die betreffenden Farben mit glykocholsäurefreier Taurocholsäure bezw. deren Salzen oder Taurin versetzt« sowie die Patentschrift[65] über den Anspruch »Verfahren zur Herstellung von Wasserfarben, dadurch gekennzeichnet, daß man Pigmente mit protalbinsauren und lysalbinsauren Salzen oder ähnlichen Eiweißderivaten für sich oder in Mischung zusammen mit einem geeigneten Klebstoff

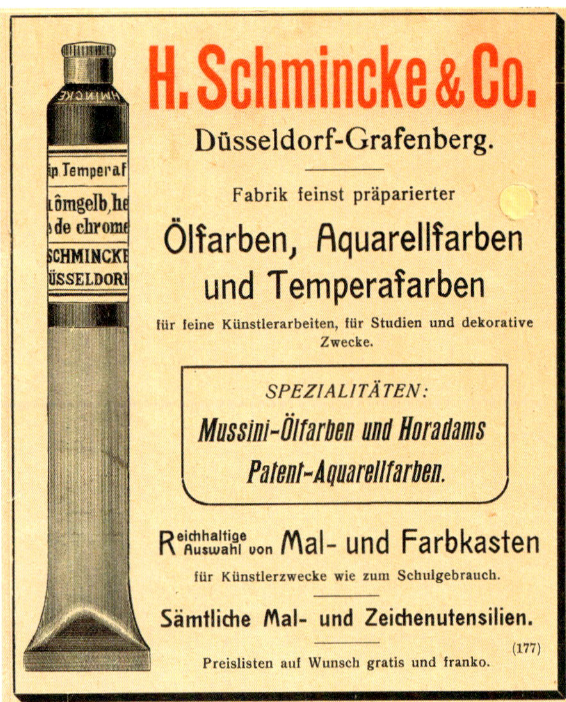

36 Werbeanzeige in der »Zeitschrift für bildende Kunst«, 1906

innig vermischt bezw. verreibt«.[66] Das Arbeiten mit der Wasserfarbe, welches der Chemiker weiterentwickelte, um damit zu aquarellieren, in Ergänzung zu den Ölfarben, erweiterte die Produktpalette des jungen Unternehmens. Das lasierende Pigment erlaubte hervorragendes Zerfließen und Durchscheinen. 1892 in Deutschland patentiert, folgten Schutzrechtsanmeldungen in Österreich, Ungarn und Frankreich.[67] Das Horadam 1893 gewährte Reichspatent für Aquarellfarben, die bis dahin eine Domäne der Briten waren, sollte dem Erfolg von H. Schmincke & Co. auch in diesem Bereich den Weg bahnen.[68] Die Dominanz englischer Qualität vor allem bei den Mischfarben war nun auch beim Aquarell Vergangenheit.[69]

DER WEG ZUM INTERNATIONALEN ERFOLG

Josef Horadam war nicht nur Chemiker und Erfinder, sondern auch gut im Vermarkten. So hielt er Vorträge und verfasste eine Schrift über »Künstlerfarben der Neuzeit«, die er als Vortrag am 25. Februar 1893 vorstellte.[70] Darin führte er die Entwicklung der Künstlerfarben aus der Temperamalerei vor Augen, nahm Bezug auf die favorisierte Verwendung der Harzölfarben durch die alten Meister und plädierte für eine Mischung aus Lein- und Mohnöl bei der Herstellung. Den konkurrierenden Petroleumfarben wies er ihren Nachteil gegenüber den qualitativ hochwertigeren Mussini-Ölfarben nach.

Während wir über das Wirken Hermann Schminckes sehr wenig wissen, trat Josef Horadam vielfach in der Künstlerstadt Düsseldorf in Erscheinung. Er wurde mit verschiedenen Orden und Auszeichnungen gekürt, so zum Beispiel die »Allerhöchste Auszeichnung« (1914) in Form des »Königlichen Kronenordens III. Kl.«. Horadam war von 1900 bis 1905 Beisitzer des Gewerbegerichts und seit 1907 stellvertretender Handelsrichter, ferner stellvertretender Vorsitzender der Berufsgenossenschaft der chemischen Industrie.[71] Darüber hinaus hatte er sich verdient gemacht um die »Ausführung von chemischen Erzeugnissen derselben nach dem Auslande« sowie um das »Zustandekommen der Gruppe Industrie auf der Großen Industrie und Gewerbeausstellung in Düsseldorf 1902«. Dafür verlieh ihm die Stadt Düsseldorf den »Roten Adlerorden IV. Klasse«.

Wirtschaftlich nahm die Firma H. Schmincke & Co. schnell Fahrt auf. Nach dem Start in der Gerresheimer Straße 65 zog die »Schmincke Malfarbenfabrik« 1898 in die Grafenberger Allee 325 in Düsseldorf. Die Vermarktung ins Ausland gelang Schmincke für die eigenen Produkte, indem ein Agentennetzwerk ausgebaut wurde. So meldete beispielsweise John Casey in Daytona (Florida, USA) im Jahr 1910, der einzige Handelsvertreter der Horadam-Aquarellfarben für Florida zu sein.[72] Von San Francisco bis Washington lassen sich in den Jahren 1910 bis 1922 Anzeigen von Fachgeschäften für Schmincke-Produkte finden.[73] Insbesondere auf dem US-Markt war die deutsche Farbenfabrik sehr erfolgreich. Vorliegende Preislisten für Finnland von 1910, für den russischen Markt aus dem Jahr 1911 sowie für Österreich-Ungarn aus dem Jahr 1910 zeigen aber, dass die Düsseldorfer Künstlerfarben auch dort erfolgreich waren.[74]

Am 18. November 1902 wurde die Kommanditgesellschaft in H. Schmincke & Cie., Düsseldorf (offene Handelsgesellschaft) umfirmiert.[75] Zwei Jahre später trat

37 Die vier Schwestern Hanau: Lisbeth, Gerta, Marga und Wally, Ende des 19. Jahrhunderts

38 Gustav Hanau (5. Mai 1818 bis 10. Dezember 1902)

39 Bankhaus Gustav Hanau, ca. 1970er Jahre

40 Julius Oswald Hesse mit Therese Hesse geb. Horadam, 1900er Jahre

41 Die Familie Oswald Hesse: Dr. Julius Oswald Hesse, Therese Hesse geb. Horadam und ihre drei Kinder Frida Auguste, Josephine Mathilde sowie Julius Anton Hesse, 1890er Jahre

42 Gerta Hanau heiratete mit 20 Jahren den 13 Jahre älteren Julius Hesse. Fotografie vom Hochzeitstag, 1907

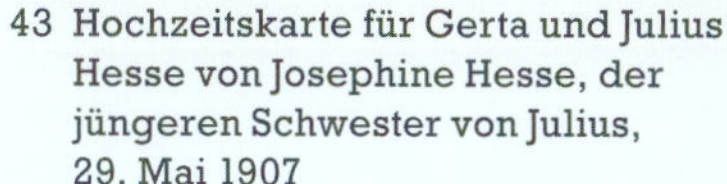

43 Hochzeitskarte für Gerta und Julius Hesse von Josephine Hesse, der jüngeren Schwester von Julius, 29. Mai 1907

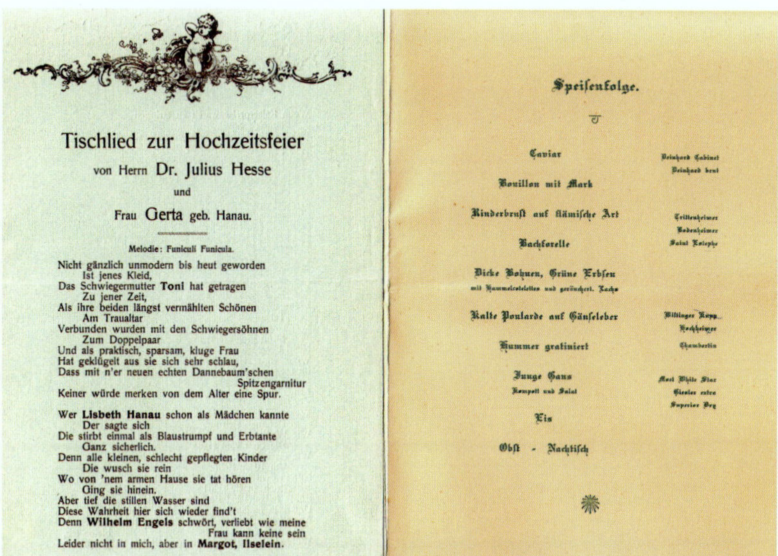

Tischlied zur Hochzeitsfeier
von Herrn Dr. Julius Hesse
und
Frau Gerta geb. Hanau.

Melodie: Funiculi Funicula.

Nicht gänzlich unmodern bis heut geworden
Ist jenes Kleid,
Das Schwiegermutter **Toni** hat getragen
Zu jener Zeit,
Als ihre beiden längst vermählten Schönen
Am Traualtar
Verbunden wurden mit den Schwiegersöhnen
Zum Doppelpaar
Und als praktisch, sparsam, kluge Frau
Hat geklügelt aus sie sich sehr schlau,
Dass mit n'er neuen echten Dannebaum'schen
Spitzengarnitur
Keiner würde merken von dem Alter eine Spur.

Wer **Lisbeth Hanau** schon als Mädchen kannte
Der sagte sich
Die stirbt einmal als Blaustrumpf und Erbtante
Ganz sicherlich.
Denn alle kleinen, schlecht gepflegten Kinder
Die wusch sie rein
Wo von 'nem armen Hause sie tat hören
Ging sie hinein.
Aber tief die stillen Wasser sind
Diese Wahrheit hier sich wieder find't
Denn **Wilhelm Engels** schwört, verliebt wie meine
Frau kann keine sein
Leider nicht in mich, aber in **Margot, Ilselein.**

Speisenfolge.

Caviar — Deinhard Cabinet, Deinhard brut
Bouillon mit Mark
Rinderbrust auf flämische Art — Trittenheimer, Bodenheimer
Bachforelle — Saint Estephe
Dicke Bohnen, Grüne Erbsen
mit Hammelcoteletten und geräuchert. Lachs
Kalte Poularde auf Gänseleber — Wiltinger Kupp, Hochheimer
Hummer gratiniert — Chambertin
Junge Gans
Kompott und Salat — Moet White Star, Giesler extra, Superior Dry
Eis
Obst - Nachtisch

44 Speisekarte und Tischlied anlässlich der Hochzeit von Julius Hesse und Gerta Hanau, 29. Mai 1907

1904 Josef Horadams Neffe *Julius* Anton Hesse (Sohn von Therese geb. Horadam und Julius *Oswald* Hesse) in das Unternehmen ein. Auch *Julius* Anton Hesse stammte aus einer Chemikerfamilie. Sein Vater war Direktor einer Chininfabrik in Feuerbach bei Stuttgart. Hesse selbst zog 1903 von Frankfurt am Main nach Düsseldorf. Für die beiden Eigentümer des Düsseldorfer Farbenherstellers ein günstiger Moment: So hatte Josef Horadam zu diesem Zeitpunkt keine Kinder, die in das Unternehmen eintreten konnten. Über Hermann Schmincke liegen uns kaum Informationen vor, allein dass nach seinem Tode 1910 für einen kurzen Zeitraum (bis 1911) eine »Erbin« in die Gesellschaft eingetreten war. Kinder hatte er jedoch anscheinend nicht. Am 27. Juni 1907 wurde daher Dr. Julius Anton Hesse als persönlich haftender Gesellschafter der H. Schmincke & Co. in das Handelsregister eingetragen.

Für Julius Hesse war der Eintritt in das Unternehmen und später der Status als Miteigentümer privat wichtig. Er hatte die am 9. Januar 1887 in Mülheim an der Ruhr geborene Bankierstochter Gerta Hanau, Tochter von Leo Hanau, Enkelin des jüdischen Bankiers Gustav Hanau aus Mülheim, am 29. Mai 1907 geheiratet. Zu diesem Zweck ließ sich Gerta taufen.[76] Aus einem solch einflussreichen und tradierten Bankhaus stammend, musste Gertas Ehegatte eine angemessene Stellung haben, die er auch kurz nach der Hochzeit erhielt.[77]

Das 1833 von Gustav Hanau[78] gemeinsam mit seinem Bruder Samuel gegründete Bankhaus Gustav Hanau zählte zu den bedeutenden jüdischen Privatbankhäusern des Ruhrgebiets und finanzierte die örtliche Industrie.[79] Dabei saß Gustav und später sein Sohn Leo[80] in zahlreichen Aufsichtsräten der Montanindustrie. Auf Wunsch Leo Hanaus firmierte die Bank ab 1897 unter dem Namen »Rheinische Bank vorm. Gustav Hanau« und ging 1898 als Aktiengesellschaft an die Börse; vermutlich aus einem klassischen Grund, nämlich um die begrenzten Kapitalressourcen eines Familienunternehmens für den industriellen Finanzierungsbedarf der 90er Jahre zu erweitern.[81] Leo Hanau blieb beteiligt, während die AG für Montanindustrie 60 Prozent des Gründungskapitals der AG in Höhe von 100.000 Mark für wenige Monate (von April bis Dezember 1898) übernommen hatte.[82] Aufgrund »falscher Börsengeschäfte« Leo Hanaus geriet das Bankhaus jedoch in eine schwere Krise,[83] die durch einen

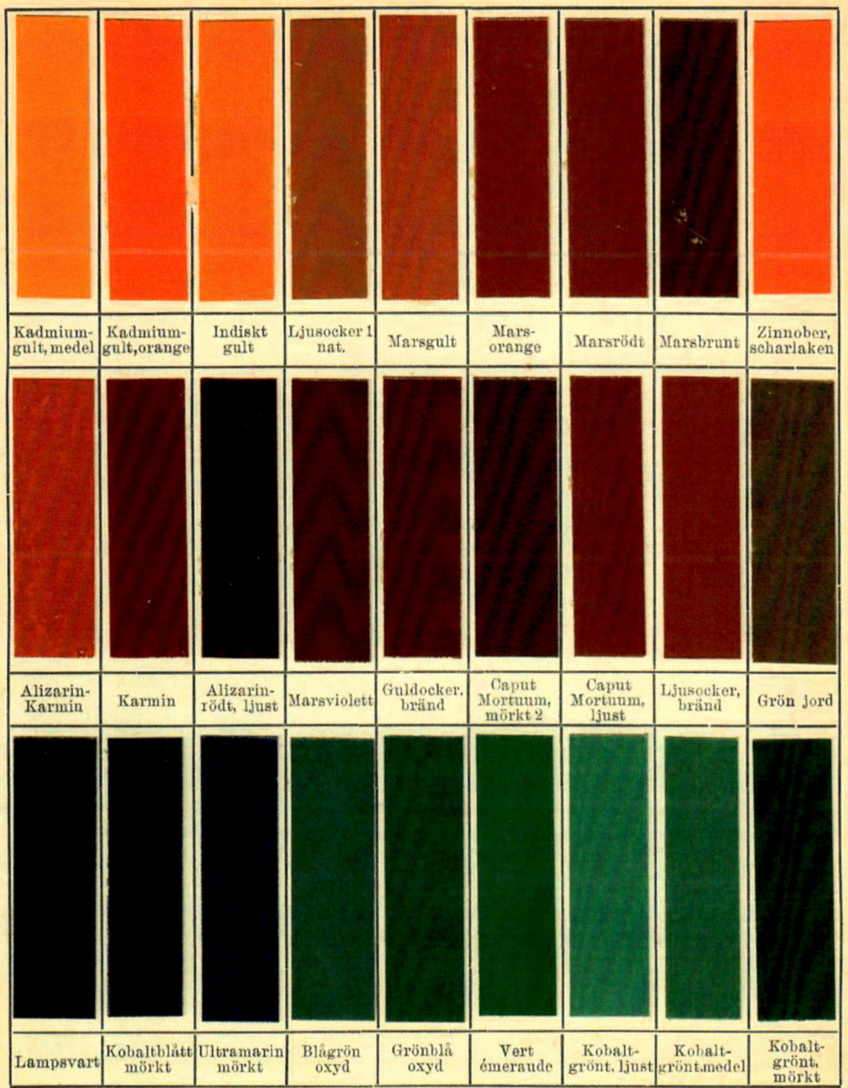

45 Eine finnische Mischtabelle von 1910 zeigt die Ausdehnung im europäischen Raum.

46 Grafenberger Allee, Düsseldorf, 1905

Vertrag vom 30. Juli 1901 über eine »Hilfsaktion« durch ein Bankenkonsortium mit einem Kredit über 3,1 Mio. Mark abgewendet werden sollte. Die namhaften Geldgeber – die Berliner Handelsgesellschaft, das Bankhaus S. Bleichröder, die Dresdner Bank, der A. Schaaffhausen'sche Bankverein, das Bankhaus Robert Warschauer & Co., der Bankier Carl Cahn sowie Oskar Rothschild und weitere – zeigen, dass es ein großes Interesse am Fortbestand der Rheinischen Bank gab.[84] Leo Hanau musste allerdings Privatvermögen in erheblichem Umfang nachschießen, verlor seine Aufsichtsratsmandate und verließ schließlich Mülheim an der Ruhr.[85] Es gelang, August Thyssen für das Amt des Aufsichtsratsvorsitzenden bis 1915 zu gewinnen, der wiederum vermochte, Hugo Stinnes[86] für die Bank zu interessieren.[87] 1905 folgte eine enge Anlehnung an den A. Schaaffhausen'schen Bankverein. Thyssen und Stinnes versuchten dabei, das Duisburger und Mülheimer Großbürgertum für die Bank zu interessieren, und verfolgten das Ziel, eine von den Mitinhabern (Banken) unabhängige Geschäftspolitik umzusetzen. 1915 erfolgte aber schließlich die Übernahme durch die Disconto-Gesellschaft, wobei die Verluste der beiden Ruhrbarone erheblich waren.[88]

Nach dem nur knapp verhinderten Konkurs des Bankhauses und dem Austritt Leo Hanaus aus der Bank zu Beginn des 20. Jahrhunderts zog die Familie Hanau nach Düsseldorf.[89] Welche Rolle der Bruder Antonie Goldschmidts, Walther Heinrich Goldschmidt, bei der

Veräußerung der Rheinischen Bank spielte, ist ungewiss.[90] Ob diese Abwicklung in der Tat ermöglichte, dass Gerta Hanau eine stattliche Mitgift von einer Mio. Goldmark erhielt, die es Julius Hesse ermöglichte, seine Familie an der Kommanditgesellschaft H. Schmincke & Co. zu beteiligen, bleibt im Umfang fraglich.[91] Jedoch wurde im Mai 1907 eine üppige Hochzeit gefeiert – mit Kaviar, Hummer und Champagner –, was zumindest belegt, dass die Bankiersfamilie nicht alles Vermögen während der Schieflage der Bank verloren hatte.

Gesichert ist, dass ihre Mitgift Gerta Hanau im Jahr 1918 in die Lage versetzte – nach Ableben der beiden Alteigentümer von H. Schmincke & Co., Hermann Schmincke (1910) und Josef Horadam (1917) –, mit einer Einlage von 50.000 Mark Kommanditistin der Firma H. Schmincke & Co. zu werden und damit die Erbin Horadams, seine Ehefrau Luise, als Gesellschafterin abzulösen.[92] Wahrscheinlich ist auch, dass Gerta Hanau oder ihr Vater beim Eintritt ihres Ehemannes Julius Hesse als persönlich haftender Gesellschafter 1907 die entsprechenden finanziellen Mittel zumindest teils zur Verfügung gestellt hatte.

Wirtschaftlich stand das Unternehmen und mit ihm seine Gründer zu diesem Zeitpunkt hervorragend da. Die Fabrikation wurde gerade um einen weiteren Flügel erweitert »zur Präparierung von Malleinwänden. Die Rohstoffe kamen aus Flandern«.[93] Zum »25. Jahrestag« der Gründung errichteten Hermann Schmincke und Josef Horadam am 17. Oktober 1907 eine Stiftung über 10.000 Mark zur »Unterstützung in Notlagen darbender Arbeiter, männlichen wie weiblichen Geschlechtes«.[94]

Bereits 1911 wurde festgehalten, dass H. Schmincke & Co. sehr wenig Teerfarben in Horadams Patent-Aquarellfarben und in den Mussini-Ölfarben nutzte.[95] Die Teerfarben galten im Allgemeinen als weniger lichtbeständig und widerstandsfähig.[96] Schminckes Farben wurden dagegen eine hohe Lichtechtheit sowie eine Markenkennzeichnung bestätigt.[97] Dabei hatte Julius Hesse aber durchaus ernsthafte und nachhaltige Pläne – sie wurden sogar als seine »Lieblingsidee« beschrieben –, eine lichtechte Teerfarbe in der Kunstmalerei einzuführen.[98] Die frühe Hinwendung von H. Schmincke & Co. zur Technik, Materialkunde und Qualitätssicherung hatte das Unternehmen bald mit der Versuchsanstalt an der TU München in Verbindung kommen lassen, aus der sich das Doerner-Institut entwickelte.

47 Familie Julius Hesse: Sohn Kurt, Julius Hesse, Sohn Ernst Oswald und Ehefrau Gerta, ca. 1914

1914 beschäftigte H. Schmincke & Co. immerhin bereits 100 Arbeiter und Arbeiterinnen sowie 40 kaufmännische Angestellte.[99] Josef Horadams Verdienst wurde für 1913 mit 80.816 Mark, sein Vermögen mit ca. 500.000 Mark angegeben.[100] Nachdem im Jahr 1910 Hermann Schmincke verstorben war und 1917 auch Josef Horadam starb, wurde die Offene Handelsgesellschaft wieder in eine Kommanditgesellschaft gewandelt, während die Erben der Horadam-Linie ausschieden.[101] Die kurzfristig eingetretene Erbin Hermann Schminckes, die nicht namentlich im Handelsregister erwähnt wird, war bereits 1911 wieder ausgetreten. Damit war das Ehepaar Julius und Gerta Hesse 1918 alleiniger Inhaber von H. Schmincke & Co.[102]

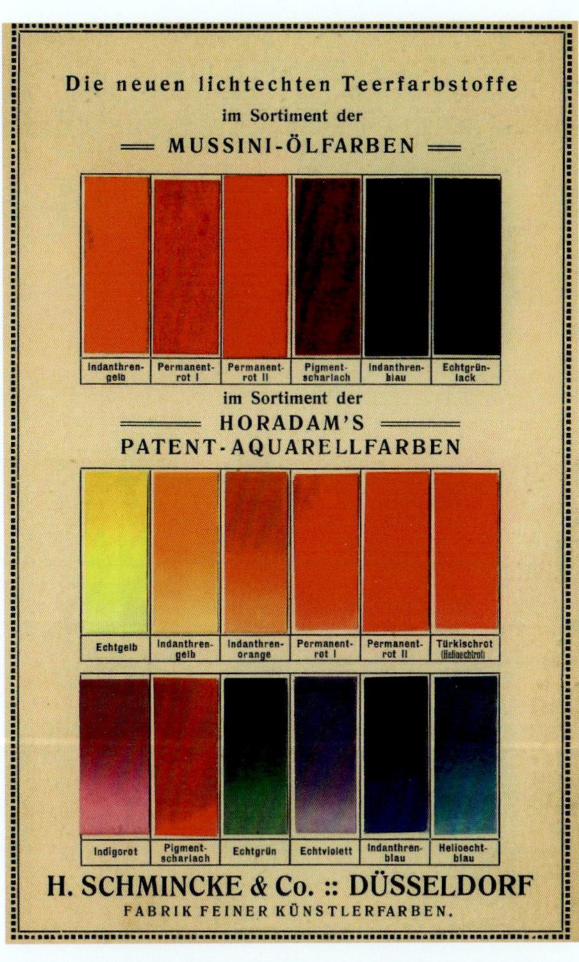

Vor Benutzung der Farbtafel zu lesen!

Vorliegende Tafel dient nur dazu, die Künstlerschaft über die

Lichtechtheit

der neuen Teerfarblacke zu informieren, welche sich unter verschiedenen Phantasienamen im Handel befinden. Zu diesem Zwecke wird die zusammengeklappte Tafel an den Ecken mit Reißnägeln befestigt, sodaß das Sonnenlicht nur zu den in den Ausschnitten des Deckblattes sichtbaren Aufstrichen Zutritt hat. Betreffs Mischbarkeit und sonstiger Eigenschaften verweisen wir auf Lieferung 10 von Schmincke's Maltechnischen Mitteilungen.

H. SCHMINCKE & Co.

Preise der

Mussini-Ölfarben Sorte 1000.

Nr. der Farbe	Sorte 1000	Tube II M.	Tube VI M.
160	Indanthrengelb . .	0,40	1,10
162	Permanentrot I . .	0,40	1,10
163	„ II .	0,40	1,10
165	Pigmentscharlach .	0,40	1,10
167	Indanthrenblau . .	0,40	1,10
169	Echtgrünlack . . .	0,40	1,10

Horadam's Patent-Aquarellfarben.

Nr. der Farbe	Sorte 1 bis 4	Sorte 1 u. 3 1/1 Tuben u. 1/1 Näpfchen M.	Sorte 2 u. 4 3/4 Tuben u 1/2 Näpfchen M.
204	Echtgelb	0,60	0,35
200	Indanthrengelb . .	0,60	0,35
201	Indanthrenorange .	0,60	0,35
202	Permanentrot I .	0,60	0,35
206	„ II .	0,60	0,35
187	Indigorot	0,90	0,55
203	Pigmentscharlach .	0,60	0,35
189	Echtviolett	0,60	0,35
205	Indanthrenblau . .	0,60	0,35
190	Echtgrün	0,90	0,55
188	Türkischrot (Helioechtrot)	0,40	0,25
207	Helioechtblau . .	0,60	0,35

48 Produktinformationen zu den neuen Teerfarben, 1912

Der Farbenhersteller war bis zum Ersten Weltkrieg kontinuierlich gewachsen, hatte wie viele deutsche Unternehmen in der Blüte des Kaiserreichs und der ersten großen Internationalisierungswelle der Wirtschaft vor allem in Übersee Fuß gefasst und für seine Produkte einen wachsenden Markt erschlossen. Die typischen Probleme der Nachfolgeregelung eines Familienunternehmens konnte H. Schmincke & Co., wo die Herausforderungen aufgrund der Kinderlosigkeit der Gründer ungleich höher waren als in vielen anderen Unternehmen, meistern. Der Firmengründer Hermann Schmincke scheint weder verheiratet gewesen zu sein noch Kinder gehabt zu haben; zumindest nicht dergestalt, als dass sie für die Unternehmensnachfolge infrage gekommen wären. Die geradezu mysteriöse »Erbin« Hermann Schminckes, die im Handelsregister namenlos kurz erscheint, dürfte weder Ehefrau noch Tochter gewesen sein, da diese in der Regel dann als solche und vermutlich auch namentlich erwähnt worden wären. Ob Hermann Schmincke aus dem künstlerischen Umfeld oder in anderen Zusammenhängen eine Erbin einsetzte oder ob es gar seine Schwester Emma war, bleibt ungeklärt. Jedenfalls sind seine Anteile am Unternehmen schlussendlich in die Familie Hesse/Horadam gelangt. Auch der Miteigentümer seit 1890, Josef Horadam, hatte keine eigenen Nachkommen für die Firmenübernahme hervorgebracht. Seine Ehe mit Emma Schmincke, über deren Dauer wir nichts wissen und über deren Ende wir

49 Julius Hesse im Ersten Weltkrieg, 1914 bis 1918

nur über die Tochter aus zweiter Ehe etwas erfahren, hätte sozusagen eine gemeinsame Linie für das Familienunternehmen hervorbringen können. Was jedoch nicht geschah. Die zweite Ehe Horadams, in hohem Alter geschlossen, brachte die Tochter Ruth ins Leben, die als unmittelbare Unternehmensnachfolgerin mit nur neun Jahren nicht infrage kam. 1907 waren Hermann Schmincke und Josef Horadam in Vorbereitung des

50 Die Brüder Kurt (geb. 1912) und Ernst Oswald (geb. 1908) Hesse, 1913

Generationswechsels also gut beraten, den ebenfalls als Chemiker ausgebildeten Neffen Josef Horadams, Julius Hesse, als persönlich haftenden Gesellschafter in die Offene Handelsgesellschaft aufzunehmen. Julius Hesse hatte schon vor Ausbruch des Ersten Weltkrieges eine deutsch-französische Vereinigung gegründet, wodurch er 1912 zum Offizier der Französischen Akademie wurde.[103] Im Ersten Weltkrieg wurde er als Artillerieoffizier eingesetzt. Seine Frau Gerta leitete mit Alfred Opderbecke als Prokurist die Firma, bis Hesse zurückgekehrt war. Insbesondere nach dem Tod von Josef Horadam am 26. Mai 1917 übernahm die Ehefrau von Julius Hesse die Leitungsaufgaben im Unternehmen. Frauen in Führungspositionen zu bringen, war eine typische Krisenmaßnahme in Familienunternehmen. Während des Ersten Weltkrieges richteten Gerta Hesse und die zweite Frau Josef Horadams Luise (geb. Windscheid) darüber hinaus ein Lazarett in den Produktionsstätten des Farbenherstellers (dem Flügel der Leinwandbearbeitung) im Verbund mit dem Luisenkrankenhaus ein.[104] Dies mag Ausdruck dafür sein, dass die Produktion selbst zumindest nicht mehr auf Hochtouren lief.

Julius Hesse kehrte aus dem Krieg zurück, trat in die Fußstapfen seines Onkels Josef Horadam und verfass-

H. Schmincke & Co.

weiche Künstler-Pastell-Farben

Lichtecht! *in Halbformat, Sorte 33* Giftfrei!

Die Füllung des 24 Stifte enthaltenden Kastens H 33/24 und des 40 Stifte enthaltenden Kastens H 33/40 baut sich auf untenstehenden Reihen (Farbkreisen) auf.

H. Schmincke & Co., Düsseldorf

Fabrik feinster Künstlerfarben und Malgründe

F. 146/28.

51 Farbkarte »Künstler-Pastell-Farben«, 1928

Wenn man entscheiden soll, welches Farbenmaterial für den Zeichenunterricht jeweils am geeignetsten ist, so vergegenwärtigt man sich am besten die wichtigsten Merkmale der verschiedenen Arten von Malfarben.

Horadam's Künstler-Aquarellfarben Sorten 1, 2, 3, 4, 30, 8

Schmincke's Studien-Wasserfarben Sorten 20, 21, 23, 23 NE, 23 N, 70

1. Aquarellfarben haben einen lasierenden Charakter, das heißt, der Grund, auf dem sie verarbeitet werden, scheint durch die Farbe hindurch und trägt so zur charakteristischen Wirkung bei. Vielfach werden lasierende Farben mit deckendem Weiß ausgemischt, wodurch aus der Lasurfarbe eine Deckfarbe wird. Während in früheren Jahrzehnten die harte Form der Stückchen bevorzugt wurde, tritt heute die Form der Tuben, Näpfchen oder Tabletten in Blechschälchen mehr in den Vordergrund. Die einfache Handhabung der Aquarellfarbe hat ihr von je in der Schule den Vorrang unter den Werkstoffen im Zeichenunterricht gesichert. Den Wünschen nach reinen Spektralfarben kommt die Gruppe der Schmincke'schen Brillantfarben entgegen.

Schmincke Künstler-Temperafarben Sorte 12

Schmincke Studien-Temperafarben Sorte 25

2. Tempera hat einen deckenden Charakter. Die aufgetragene Farbe trocknet samtartig matt auf und ist so eingerichtet, daß der Schüler beim Verarbeiten keinen Schwierigkeiten begegnet. Bei der Temperatechnik wird die Farbe mit wenig Wasser verdünnt und mit flachem oder kurzem Pinsel verarbeitet.

Mussini-Oelfarben Sorte 1000

Feine Oelfarben Sorte 700

Schmincke Studien-Oelfarben Sorte 500

3. Die Ölfarbe hat einen universellen Charakter. Sie kann deckend und lasierend verarbeitet werden. Ihre Handhabung ist ebenso einfach wie die der beiden bisher genannten Farben, während zum Verdünnen allerdings nicht Wasser, sondern ölige Flüssigkeiten genommen werden. Bedenkt man, daß die Ölfarbe auf dem Malgrunde im großen und ganzen so stehen bleibt, wie sie mit dem Pinsel hingesetzt wurde, daß also beim Trocknen kein Hellerwerden der Farbe zu berücksichtigen ist, so wird man leicht einsehen, daß das Arbeiten mit Ölfarbe gerade für den Anfänger sehr wertwoll ist: Die Farbe bleibt stehen wie sie beabsichtigt war.

Schmincke weiche Künstler-Pastellfarben Sorte 11 Sorte 33 im Halbformat

4. Das einfachste, geradezu ideale Malverfahren ist die Pastelltechnik. Vorausgesetzt ist, daß die Pastellfarben weich sind, so daß sie deckend abgeben und sowohl Striche wie Flächen leicht zu erzielen sind. Die dauernde Haltbarkeit der Pastellzeichnungen läßt sich durch vorsichtiges Fixieren mit „Schmincke's Pastellfixativ opalisierend" (nur unter dieser Bezeichnung!) nach kurzer Übung vollkommen wunschgemäß erzielen.

H. SCHMINCKE & CO.
Fabrik feinster Künstlerfarben und Malgründe
DÜSSELDORF

52 Werbeanzeige für Materialien für den Zeichenunterricht, 1929

53 Familie Horadam: Josef, seine Frau Louise und Tochter Ruth, ca. 1917

te zahlreiche wissenschaftlich-populäre Publikationen. 1928 hielt er einen Vortrag vor dem 6. Internationalen Kongreß für Kunstunterricht in Prag. Die Besonderheit der Schmincke-Farben, die aufgrund ihrer Qualität mit kleinen Pinseln aufgetragen werden konnten, arbeitete Julius Hesse besonders heraus. Er bemühte sich vor allem um die Temperafarben. Gemeinsam mit dem Chemiker und Prokuristen des Hauses Gerhard Schliephacke entwickelte und führte er als weiteres Produkt Pastellstifte ein.

Julius Hesses Wirken fiel in eine Zeit künstlerischer Neuerungen sowie gesellschaftlichen Wandels, begleitet von technischen Innovationen und hoher Risikobereitschaft im allgemeinen Leben. Nach Ende des Ersten Weltkrieges kam in der Weimarer Republik die künstlerische Wandmalerei sowie das Metier der Grafik und Plakate auf. Insbesondere Großplakate für die Filmindustrie, die wasser- und wetterfeste Farben benötigten, waren eine technische Herausforderung für die Farbenhersteller. Schmincke entwickelte für diese Zwecke die Plakat-Temperafarbe S25. Auch Abdeckfarben und Retuschefarben wurden in den 20er Jahren von Schmincke neu entwickelt (Abdeckschwarz und Schmincke-Repro-Weiß). Um all diese Innovationen zu realisieren, investierte das Unternehmen.[105] Seit 1911 ließ H. Schmincke & Co. die Eule als Schutzmarke für seine Farben eintragen, über die Jahre in wechselnder Form, teils auch mit dem Unternehmensmotto »Meliora Cogito!«.

Die Kooperation mit dem Anwender war für das Haus Schmincke früh Tradition. Die Ursprünge der Ölfarbwelten stammten mit Cesare Mussini von einem Künstler selbst. Die fortgeführten Kooperationen mit Künstlern zeigten sich auch in künstlerischen Niederschlägen, die direkt das Unternehmen betrafen: So fertigte Otto Dix 1926 das Gemälde »Bildnis des Fabrikanten Dr. Julius Hesse mit Farbprobe« an.

Der Münchner Landschaftsmaler Hermann Urban, der durch Prinzregent Luitpold von Bayern 1908 seinen Ehrenprofessorentitel erhalten hatte, schrieb am 29. Mai 1927, nachdem er vier Jahrzehnte lang mit Schmincke-Farben gemalt hatte, die Bilder hätten sich »glänzend gehalten«, es hätten sich weder Risse noch Schatten gebildet. »Ohne von Ihnen aufgefordert zu sein«, so führte er weiter aus, »fühle ich mich verpflichtet im Interesse der Malmaterialtechnik meine Beobachtungen nach fast 4 Dezennien über Ihre Mussinifarben festzulegen«.[106]

Durch die Spezialisierung auf hochwertige Künstlerfarbe sowie die weit gefächerte Produktpalette in diesem Nischenmarkt zum Spezialisten aufgestiegen, zählte H. Schmincke & Co. zwar offiziell noch zur Farbenindustrie, musste jedoch die Konkurrenz der großen Farbunternehmen nicht fürchten, zumal die IG Farben eben kein Spezialist für Künstlerfarben war. Der Farbstoffanteil an der Produktion der IG Farbenindustrie AG betrug in ihrem Gründungsjahr 1929 ca. 28 Prozent; damit belieferte sie 80 Prozent des Weltmarktes.[107] Schmincke hatte hingegen einen internationalen Nischenmarkt erschlossen, den man mittlerweile seit drei Jahrzehnten bediente. Gerade in den USA war bereits vor dem Ersten Weltkrieg ein außergewöhnliches Netzwerk von Spezialanbietern entstanden, sodass die Schmincke Künstlerfarben in den amerikanischen Großstädten angeboten wurden. Und während viele deutsche Unternehmen, die Niederlassungen und eigene Fabrikationen in den USA unterhielten, diese im Ersten Weltkrieg verloren hatten, blieb Schmincke aufgrund der Agenturvertriebsstruktur von diesen Folgen unberührt. Der Farbenhersteller hatte weder eigene Fabriken noch einen eigenen Vertrieb aufgebaut, sondern Künstlerbedarfsgeschäfte als Partner gewonnen. Eine Struktur, die sich bis heute hält. Während deutsche Unternehmen, die in den USA fertigten, sowohl ihre Fabriken als auch ihre dort genutzten Patente an US-amerikanische Konkurrenz verloren, ereilte Schmincke aufgrund der reinen Vertriebsstruktur in den USA dieses Schicksal nicht.

Die Künstlerfarbenfabrik konnte 50 Jahre nach ihrer Gründung aufgrund ihres ständigen Aufstiegs, ihres hohen Bekanntheitsgrades sowie der engen Kooperation mit den Kunstschaffenden nach dem verheerenden Brand des Münchner Glaspalastes am 6. Juni 1931, der 3.000 Kunstwerke bedeutender Künstler unwiederbringlich vernichtet hatte, helfen. Das Unternehmen spendete im Rahmen der Glaspalast-Künstlerhilfe Malmaterial im Gesamtwert von 1.000 Reichsmark. Ein Akt der Verbundenheit von Julius Hesse, der aber auch zeigt, dass es dem Unternehmen wirtschaftlich gut ging.

54 Silberhochzeit von Julius und Gerta Hesse, 1929

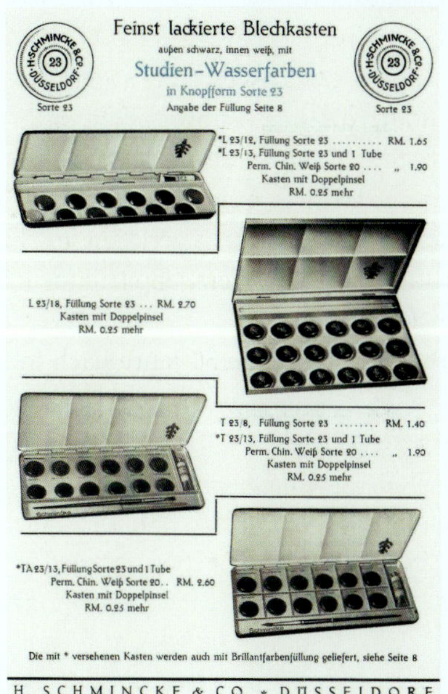

55 Farbkastenpalette H. Schmincke & Co., 1929

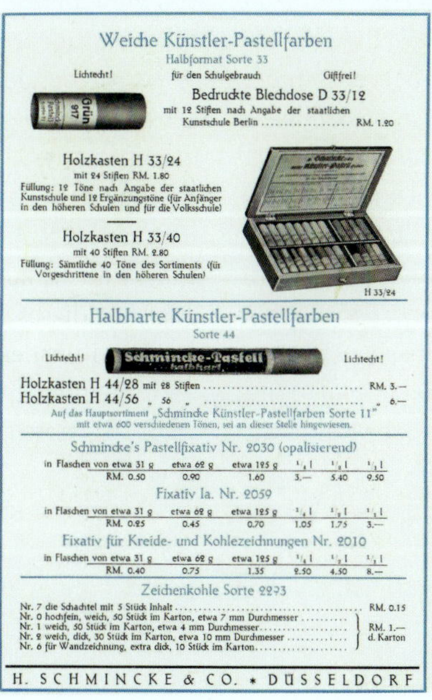

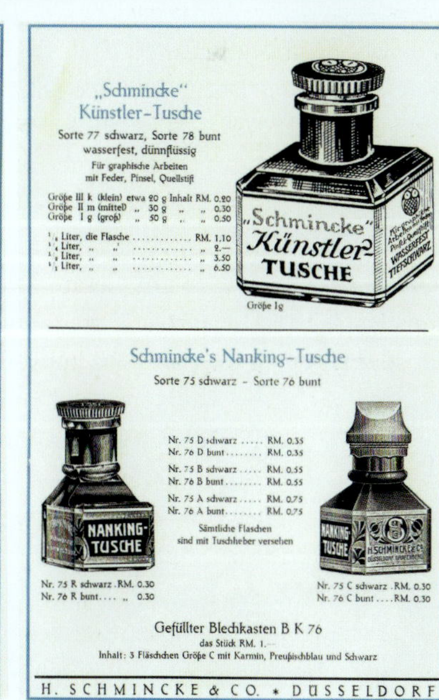

56 Produktpalette H. Schmincke & Co., 1929

57 Otto Dix, »Bildnis des Fabrikanten Dr. Julius Hesse mit Farbprobe«, Mischtechnik auf Holz, 1926

58 Entwicklung des Logos von H. Schmincke & Co. KG

59 Julius und Gerta Hesse in Meran, 1920er Jahre

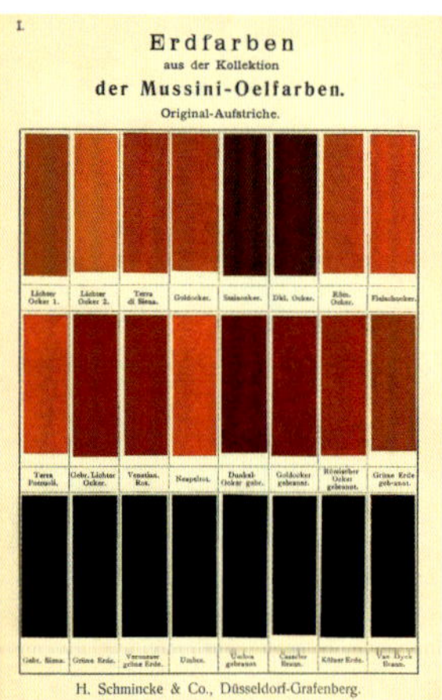

60 Farbtafel »Erdfarben« der Mussini-Ölfarben, 1907

2. FARBEN FÜR DIE »BRAUNEN« MACHTHABER?

KÜNSTLERFARBEN FÜR DIE WELT. WACHSTUM IM IN- UND AUSLAND

Vor dem Hintergrund, dass der Übergang von der Gründer- in die nächste Generation nicht geradlinig war, musste es Julius Oswald Hesse gefallen haben, dass sein eigener Sohn in die Fußstapfen der Chemikerfamilie trat. Der im gleichen Jahr wie Ruth Horadam am 6. Mai 1908 geborene *Ernst* Oswald Hesse studierte ab dem 20. April 1927 an der Universität Köln Chemie und Physik.[108] 1928/29 setzte er seine Studien an der Eidgenössischen Technischen Hochschule in Zürich und 1929 bis 1932 an der Universität München fort.[109] Sein jüngerer Bruder Kurt war bereits 1921 verstorben, sodass die Nachfolgefrage in diesem Fall einfach zu lösen war: Ernst O. Hesse wurde 1931 in die Firma Schmincke eingeführt und bereiste viele Länder für das international bereits wieder in den 20er Jahren gut aufgestellte Unternehmen.

Im gleichen Jahr meldete der in New York ansässige Vertriebspartner des Düsseldorfer Farbenherstellers Max Grumbacher einen Farbkasten an, der ihn unter dem Namen »Symphonic Color Box« mit H. Schmincke & Co. noch enger zusammenbrachte.[110]

Der Österreicher Max Grumbacher war Pinselmacher, der 1903 mit einem kleinen Geschäft in New York begonnen hatte. Bereits 1905 wurde seine Firma eingetragen und expandierte schnell, da die Konsumgesellschaft der USA den neuen Beruf des Schaufenster-Malers sowie für alle Arten von Werbung professionelle Künstler in hohem Masse generierte. Mit der steigenden Qualität von Grumbachers Pinseln stiegen die Ansprüche seiner Kunden an Farben, die nun hochwertiger sein mussten. Hierfür wählte er den deutschen Hersteller H. Schmincke & Co. aus, dessen Farben er in New York vertrieb. Allerdings ging Grumbacher weiter und meldete ein Patent zur theoretischen Anordnung der Farbpigmente im Aquarellkasten an.[111]

Vermutlich stieß er bei Ernst O. Hesse auf offene Ohren, der das Firmenmotto »Meliora Cogito!« und damit die Tradition fortsetzte, immer neue und bessere Farben zu entwickeln. So wurde der Farbkasten mit Aquarellfarben für Grumbacher von H. Schmincke & Co. in Deutschland produziert, von Grumbacher in die USA importiert und dort unter dem Namen »Symphonic Color Box« vertrieben. »Mit ihrer von jeglichen Eigenschaften des Farbmaterials abgekoppelten und nur das Ideal der subtraktiven Mischung abbildenden Theorie ist Grumbachers Farbkasten durchaus symptomatisch für seine Zeit, bleibt aber dennoch eine Ausnahmeerscheinung.«[112]

Aus dem größten Abnehmer auf dem US-amerikanischen Markt Grumbacher wurde zunächst ein Ideen- und Auftraggeber und bald noch mehr: Seit 1934 arbeiteten Grumbacher und Schmincke gemeinsam für den amerikanischen Markt und stellten als Partner Farben basierend

61 Anzeige »Schmincke, Fabrikate für Schule, Kunst und Gewerbe«, 1929

auf den Düsseldorfer Patenten her, die ein großer Erfolg wurden.[113] Die von Grumbacher entwickelten CEL-Farben, die auf Kunststoff hafteten und für die Kolorierung der sogenannten Cels (transparente Folien, auf welche die Zeichnungen übertragen wurden) benötigt wurden, erlangten für Zeichentrickfilme große Bedeutung. Klassiker wie Walt Disneys 1937 gezeigter Zeichentrickfilm »Schneewittchen und die sieben Zwerge« oder »Fantasia« wurden komplett mit Grumbacher-Farben koloriert.[114]

Für H. Schmincke & Co. war der Schritt, auch mit einer Produktionsstätte in die USA zu gehen, völliges Neuland. Bislang waren Farben ausschließlich in Düsseldorf entwickelt und produziert worden. Ob die Rede Adolf Hitlers vor dem Düsseldorfer Industrieclub im Jahr 1932 tatsächlich Julius Hesse veranlasste, eine Alternative für seine Unternehmung im Ausland aufzubauen, ist fraglich.[115] Es mag dies eines unter mehreren Motiven gewesen sein. Der Schritt in die USA lag jedoch gleichsam in der bereits langfristigen Expansion des Kundenmarktes begründet. Ernst O. Hesse selbst ließ nach dem Zweiten Weltkrieg festhalten: »Es ist aber nicht richtig, dass er [Ernst O. Hesse, Anm. d. Verf.] im Jahre 1934 nach New York gegangen sei, um dem antisemitischen Terror auszuweichen. 1934 gab es einen antisemitischen Terror gegen Halbjuden noch nicht. Noch im Jahre 1937, als der Gesellschafter Hesse nach Deutschland zurückkehrte, wurde betont, dass Halbjuden in wirtschaftlicher Beziehung Ariern völlig gleichzustellen seien, und so war er dann auch Betriebsführer der Beklagten [H. Schmincke & Co., Anm.d.Verf.], ohne in dieser Tätigkeit von den Nationalsozialisten behindert zu sein.«[116]

Nach der Rede Adolf Hitlers vor dem Düsseldorfer Industrieclub orientierte sich Julius Hesse möglicherweise neu, denn er sah – so spätere Erinnerungen seines Sohnes – das Wirtschaftsleben in Deutschland bedroht.[117] 1934 ging Ernst O. Hesse mit Gerhard Schliephacke in die USA, um – nach seinen Erinnerungen – mit Grumbacher gemeinsam eine Künstlerfarbenfabrik aufzubauen. Dabei sollte Grumbacher das Geld einbringen, während Schmincke das Know-how und Maschinen lieferte.[118] Das wesentliche Motiv für eine eigene US-Produktion lag aber darin begründet, dass es immer schwieriger wurde, die Produkte von Schmincke durch Grumbacher zu vertreiben. Ein gemeinsamer Vertrag zwischen Grumbacher und Schmincke regelte dabei die Herstellung von Farben nach Formeln der Firma Schmincke in den USA im Rahmen einer Partnerschaft.[119] Im Gebäude der Grumbacher-Pinselfabrikation fanden sich geeignete Räume. Ernst O. Hesse verdiente in den drei Jahren seines New-York-Aufenthalts jährlich 6.000 US-Dollar, die er als Einkommen aus dieser »Teilhaberschaft« auswies.[120] Seine »technische« Tätigkeit vom Januar 1934 bis Juli 1937 beschrieb er als Teilhaber bei M. Grumbacher, 460 West 34th New York[121] oder bezeichnete seine Reisetätigkeit als »Unterrichtung u. Hilfe für M. Grumbacher, New York«.[122] Der Vertrag zwischen den beiden Unternehmen regelte, dass Schmincke einen permanenten Berater und Direktor in die USA delegierte, der zunächst

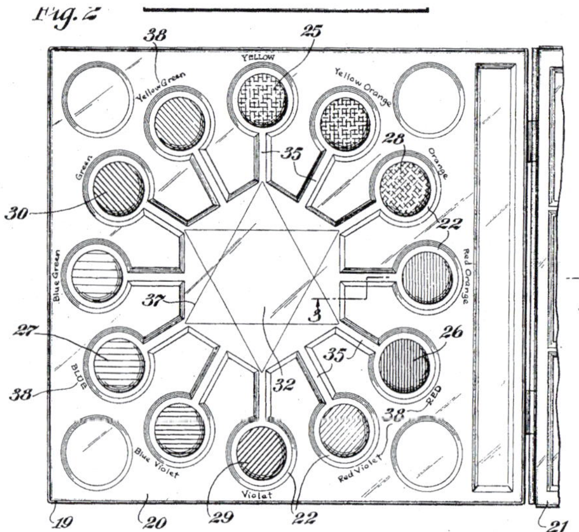

62 Zeichnung von Grumbachers Patent mit der Anordnung der Farben im Farbkasten – später realisiert als »Symphonic Color Box«, 1931

monatlich 400 US-Dollar und später einen Gewinnanteil erhalten sollte.

In dem 1927 errichteten Printer's Building auf der 460 East 34th Street im fünften Stock startete Mitte der 30er Jahre jedenfalls die gemeinsame Produktion: »Es mussten erst einmal die Trennwände gebaut, Lichtleitungen, Kraftstromleitungen gelegt werden, um eine Anzahl Walzen aufzustellen. Diese Walzen kamen zum Teil aus Deutschland, zum Teil von der Firma Lehmann in Amerika. Lehmann war auch eine Zweigniederlassung der deutschen Firma Lehmann. Tubenfüllmaschinen wurden drüben gekauft. Wir fingen an mit der Herstellung von Ölfarben, es folgten dann aber sehr bald Aquarellfarben – sowohl in Tuben als auch in Näpfchen – nach den gleichen Methoden wie wir in Düsseldorf gearbeitet haben. Es wurden hergestellt MUSSINI-Ölfarben, dann die Düsseldorf Oil Colours, HORADAM Aquarellfarben und in Konkurrenz zu den dann auf den Markt kommenden Farben der Firma Permanent Pigments, eine gleiche Sorte mit – ich glaube – 36 Tönen unter dem Namen ›Pre-tested‹.«[123] Pre-tested war eine Akademiefarbe und lehnte sich an die in Deutschland von H. Schmincke & Co. produzierte Farbe Norma an. Anfangs war der Marktauftritt unter dem Markennamen »Schmincke« erfolgt.[124] Sowohl das Logo des Unternehmens, die Eule in der ab 1932 verwendeten Form, sowie der Name SCHMINCKE mit dem Zusatz »Made in U.S.A.« belegen die Fertigung in den USA sowie die Herstellung unter dem Namen Schmincke.[125] Jedenfalls wurde 1934 zunächst im Gebäude Grumbachers, aber in benachbarten neuen Räumen, eine kleine Fertigung aufgebaut, die später – vermutlich mit dem Vertrag während des Zweiten Weltkrieges – als Lizenzfertigung von Grumbacher fortgeführt wurde.[126] Das Logo – die Eule –, der Firmenname Schmincke sowie die Markennamen Mussini und Horadam blieben dabei Eigentum des deutschen Unternehmens. Die Farbenfabrik in der 360 West 34th Street in New York gehörte dabei allerdings Grumbacher, der die Farbenherstellung mit getrennter Buchhaltung führte.[127]

Inmitten des erfolgreichen Auf- und Ausbaus des Geschäfts in den USA verstarb Julius Hesse überraschend an einer Angina – kurz vor der Geburt seines Enkels Peter Julius Hesse am 5. April 1937 in Portchester, USA. Ernst O. Hesse kam daraufhin im Juli 1937 aus den USA nach Deutschland zurück. Fritz Fehr führte den Betrieb in den USA für ihn weiter bis kurz vor dem Eintritt Amerikas in den Krieg im Jahr 1941.[128] Schon zuvor – 1939 – verkaufte Max Grumbacher, mit dem Ernst O. Hesse das gemeinsame Unternehmen in New York aufgebaut hatte,

63 Reklamemarke der von H. Schmincke & Co. übernommenen Firma Künstlerfarbenfabrik Dr. Karl Fiedler, 1920er Jahre

64 Der Düsseldorfer Industrieclub empfängt Adolf Hitler (vorne links im Bild), 1932

sein eigenes Unternehmen an seine drei Neffen, die es bis 1978 in Familienhand weiterführten.

Durch den Zweiten Weltkrieg getrennt, lösten sich die Kontakte der beiden Hersteller rasch auf. Die Namensrechte für die gemeinsame US-Produktion wurden aufgrund der finanziellen Notlage von Gerta Hesse gegen Ende des Krieges an Grumbacher gegen die Zahlung von 10.000 US-Dollar abgetreten. Als Gerta Hesse mittellos in der Schweiz angekommen war, bot ihr Walter Grumbacher, der Neffe des Firmengründers, an, »$ 10.000,- in monatlichen Raten von $ 250,- zu bezahlen, aber nur unter der Bedingung, daß ich [Ernst O. Hesse, Anm.d.Verf.] auf alle Rechte aus dem gemeinsamen Vertrag mit Grumbacher verzichten würde. Das heißt, nicht nur verzichten auf den 50%igen Anteil am Gewinn, der ursprünglich im Vertrag vorgesehen war, sondern auch auf alle Namensrechte auf den Namen Schmincke wie auf sämtliche Markennamen«.[129] Dies betraf lediglich die USA-Fertigung und nicht etwa alle Namensrechte des Unternehmens. Über die Schweiz – den Aufenthaltsort seiner Mutter – erreichten die Unterlagen Ernst O. Hesse, der sie »notgedrungen« unterschrieb. Damit wurde das Kapitel USA-Eigenfertigung für H. Schmincke & Co. endgültig geschlossen, nicht ohne jedoch einen bitteren Nachgeschmack in der deutschen Unternehmerfamilie zu hinterlassen. Ernst O. Hesse zeigte sich geradezu empört, von einem jüdischen Geschäftsmann in New York zur Abgabe der Namensrechte gedrängt worden zu sein.[130]

Während sein Sohn in New York weilte und die Auslandspartner bereiste, hatte Julius Hesse in Düsseldorf ganz im Geiste der Zeit in der ersten Hälfte der 30er Jahre eine rationell organisierte Produktion aufgebaut: »Unsere Betriebsverhältnisse [...] gestatteten aufgrund der vorhandenen Räumlichkeiten und maschinellen Einrichtungen eine rationelle und fast fliessbandartige Weitergabe vom Rohprodukt bis zur Fertigware. Trotz der großen Anzahl und Vielfältigkeit unserer Artikel (früher ca. 8000) [...]«.[131] Der Ablauf stellte sich folgendermaßen dar: In den Lagerräumen für Rohfarben für Öl-, Wasser- und Pastellfarben wurden diese in Kübel und Schüsseln abgewogen, um danach im sogenannten Ölraum mit den notwendigen Zusätzen versehen zu werden. In einem weiteren Raum wurden die Bindemittel für die Wasser- und Pastellfarben zugesetzt. Diese so angesetzten Farben wurden in den Walzensaal verbracht, wo sie auf 45 Dreiwalzenstühlen gerieben und dann in Büchsen und Töpfen abgefüllt wurden. Danach wurden sie je nach Art geprüft und gelagert. In den Füllsälen wurden die Farben teils händisch, teils mit drei automatischen Tubenfüllmaschinen bei einer

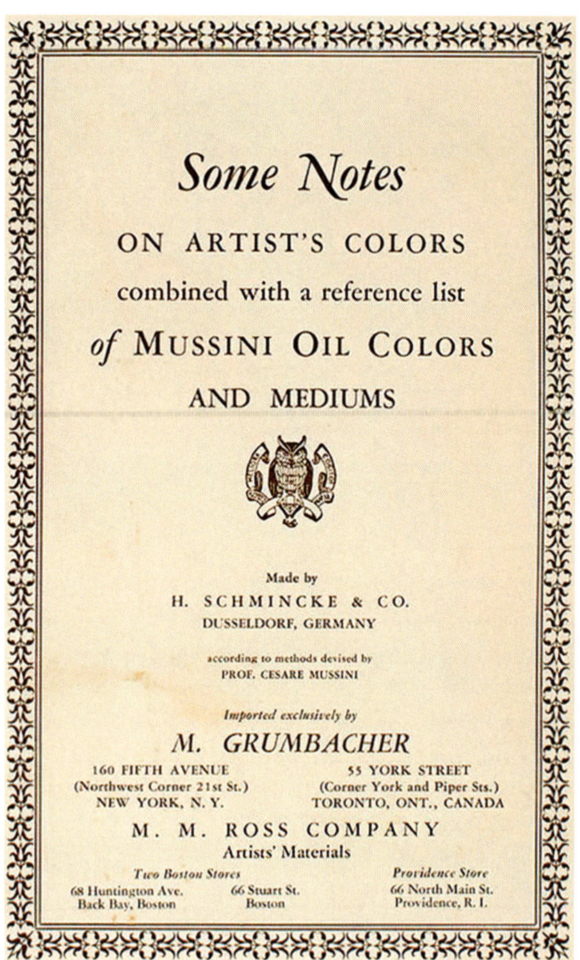

65 Anmerkungen zu den Mussini-Ölfarben, die von H. Schmincke & Co. in Düsseldorf hergestellt und exklusiv von Grumbacher in die USA importiert wurden, 1938

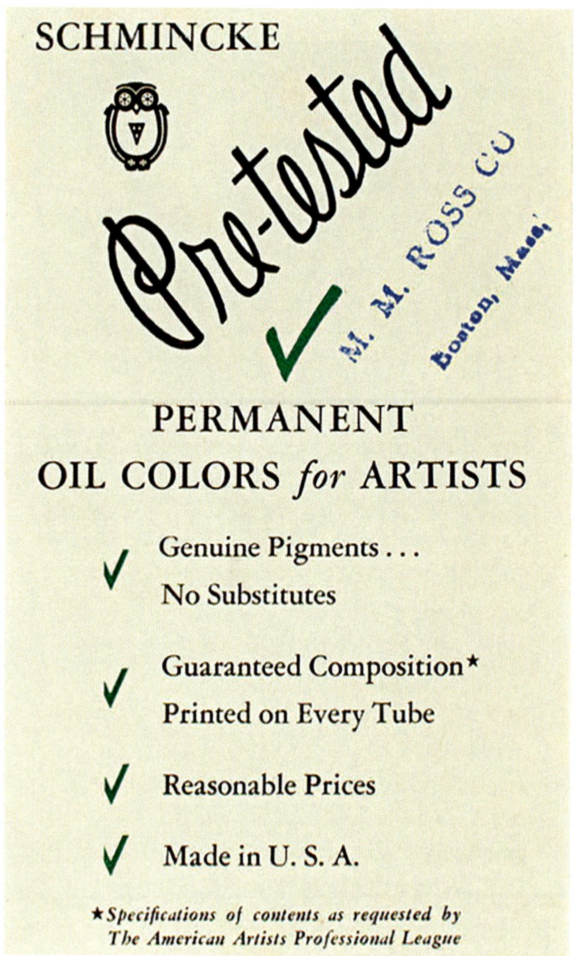

66 Werbeanzeige für die Farbe Pre-tested, 1930er Jahre

Tagesleistung von 6.000 Tuben gefüllt und mit Etiketten beklebt.[132] Eine Produktionslinie, die H. Schmincke & Co. auch von anderen Herstellern unterschied, war die der Pastellfarben. Diese wurden in einem weiteren Saal gewalzt, geformt und »in großen mit Dampfheizung versehenen Trockenschränken unter sorgfältiger Beobachtung getrocknet«.[133] Die Wasserfarben wiederum wurden von Friktionspressen bearbeitet und gestanzt. H. Schmincke & Co. unterhielt zu diesem Zeitpunkt auch eine Leinwand- und Malpappenfabrikation. Zudem verfügte das Unternehmen über einen bunten Strauß von Werbematerialien.[134]

Die Belegschaft zählte ungefähr 150 Personen, wobei 21 männliche und 15 weibliche Angestellte sowie 36 männliche und 80 bis 100 weibliche Arbeiter im Einsatz waren.[135] Die Ölfarbenfertigung lag nach Eigenangaben im Jahr 1934 bei jährlich 86.000 Kilogramm.

H. Schmincke & Co. war also wirtschaftlich gefestigt und maltechnisch bekannt, als die Nationalsozialisten 1933 die Macht übernahmen. »Das Unternehmen hat sich im Laufe der Jahre günstig entwickelt, so dass es heute mit zu den ersten der Branche zählt. Die derzeitige schwierige Wirtschaftslage macht sich naturgemäß im Geschäftsgang bemerkbar.«[136] Die Werksanlage des

67 Pastellfarbkasten, ca. 1937

Unternehmens wurde zu diesem Zeitpunkt auf einen Wert über »mehrere hunderttausend Reichsmark« veranschlagt.[137] Die vormals jüdische Ehefrau und Kommanditistin war noch nicht in Bedrängnis, der Sohn Ernst O. Hesse als »jüdischer Mischling ersten Grades« befand sich bald schon im weit entfernten und sicheren amerikanischen Umfeld. H. Schmincke & Co. expandierte im In- und Ausland.

Auch in Deutschland wuchs das Unternehmen. Schmincke übernahm die Münchener Künstlerfarbenfabrik Dr. Karl Fiedler und verlegte deren Firmensitz 1935 nach Düsseldorf. Dies war allerdings offensichtlich nicht überall bekannt – noch nicht einmal in Fachkreisen, denn 1938 machte Schmincke das Doerner-Institut darauf aufmerksam: »Seit einigen Jahren nämlich ist die Firma Münchener Künstlerfarbenfabrik Dr. Karl Fiedler durch Kauf in unseren Besitz übergegangen und werden seitdem die feinsten Künstler-Ölfarben (Fiedler-Farben) in unserem Betrieb nach den bewährten Fiedler-Vorschriften weiter angefertigt und für den Handel und Verbrauch geliefert.«[138] Umso erstaunlicher war dieser Umstand, da Max Doerner eng mit Karl Fiedler befreundet war. Der Freund, »am 22. Mai plötzlich gestorben am Hirnschlag«, hatte seine Farben nach den Grundsätzen der Deutschen Gesellschaft und denen Doerners hergestellt.[139] Doerner sah in dem Chemiker Fiedler jemanden, der den Künstler wie kein Zweiter verstand, und war deshalb nicht über-

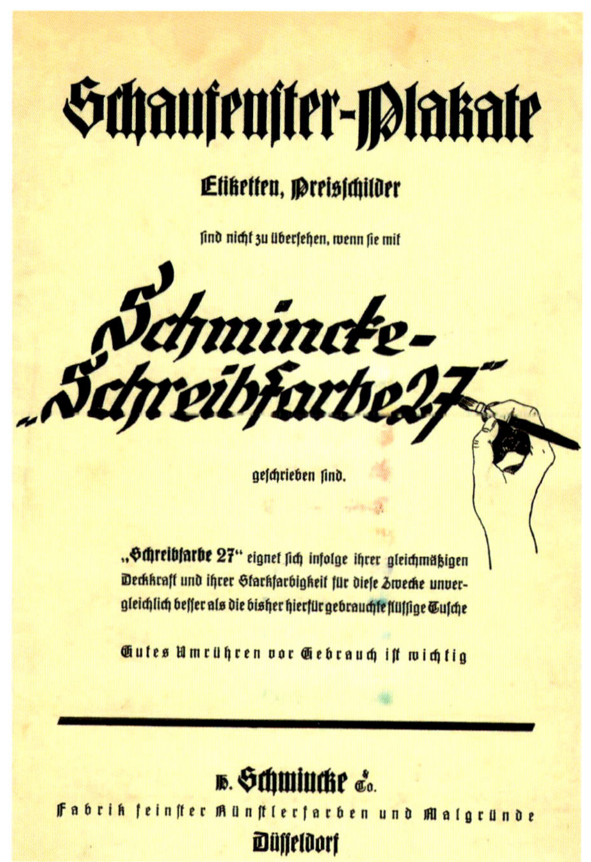

68 Werbeanzeige für Schmincke-Schreibfarbe27, 1929

69 Werbeanzeige für Schmincke-Schreibfarbe27, 1929

zeugt, dass ein passender Nachfolger gefunden werden würde.[140] Auch die am 1. Mai 1889 gegründete Firma C. Schmidt in Düsseldorf, die ebenfalls Künstlerfarben herstellte, übernahm Ernst O. Hesse vor dem Jahr 1942.[141]

DIE FARBENHERSTELLER UND DAS DOERNER-INSTITUT

Adolf Hitler hatte früh seinen Wunsch zum Ausdruck gebracht, die Kunst einem »völkischen« Ziel unterzuordnen. Zentral für die Umsetzung dieser Vorgabe war das Reichsministerium für Volksaufklärung und Propaganda unter Minister Joseph Goebbels. Im Herbst 1933 wurde die Verwaltung nach dem Führerprinzip umgebaut und eine Reichskulturkammer mit sieben Unterabteilungen etabliert: darunter die Reichskammer der bildenden Künste. Infolge des Kampfes der Nationalsozialisten gegen die »Entartete Kunst« verließen viele bedeutende Künstler das Land, nachdem sie ein Berufsverbot erhalten hatten – so Käthe Kollwitz, Ernst Barlach oder Otto Dix, der noch 1926 Julius Hesse porträtiert hatte. Viele jüdische Kunstschaffende wurden jedoch im Holocaust ermordet. Eine kleine Gruppe von Künstlern war zwar in der Ausstellung »Entartete Kunst« 1937 mit Werken vertreten, hing aber dennoch dem Nationalsozialismus an, unter ihnen etwa Emil Nolde. »Emil Noldes Liebe zu echtem Germanentum und deutscher Kunst wurde von den offiziellen Germanen und ihren Kunstwarten nicht erwidert.«[142] Der Künstler Adolf Ziegler war einer dieser entscheidenden »Kunstwarte«. Ende November 1936 wurde er Präsident der Reichskammer der bildenden Künste. Emil Nolde malte mit Schmincke-Farben und

70 Das Nolde-Museum in Seebüll zeigt in seiner Ausstellung einen Karton von Schmincke, in dem Emil Nolde seine Korrespondenz verwahrte, handschriftlich von ihm mit »1940 41 und 42« versehen.

wurde von Ernst O. Hesse in Kriegszeiten mit Restbeständen aus der abgebrannten Fabrik versorgt.[143]

Parallel zur Ausstellung »Entartete Kunst« fand die erste »Große Deutsche Kunstausstellung« statt, die Werke nach NS-Geschmack präsentierte und maßgeblich von Adolf Ziegler bestimmt war. Ziegler war der Motor bei der Beschlagnahme moderner Kunstwerke für die Ausstellung »Entartete Kunst«. Der als erfolglos einzustufende Künstler Ziegler war bereits 1929 der NSDAP beigetreten und verdankte seinen Aufstieg seiner politischen Karriere – sowie seiner Nähe zu Adolf Hitler – und nicht seinem künstlerischen Vermögen, auch wenn er vor 1933 eine Professur in München erhielt.[144] Ziegler war ein Schüler Max Doerners, erlangte über den Industriellen Albert Pietsch Kontakt zu Adolf Hitler und gewann zunehmend an Einfluss.[145]

Die Reichskammer war für die Farbenhersteller eine entscheidende Einrichtung in der NS-Bürokratie, insbesondere da ihr das Doerner-Institut als einzige unmittelbar zugeordnete Einrichtung unterstand.[146] Für die Farbenhersteller waren die Kunstakademien – und insbesondere die Münchner Kunstakademie, an der das Doerner-Institut angesiedelt war – wichtige Partner. Der Chemiker Max Eibner hatte seit 1907 die »Versuchsanstalt und Auskunftsstelle für Maltechnik« an der Technischen Hochschule in München geleitet.[147] Sein Schüler Max Doerner blockierte im Streit mit Eibner allerdings über Jahre die Etablierung eines »Instituts für Maltechnik«, das sich stärker den praktischen und künstlerischen Fragen widmen sollte.[148] Nach Eibners unfreiwilliger Entlassung 1934 aus der Kunstakademie München entwickelt sich ein Kräftemessen zwischen Doerner, der am 1. Mai 1933 der NSDAP beigetreten war,[149] dem Kunsthistoriker Walter Gräff und Ziegler. Dem kurz vor der Pensionierung stehenden Doerner verhalf der frühe Tod Gräffs zum Sieg. Nach der ersten Tagung der Reichskunstkammer am 4. Juni 1934 wurde die Errichtung einer »Reichsanstalt für künstlerische Maltechnik« verkündet.[150] Daraufhin wurde Doerner aktiv, konzeptionierte die inhaltliche Ausrichtung, machte sich mit neuesten Techniken vertraut und besorgte finanzielle Mittel, um dieses neue Institut nach München zu holen.[151] Am 19. Juli 1937 wurde das Doerner-Institut schließlich dort gegründet.[152]

Nach dem Stabwechsel bei H. Schmincke & Co. von Julius zu Ernst O. Hesse gab es wiederholt Auseinandersetzungen mit Künstlern um die Qualität der Produkte: Ein Kunstprofessor bemängelte die Kennzeichnung der Farbtuben, da die Haltbarkeit nicht ersichtlich sei.[153] Er forderte, dass die Farbtuben nicht nur die Farbe, sondern auch das Bindemittel ausweisen sollten; Gleiches sollte für Firnisse und Malmittel gelten.[154] Aus München wurde Ernst O. Hesse ermahnt: »Statt andere Firmen gegen uns aufzurufen wegen einer Forderung, die von A.W. Keim und der DG seit 50 Jahren erhoben wird, sollte es Ihrer Firma auch nach dem Wechsel in der Leitung möglich sein, den von Herrn Dr. Hesse mit uns beschrittenen Weg des Strebens nach Wahrheit und Klarheit in allen material- und maltechnischen Fragen gemeinsam weiterzugehen!«[155]

Nachdem es zu Anlaufschwierigkeiten gekommen war, wendete sich Ernst O. Hesse an Max Doerner und bat um eine persönliche Einladung zur Eröffnungsfeier des Doerner-Instituts im Juli 1937: »Bei dem Interesse, welches ich als Inhaber der Firma Schmincke habe, eine lebendige Arbeitsgemeinschaft mit dem von Ihnen, sehr geehrter Herr Professor, geleiteten Institut zu pflegen, würde ich gerne bei der Eröffnung zugegen sein.«[156] Zur Berufung Max Doerners schickte Schmincke sofort ein Gratulationsschreiben: »Sehr geehrter Herr Professor! Unter Bezugnahme auf den Ihnen durch unseren Vertreter, Herrn Jakob Haas, abgestatteten Besuch und für die freundliche Aufnahme dieses Herrn Ihnen unseren verbindlichen Dank abstattend möchten wir nicht verfehlt haben, Ihnen unsere aufrichtigen und herzlichen Glückwünsche zu der ehrenvollen Berufung als Leiter des Reichsinstituts für Maltechnik (Doerner Institut) auszusprechen. Soweit wir Ihnen hierbei im Rahmen unseres Fabrikations-Programms dienlich sein können, stellen wir Ihnen unsere Dienste jederzeit gerne zur Verfügung. Heil Hitler ppa. H. Schmincke & Co.«[157] Ernst O. Hesse war danach selbst mehrfach in München am Institut.[158]

71 Kunstakademie München, Broschüre, 1912

Die Farbenhersteller erhofften sich durch die Analysen des Doerner-Instituts werbewirksame Gutachten ihrer Produkte.[159] Ermöglicht wurden diese Tests durch neue Verfahren, welche die Prüfung anorganischer Pigmente und Füllstoffe umfasste. Aufseiten der Künstlerfarbenhersteller scheint aber vor allem auch das Nachwirken des Namens Max Doerner, mit dem sie über viele Jahre zusammengearbeitet hatten, dazu geführt zu haben, dass man mit dem neuen Institut so umfassend und schnell zusammenarbeitete.[160]

Die maltechnische Abteilung des Doerner-Instituts forderte bald nach Gründung von den bedeutenden Farbenherstellern – H. Schmincke & Co. (Düsseldorf), Dr. Fr. Schoenfeld & Co. (Düsseldorf), Günther Wagner (Hannover), Herrmann Neisch & Co. (Dresden), Fritz Behrendt (Grafrath bei München) und C. Kreul (Forchheim in Bayern) – Kataloge an.[161] Im September 1938 verlangte die Werkprüfungs- und Forschungsanstalt für Maltechnik (Doerner-Institut) die Zusendung eines vollständigen Sortiments der reinen Künstlerölfarben (gegen Berechnung) zur Vervollständigung der Sammlung des Instituts und Prüfung.[162] Bereits zwei Tage später übersendete Schmincke je eine Tube der Mussini-Ölfarben – ohne Mischtöne.[163] Auch bezüglich der Fiedler-Farben erbat das Institut einen entsprechenden Farbensatz.[164]

QUALITÄT UND KONTROLLE. DAS RINGEN UM EIN FARBENGESETZ

Innerhalb der Branche der Farbenhersteller wurde früh um Qualitätsstandards gerungen. Neben der Gründung verschiedener Verbände zählten auch die Farbstoff-

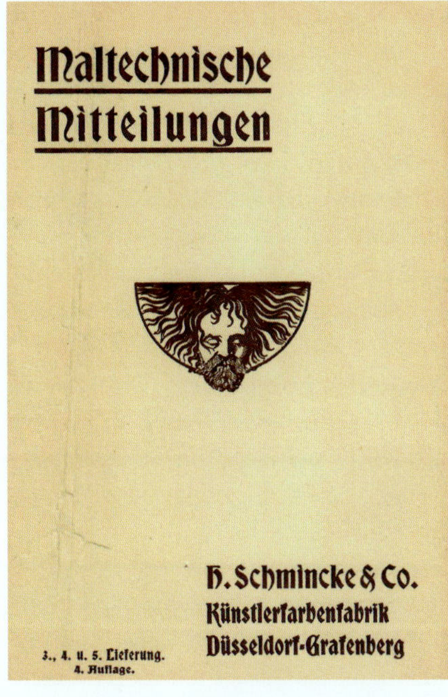

Maltechnische Mitteilungen

H. Schmincke & Co.
Künstlerfarbenfabrik
Düsseldorf-Grafenberg

3., 4. u. 5. Lieferung.
4. Auflage.

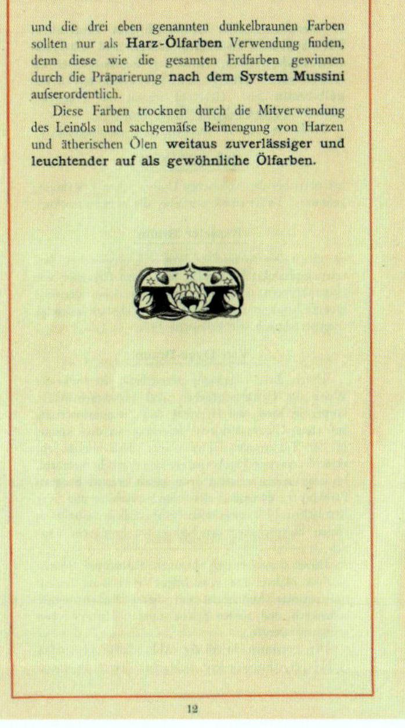

und die drei eben genannten dunkelbraunen Farben sollten nur als **Harz-Ölfarben** Verwendung finden, denn diese wie die gesamten Erdfarben gewinnen durch die Präparierung **nach dem System Mussini** aufserordentlich.

Diese Farben trocknen durch die Mitverwendung des Leinöls und sachgemäfse Beimengung von Harzen und ätherischen Ölen **weitaus zuverlässiger und leuchtender auf als gewöhnliche Ölfarben.**

12

Vierte Lieferung.

Das Farbenmaterial der Ölmalerei
mit besonderer Berücksichtigung der
Mussini-Ölfarben.

Die Metalle

liefern in ihren Oxydationsstufen und sonstigen Verbindungen mit anderen Körpern einen grofsen Teil der bekanntesten Farben für die Ölmalerei.

Es kommen dabei folgende Metalle in Betracht:

Eisen, Blei, Zink, Chrom, Kobalt, Kadmium, Quecksilber, Kupfer, Cyan u. a.

Eisen.

Bei der Abhandlung der Erdfarben haben wir schon hervorgehoben, welche Bedeutung die verschiedenen Oxydationsstufen des Eisens für die Erdfarben haben.

Bei den reinen Eisenfarben kommen von solchen Oxydationsstufen nur zwei in Betracht und zwar:

18

72 »Maltechnische Mitteilungen« von H. Schmincke & Co., 1907

tabellen nach Gustav Schultz, die in den Jahren 1888 bis 1934 in sieben Auflagen erschienen, dazu. Ähnliches galt auch für Großbritannien, wo der Colour Index der Society of Dyers and Colourists (SCC) im Jahr 1924 eine solche Liste darstellte. Mit dem Kongress gegen Farbfälschungen im Jahr 1905 entwickelten die deutschen Farbenhersteller, die sich ihrerseits im Verband deutscher Farbenfabrikanten organisierten, eine Farben- und Rohstoffliste, die nach Künstler-, Dekorations- und Anstreichfarben unterschied.[165]

Daneben wurden die »Maltechnischen Mitteilungen« herausgegeben, welche die neuesten Entwicklungen auf dem Farbenmarkt bekannt machten, aber auch durchaus kritische Punkte ansprachen. Seit 1884 gab es die »Technischen Mitteilungen für Malerei« (herausgegeben von Adolf Wilhelm Keim), die seit 1886 als Publikationsorgan der Deutschen Gesellschaft zur Beförderung rationeller Malverfahren dienten. Auch Schmincke & Co. in Düsseldorf-Grafenberg war die »Materialkunde ein Anliegen« und publizierte selbst »Maltechnische Mitteilungen«.[166]

All diese Standardisierungsversuche führten bereits 1921 zu Plänen verschiedener Gruppen, »ein Künstlerfarbengesetz« zu etablieren.[167] Letztlich sollten damit Versuche der Farbenhersteller unterbunden werden, in der Farbbezeichnung unpräzise zu sein. »Eine Farbe, die als Zinnober bezeichnet wird, muss Zinnober sein. Wenn Sie ein Rot herausbringen, das aus Zinnober besteht, so werden Sie es als Zinnober bezeichnen dürfen; wenn Sie aber ein Rot herausbringen, das auf irgendwelchem anderen Weg hergestellt ist, aber wie Zinnober aussieht und vielleicht viele oder alle Eigenschaften mit dem echten Zinnober gemein hat, so muss dies aus der Bezeichnung hervorgehen«, so der Verlag der Gesellschaft für rationelle Malverfahren im August 1931 in einem Schreiben an den Hersteller Talens & Zoon in Holland.[168]

Richard Jacobi, der zweite Mann am Doerner-Institut, bereitete Mitte der 30er Jahre ein Farbengesetz vor, das durchaus vonseiten der Farbenhersteller gefordert wurde. Wie Wagner begrüßte auch Schmincke die Pläne sehr, um so »den Verbrauch an Künstlerfarben, Firnissen und Malgründen in maltechnisch gesunde Bahnen zu lenken«.[169] Der Fabrikant Hermann Neisch wiederum fürchtete um die Wettbewerbsfähigkeit der deutschen

Künstlerfarben, wenn das Gesetz nicht auch ausländische Farben einschließen würde.[170] Dass die internationalen Märkte für die deutschen Farbenhersteller in Kürze keine Rolle mehr spielen sollten, hatte Neisch nicht gesehen. Für den ebenfalls weltweit agierenden Hersteller Schmincke war die Bedeutung der freien Märkte ähnlich. Der im Allgemeinen vorherrschende Mangel an importierten Rohstoffen machte auch den Künstlerfarbenherstellern Probleme, insbesondere in Bezug auf Farbstoffe und Bindemittel. Die Diskussion zwischen Herstellern und Institut entbrannte um die neutrale Etikettierung der aufgrund der Mangelsituation in den Rezepturen angepassten Farben, die den eingeführten Markennamen beeinträchtigte. Andererseits gab es Vorwürfe über inhaltliche Mängel dieser neuen Rezepturen. So zum Beispiel soll Schmincke sein »Chromoxydgrün« mit Gips gestreckt haben.[171]

Vor allem die Kontingentierung wichtiger Rohstoffe veranlasste das Doerner-Institut die Anzahl der Prüfungen der einzelnen Farben der Hersteller zu erhöhen sowie die inhaltlichen Tests auszuweiten, um aus den Ergebnissen ein Gesetzeswerk zu entwickeln.[172] Als Max Doerner am 1. März 1939 verstarb, entbrannte ein Nachfolgestreit zwischen Adolf Ziegler und Anton Roth. 1940 übernahm Ziegler schließlich die Leitung des Doerner-Instituts, und mit ihm erschien der Kunsthistoriker Fritz Haeberlein auf der Bildfläche. Die langjährigen Mitarbeiter Anton Roth und Richard Jacobi verließen um die Jahreswende 1940/41 das Institut; ein NS-willfähriges Personal trat nun in Erscheinung.[173]

Haeberlein und Friedrich Müller-Skjold setzten die Ambitionen in Richtung Einführung eines »Deutschen Farbengesetzes« unter dem Namen »Künstler-Werkstoff-Verordnung« unbeirrt fort.[174] 1941 wurde zur Unterstützung dieser Maßnahme ein Deutscher Farbenausschuss etabliert. Der so entwickelte Gesetzesentwurf klassifizierte die Farben in drei Stufen, wobei die hochwertigen Künstlerfarben Stufe I erhielten, gestreckte Farben für die Studienfarben Verwendung finden sollten und für die Schulklassen auch Teerfarbstoffe genutzt werden konnten.[175] Die Farbskala sollte dabei zunächst auf 48, ab 1942 dann auf 26 Farben reduziert werden. Damit waren von den 900 1941 noch in Herstellung befindlichen Farbtönen die meisten verschwunden.[176] Hinzu trat eine Limitierung beim Verkauf von Farben, der nur an Mitglieder der Reichskammer erlaubt war und damit politisch unliebsamen Künstlern vorenthalten blieb.

Dieser Richtung des Doerner-Instituts hatte sich Schmincke bereits zwei Jahre vorher, 1939, angeschlossen: »Im Rahmen der Kriegswirtschaft sind wir vom Reichswirtschaftsministerium mit der Herstellung der für die Kunstmalerei notwendigen Artikel betraut worden. Die Zuteilung der Rohstoffe jedoch ist nicht unbeschränkt, sodass es sich unter Umständen als notwendig erweisen wird, in den Sortimenten gewisse Beschränkungen durchzuführen.«[177] Es ging auch um die Beschränkung der Lieferungen an bestimmte Gruppen: »Wie uns aus Besprechungen mit dem Institut bekannt ist, besteht ja die von uns sehr begrüsste Absicht, den Verbrauch an Künstlerfarben, Firnissen und Malgründen in maltechnisch gesunde Bahnen zu lenken, und wir bitten Sie daher, um bereits jetzt schon im Rahmen der notwendigen Beschränkungen den von Ihnen gedachten Weg zu beschreiten, um eine Stellungnahme zu diesem Problem.«[178]

73 Schmincke-Logo von 1937

So beantragte das Doerner-Institut bei der Reichskammer der bildenden Künste am 20. März 1942, den Entwurf für eine »Deutsche Künstlerwerkstoffverordnung« zu beschließen.[179] Im Gegenzug wollte das Doerner-Institut eine entsprechende Normung ausarbeiten.[180] Werbetechnisch griff Ziegler durch und kontaktierte verschiedene Reichsstellen, um den Begriff »Künstlerfarben« schützen zu lassen.[181]

Ob möglicherweise das Doerner-Institut seinerseits in den Wirren der NS-Bürokratie schlichtweg punkten wollte, um sich die führenden Nationalsozialisten gewogen zu machen, oder ob die ständigen Anfragen zum Bezug außergewöhnlicher Rohstoffe gar der Idee entsprangen, selbst Farben herzustellen (und die Reduktion der Farbpalette dies erleichtert hätte), bleibt unklar. Die Farbenhersteller jedoch wiesen frühzeitig darauf hin, dass mit der drastischen Reduzierung der Farbtöne keine Materialersparnis verbunden sei. Außerdem gebe es einen zusätzlichen Zielkonflikt, insofern unter Hinweis auf den Reichsführer Adolf Hitler die deutsche Kunst zu fördern sei und dafür natürlich höchst haltbare Farben benötigt würden.[182] Ziegler bestätigte diese Interpretation in einem Schreiben bezüglich einer Anforderung Schminckes.[183] Nach Fertigstellung eines Entwurfs der Künstlerwerkstoffverordnung wurden die bedeutenden Farbenhersteller im Januar 1942 nach München geladen – Schoenfeld & Co., Schmincke & Co., Kaspar & Co., Neisch & Co. und Günther Wagner (Pelikan).[184] Die Einschränkung des Farbenspektrums blieb jedoch auch nach dem Treffen erhalten. Die Farbenliste umfasste 27 Hauptfarben und weitere 48 Gesamtfarbtöne mit vier Mischtönen. Es folgten lange Debatten über die konkrete Ausgestaltung des Gesetzes. Auf die Tuben sollte künftig die Qualitätsbezeichnung »D.K.N.« (Deutsche Künstler Norm) aufgedruckt werden. Im Anschluss erweiterte Fritz Haeberlein den Kreis der Anzuhörenden auf weitere Behörden (Reichsstelle für Chemie u.a.). Eine weitere Sitzung fand im Februar 1942 statt und nahm die umfassenden und »leidenschaftlichen« Ausführungen verschiedener Firmen, u.a. auch von H. Schmincke & Co. zur Kenntnis.[185] Vor allem die immer noch fehlende Normung der Farb- und Bindemittel stieß den Farbenherstellern bitter auf.

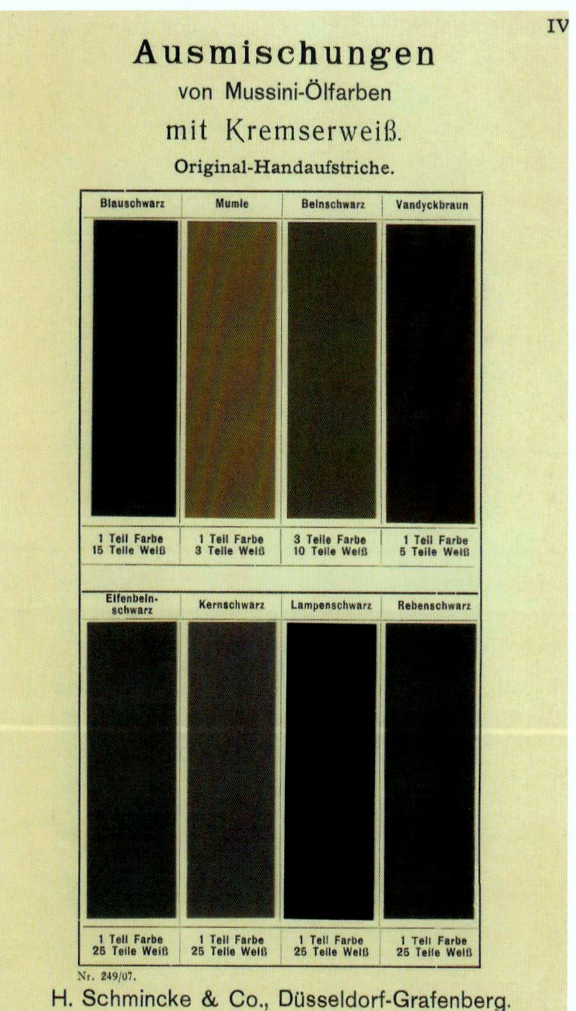

74 Farbtafel »Ausmischungen mit Kremserweiß« der Mussini-Ölfarben, 1907

Die für den 26. Januar 1942 anberaumte Sitzung des Doerner-Instituts mit den führenden Farbenherstellern nahmen diese sehr ernst. H. Schmincke & Co. war mit dem Eigentümer Ernst O. Hesse und Gerhard Schliephacke vertreten. Dort legten die Vertreter gemeinsam eine verkürzte Farbenliste von insgesamt 49 Künstlerfarben fest.[186] Bei den Mischfarben wurde H. Schmincke & Co. aufgefordert, fünf herzustellen: Kadmiumgrün hellst, hell und dunkel sowie Königsblau hell und dunkel.[187] Für die Herstellung dieser Farben war die »Reichsstelle Chemie« mit einzubeziehen, die sich im Februar 1942 an das

Doerner-Institut wendete und mitteilte, »dass die Versorgungslage auf dem Chromgebiet derartig angespannt ist, dass ich Chromverbindungen grundsätzlich nur noch zur Fertigung von Rüstungsgerät in engerem Sinne freizugeben in der Lage bin. Trotzdem habe ich bisher den notwendigen Bedarf an Chromverbindungen zur Herstellung von Künstlerfarben zugeteilt.« Die Fortführung dieser Zuteilungen wurde jedoch angezweifelt: »Ich begrüsse daher Ihren Vorschlag, Chromfarben nur den bewährtesten Künstlern und diesen auf besondere Abgabebefürwortung von Ihnen abzugeben. Es ist vielleicht zweckmäßig, wenn ich der Reichskammer der bildenden Künste ein Monatskontingent an Chromverbindungen zur Verfügung stelle, damit seitens der Reichskammer die Möglichkeit besteht, die Zuteilung an die in Betracht kommenden Künstler vorzunehmen.« Schmincke hatte für das erste Quartal 100 Kilogramm Chromoxydgrün und 200 Kilogramm Chromoxydhydratgrün beantragt, was zunächst abgelehnt wurde. »Der Firma wurde anheim gestellt den Antrag etwa in vier Wochen zu wiederholen [...].«[188] Neisch & Co. sollten Umbra und Siena aus Italien importieren, Schmincke das Chromoxydgrün.[189] Wie auch in anderen Wirtschaftsbranchen setzten sich die Rationierungen und Beschränkungen in der Künstlerfarbenfabrikation durch. Inmitten des Zweiten Weltkrieges wurden dennoch eingeschränkte Produktionen und sogar Importe ermöglicht, um rudimentäre Lieferungen aufrechtzuerhalten. Die Limitationen ließen Haeberlein aber für sein Farbengesetz hoffen; während er sich 1944 unmittelbar vor der Einführung der »Künstlerwerkstoffverordnung« sah, ließ jedoch die vermutlich im September 1944 gefallene Entscheidung, »alle künstlerische Betätigung für die Dauer des Krieges in denkbar schärfster Weise« zu drosseln, die Umsetzung am Ende scheitern.[190]

MANGELWIRTSCHAFT UND ERSATZSTOFFE

Der Wille zur Einsparung von Ressourcen war das eine, der tatsächliche Mangel an vielen Inhaltsstoffen das reale Problem der Herstellung. Im »Dritten Reich« war längst ein permanenter Kampf um die Ressourcen ausgebrochen und die Zuteilung von Genehmigungen (Bezugsscheinen) abhängig. Als der Mangel dazu führte, dass neue Bleituben zunächst nur gegen Rückgabe einer alten ausgegeben werden sollten und dann im Sommer 1938 ein grundsätzliches Verbot von Bleituben und der Einsatz von Aluminiumtuben binnen dreier Monate anstanden, wendete sich die Firma Schoenfeld & Co. »mit einer vehement formulierten Denkschrift« dagegen.[191] Vor allem das rasche Reaktionsvermögen, die Auflösung der Schutzschicht und die Brüchigkeit des Materials wurden ins Feld geführt. Und tatsächlich reüssierte der Farbenhersteller, und Jacobi von der maltechnischen Abteilung des Doerner-Instituts schloss sich der Beurteilung an. Er regte an, anstelle der Künstlerfarben doch eher bei der Dekorationsmalerei auf Aluminiumtuben umzusteigen und die Künstlerfarben von dieser Vorschrift auszunehmen.[192] Auch wenn sich die Hersteller 1939 vehement gegen die Abfüllung von Ölfarben in Aluminiumtuben verwahrt hatten, musste H. Schmincke zu dieser Produktionsweise übergehen, da es trotz aller Maßnahmen keine ausreichende Menge an Bleituben mehr gab. Um die Qualitätseinbußen einzuschränken, verlangte das Doerner-Institut bei Nutzung von Aluminiumtuben[193] ein gut erkennbares Verfallsdatum, da die Haltbarkeit der Farben sich deutlich reduzierte.[194]

Der Mangel ergriff alle Künstlerfarbenhersteller und zeigte sich oft an kleinsten Mengen. So konnten beispielsweise 1941 zehn Kilogramm Wachs, die Schmincke anforderte, nicht geliefert werden. Schoenfeld meldete im gleichen Jahr, dass von einer wesentlich breiteren Palette nur noch die Lukas-Künstler-Ölfarben, Tempera- und Aquarellfarben sowie Werbe-Plakatfarben lieferbar waren.[195] Auch die Farbenfabrik Kreul in Forchheim konnte zu diesem Zeitpunkt nur noch das Ausschöpfen der letzten Kontingente an Lein- und Mohnölen vermelden. Neisch in Dresden konnte nur noch Künstlerfarben liefern.[196] Ähnliche Probleme meldeten die Pelikan-Werke in Hannover, die noch dazu nicht mehr – so wie Schmincke – an die notwendigen Rationen von Eiern kamen.[197] Neben der Regulierung und Rationierung der Farbenhersteller steuerte die Reichskammer der bildenden Künste auch die Verbrauchsmengen für die Künstler. Für die 2.000 bei der Reichskammer gemeldeten Künstler wurden grobe Bedarfsmengen kalkuliert. Aber selbst für die dabei berechneten Farben glaubten die Hersteller in den frühen

40er Jahren allerdings nicht mehr, hinreichend Rohstoffe zu erhalten.

Der Mangel ließ die Künstlerfarbenhersteller, wie andere Branchen auch, nach Ersatzstoffen suchen. Als Chemiker waren die Hersteller dazu prädestiniert. So stand Schmincke seit 1939 in Kontakt zur IG Farbenindustrie, um mit Kunststoffen zu experimentieren.[198] Gleichzeitig bemühte sich das Doerner-Institut darum, die Zuständigkeit zur Genehmigung für die Verwendung von Kunststoffen und den dazu nötigen Bezug von Rohstoffen zu erhalten. Aber nicht alle Ersatzstoffe waren geeignet. So bleiben die Befunde an manchem Punkt negativ: »Der Kopaivabalsam[199] ist für Restauratoren, d.h. Konservierungszwecke alter Gemälde unerlässlich und wir können im Augenblick nicht entscheiden, ob solche Mengen für diese Arbeitsgruppen bereits sichergestellt sind. Ein Ersatz für Kopaivabalsam ist in diesem Falle nicht möglich.«[200]

Erfolgreicher war H. Schmincke & Co. bei anderen Ersatzstoffen. So wurde anstelle von Terpentinöl schon 1939 »Hydroterpin«[201] und als Lösungsmittel »Dekalin« als Austauschstoff angeboten.[202] Allerdings war Schmincke auf die Außenwirkung bedacht und bat daher, auf dem Etikett unter dem Namen »Verdünnungsmittel Schmincke« den Untertitel »Gleichwertiger Austauschstoff für Terpentinöl« aufzubringen – wogegen sich nicht

75 Farbtafel »Dekorations-Ölfarben Sorte 600«, ca. 1915

76 Plakatfarben Hohlwein Palette, 1929

nur Adolf Ziegler, sondern auch Jacobi wendeten.[203] Die Herausforderung, Rohstoffe zu erhalten, blieb für die folgenden Jahre bestimmend. Schmincke informierte das Doerner-Institut, dass der Rohstoff »Mastix« – das Gummiharz der Mastix-Pistazienbäume – nicht mehr erhältlich war, der sowohl in der Tempera- als auch bei der Firnisherstellung benötigt wurde. Schmincke musste im September 1940 sogar Öle an das Doerner-Institut abgeben: »Von der Reichsstelle für industrielle Fettversorgung geht uns die Nachricht zu, dass Ihr Antrag an den Herrn Präsidenten der Reichskammer der bildenden Künste auf Zuteilung von Leinöl und Mohnöl im gleichen Verfahren wie es beim Terpentinöl gehandhabt wird, genehmigt worden ist, und wir haben daher heute je ein Muster rohes Leinöl, Lackleinöl, rohes Mohnöl, gebleichtes Mohnöl an Sie abgesendet und bitten Sie zu entscheiden, welches Leinöl und welches Mohnöl auf die Bezugsscheine geliefert werden soll.«[204] Das Doerner-Institut entschied sich, jeweils die Hälfte der Bezugsscheine für jeweils beide Ölsorten zu nutzen, und bat um Übersendung, da »in kurzer Zeit keinesfalls entschieden werden« könne.[205] Da H. Schmincke & Co. auch Malgründe anbot, wurde das Unternehmen vom Doerner-Institut aufgefordert, einen Bezugsschein für fünf laufende Meter Rohleinen einzulösen. Allerdings hatte das Düsseldorfer Unternehmen nicht mehr alle Leinenstoffe vorrätig und bot daher dem Münchner Institut direkt lieferbare Alternativen an.[206]

Der Weg, Rohstoffe, aber auch Arbeitskräfte zu erhalten, wurde zunehmend steiniger. Daher sah sich H. Schmincke & Co. veranlasst, Unterstützung von ganz oben einzuholen. Am 6. März 1941 bat Ernst O. Hesse um eine Unterredung mit Adolf Ziegler. Nach diesem Treffen übersendete Ziegler folgendes Schreiben an den

77 Farbtafel »Schmincke-Plakatfarben«, 1930

Farbenhersteller: »Aus gegebener Veranlassung bestätige ich Ihnen hiermit, dass es der Wunsch und Wille des Führers ist, die Kunstmalerei während des Krieges in unbeschränktem Umfange aufrechtzuerhalten und befürworte daher die Zurverfügungstellung von Arbeitskräften und Rohstoffen zur Durchführung dieser Aufgabe.«[207] Ausgestattet mit diesem »Auftrag«, wendete sich Schmincke im November 1941 an das Reichsernährungsministerium, um einen Bezugsschein für Eier zu erhalten. Das Unternehmen begründete den Antrag: »Von der Reichsstelle Chemie haben wir eine besondere Produktionsaufgabe zur Herstellung von Farben erhalten. Diese Farben werden benötigt zur Durchführung der von der Reichsregierung besonders geförderten Kunstmalerei.«[208] Schmincke fuhr fort: »Zur Durchführung dieser Aufgabe benötigen wir seit vielen Jahren monatlich 54 Eier. Die Kunst der alten Meister baute sich in erster Linie auf der Ei-Tempera auf, und diese Technik wurde und wird in den letzten Jahren von den zuständigen Stellen besonders gefördert, um die Künstler wieder zu einer gesunden und rationellen Maltechnik zu erziehen. Ohne die Zurverfügungstellung der oben genannten Menge Eier sind jedoch diese Bestrebungen hinfällig und es würde eine wertvolle und langjährige Erziehungsarbeit umsonst gewesen sein. Aus Gründen der kulturellen Wichtigkeit ist unsere Produktionsaufgabe – wie aus beiliegendem Schreiben der Reichsstelle Chemie hervorgeht – als kriegsentscheidend bezeichnet worden, und der Wunsch und Wille des Führers, die Kunstmalerei auch im Krieg zu fördern, geht aus dem ebenfalls beiliegenden Schreiben des Herrn Präsidenten der Reichskammer der bildenden Künste hervor.«[209]

Dennoch wurde am 1. Dezember in Berlin die Absage in Richtung Düsseldorf auf den Weg gebracht. Daraufhin wendete sich Ernst O. Hesse am 6. Dezember direkt an Herrn Sachs als Vertreter der zuständigen Stelle des Präsidenten der Reichskammer der bildenden Künste: »Die Mengen sind, wie Sie aus dem Antrag ersehen, gering, und die Wirkung ist gross. Vielleicht sind Sie in der Lage, durch einen telefonischen Anruf bei dem Sachbearbeiter, der aus dem beiliegenden Schreiben hervorgeht, bereits die Schwierigkeiten zu überwinden. Andernfalls wäre meines Erachtens das Doerner-Institut die berufene Stelle, um ein Gutachten über die Wichtigkeit der Ei-Tempera abzugeben, da es ja gerade die Aufgabe dieses Instituts ist, die rationelle Maltechnik der alten Meister zu pflegen, zu fördern.«[210] Das Doerner-Institut bereitete zur Unterstützung gleichfalls ein Schreiben für Berlin vor: »Von allen Tempera-Arten ist die Eitempera für hohe Ansprüche die bewährteste Sorte. Da die Künstlerölfarben zur Zeit in nicht genügender Menge auf dem Markte sind, kann unmöglich der schaffende Künstler auf die Eitemperafarbe verzichten. Die Selbstherstellung durch den Maler bereitet Schwierigkeiten, die auf Reisen kaum zu überwinden sind. Um die fertige Eitemperafarbe auf längere Zeit haltbar zu machen, ist die Zugabe von Konservierungsmitteln erforderlich. Es ist bei der Fabrikation besondere Aufmerksamkeit darauf zu legen, daß das Mittel zur Haltbarkeit in keiner Weise sich im Bilde schädigend auswirkt.«[211] Am 31. Dezember 1941 wurde dieser Entwurf in leicht abgeänderter Form an den Präsidenten der Reichskammer gesendet.

Im Februar 1942 wendete sich Ernst O. Hesse nochmals direkt an Ziegler, um ihn zur Intervention gegenüber Staatssekretär Herbert Backe im Landwirtschaftsministerium zu bewegen, weil er für die Herstellung von Wasserfarben Dextrin, Kapillärsirup und Reisstärke benötigte, aber aufgrund der erfrorenen Kartoffelernte keine Zuteilung erhielt.[212] Ernst O. Hesse wiederholte den Hinweis, dass nur geringe Mengen große Wirkung erzielten. »Ich möchte daher Sie, sehr geehrter Herr Professor, bitten, sich wenn möglich in einem persönlichen Schreiben an Herrn Staatssekretär Backe für die Freigabe von Stärkeerzeugnissen für Künstlerfarben zu verwenden, wobei noch zusätzlich zu bemerken ist, dass ein erheblicher Teil der von uns hergestellten Farben nicht nur für direkt künstlerische, sondern auch für technische Zwecke wie Generalstabsfarben, Farben für Raumordnung, Anlage von Plänen seitens der Architekten usw. Verwendung findet. Ich wäre Ihnen dankbar, wenn Sie mir mitteilen könnten, ob Sie uns in dieser lebenswichtigen Frage unterstützen können […]«.[213] Dieses Anliegen wurde im Doerner-Institut gründlich gegengeprüft, da eine Kontaktaufnahme zum kommissarischen Leiter des Ministeriums für Landwirtschaft Herbert Backe »eingehend begründet sein« müsste.[214]

Dann wurden seitens des Instituts einige Berechnungen (ausführliche technische Berichte) angefertigt, und man kam zu dem vernichtenden Befund, dass die von H. Schmincke & Co. geforderten 500 Kilogramm Kartoffeln eher viel als wenig seien. Die Berechnungen zeigten eine Füllung von 417.000 Aquarellnäpfchen im Monat und damit fünf Millionen pro Jahr: »Unter Berücksichtigung, daß 6 Firmen in Deutschland große Mengen Aquarellfarben herstellen, würde sich eine Jahresherstellung in Deutschland von rund 30 Millionen Aquarellnäpfchen errechnen lassen. Diese Zahl erscheint uns unwahrscheinlich, mithin auch die von der Firma angeforderte Menge von 500 kg […]«.[215]

Zum zweiten Mal binnen kurzer Zeit war damit ein Antrag aus Düsseldorf abgelehnt worden. Nachdem die Lieferung des Chromoxydgrüns nicht direkt genehmigt worden war, folgte nun die Ablehnung der Eierzuteilung durch das Münchner Institut. Dies markierte einen Wendepunkt für die Geschichte von H. Schmincke & Co. und war wohl auch Ergebnis eines Gesinnungswandels im Doerner-Institut. Die ständigen Rationierungen und Beschränkungen ließen das neue Personal im Doerner-Institut einen anderen Weg einschlagen. Unter dem Vorwand, er sei sich nicht sicher, ob seine vorliegende Produktionsliste von H. Schmincke & Co. noch Gültigkeit habe, hatte Haeberlein im November 1941 Schmincke aufgefordert, eine aktuelle Fertigungsliste einzureichen.[216]

Dies war vermutlich der erste Schritt auf einem neuen Weg des Doerner-Instituts: Eine deutliche Wendung nahm die Geschichte, als Ziegler 1942 das Doerner-Institut anwies, selbst in die Rolle der Hersteller zu schlüpfen, und bat, versuchsweise ein Sortiment Farben herzustellen.[217] Verschiedene Pigmenthersteller (IG Farben, Vereinigte Ultramarin-Fabriken in Köln) schickten nun Pigmente in noch nicht dagewesenem Umfang an das Institut. Die Bestelllisten des Instituts für Wachse, Seife, Tuben etc. waren groß. Aber auch das Institut scheiterte sowohl am Bezug der Rohstoffe als auch an den Produktionsstätten.

H. Schmincke & Co. konnte im Sommer 1942 noch eine Reihe von Produkten liefern: Norma-Ölfarben, Pulverfarben, Frescofarben, Kasein, Temperafarben, Künstler-Temperafarben, Ei-Temperafarben, Gouachefarben, Plakatfarben in Gläsern, Reklafarben, Studien-Temperafarben, Künstler-Aquarellfarben, Schulwasserfarben, Retuschfarben, Künstler-Pastellfarben und Tuschen.[218] Gleichzeitig aber schwenkte der Farbenhersteller auf die politische Linie der Reichskammer der bildenden Künste ein und ließ im Juni 1942 Plakate anfertigen, »die den sparsamen Verbrauch der wertvollen Schmincke-Künstlerfarben propagieren sollen. Diese Plakate werden in der allernächsten Zeit in den Fachgeschäften zur Ausstellung gelangen«.[219]

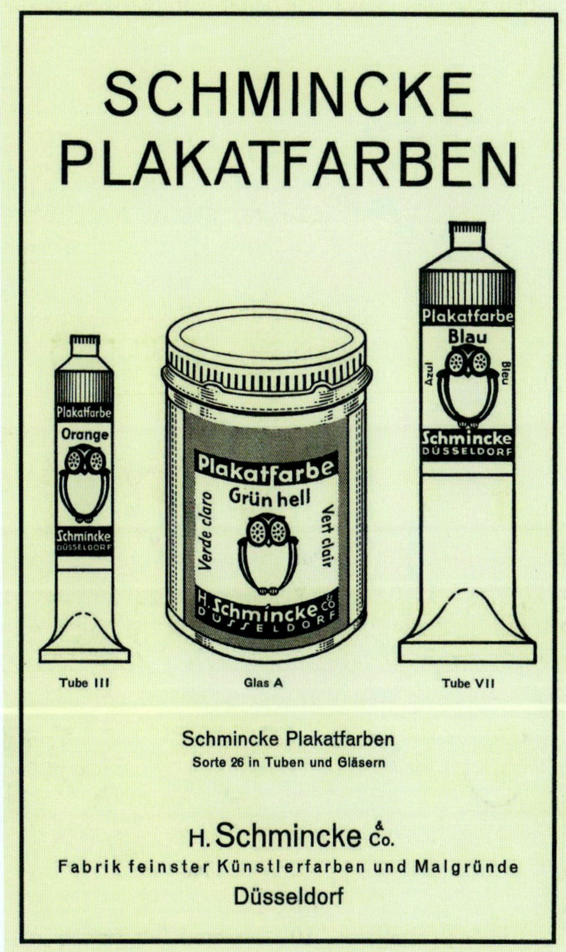

78 Werbeanzeige für Schmincke Plakatfarben, 1929

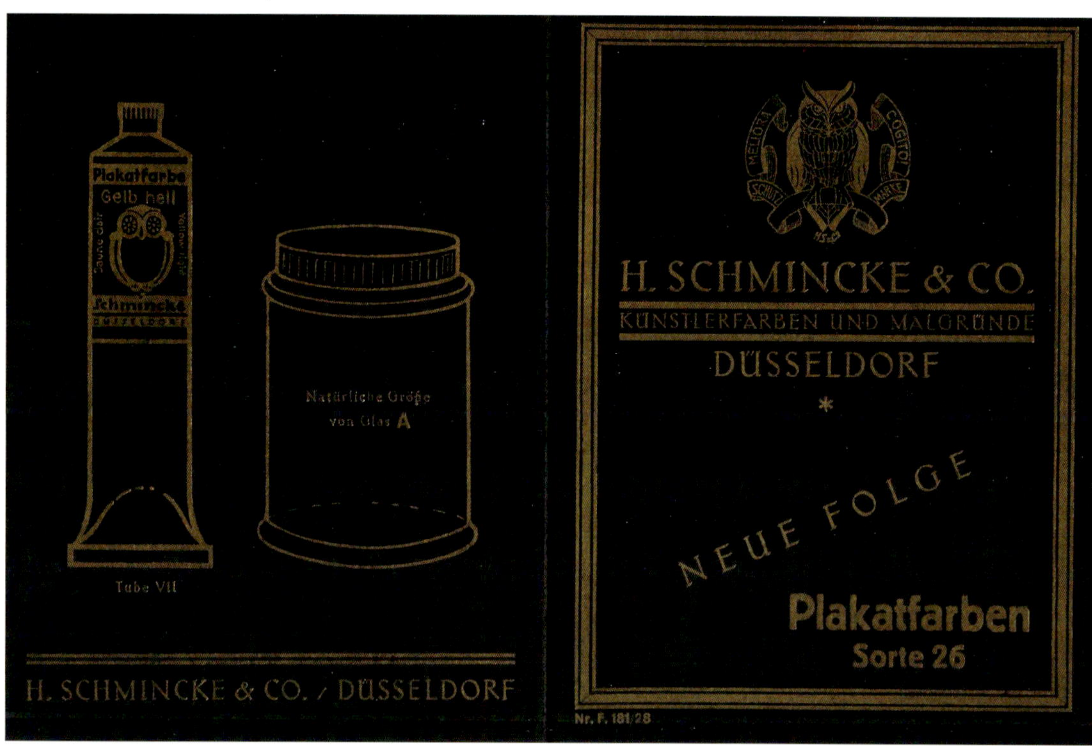

79 Werbemittel für Schmincke-Plakatfarben Sorte 26, 1928

FARBEN FÜR DIE KRIEGSWIRTSCHAFT

Der Künstlerfarbenhersteller H. Schmincke & Co. verfolgte eine doppelte Strategie, um die Produktion auch unter den engen Vorgaben der Kriegswirtschaft fortsetzen zu können. Einerseits übernahm man in Düsseldorf direkte Aufträge der Wehrmacht, zum anderen konnte Schmincke sich auf die ideelle Unterstützung des »Führers« berufen. Hitler hielt die Bedeutung der Kunst hoch, was gerne als Argument vorgetragen wurde. Daneben zählten Künstler, die NS-Kunst realisierten und zu den gelisteten und damit akzeptierten Kunstschaffenden des »Dritten Reiches« gehörten, zum direkten Kundenkreis. Für Ernst O. Hesse bedeutend wurde der Künstler Prof. Conrad Hommel. Der 1883 in Mainz geborene Maler wurde vor allem für seine Porträts führender Unternehmer (Max Grundig oder Herbert Quandt) sowie leitender Politiker bekannt. Da sein Malstil dem Kunstverständnis der Nationalsozialisten entsprach, saß er bei der ersten »Großen Deutschen Kunstausstellung« neben Adolf Ziegler in der Jury. Nachdem er 1939 und 1940 Porträts von Hitler – sowie von Heinrich Himmler und Hermann Göring – gemalt hatte, leitete er eine Malklasse an der Berliner Akademie.[220] Hommel bezog seine Farben direkt von Ernst O. Hesse: »Ich komme gerade aus Berlin, wo ich die Angriffe überlebt habe. Die Hochschule, damit mein Atelier ist zerstört. [...] Ich habe hier mein Sommeratelier und hatte schon die wichtigsten Arbeiten für den Führer, SS Reichsführer Himmler, [...] hier gemacht. Aber ich habe fast keine Farben und Pinsel. [...] die Bitte, uns mit Material auszustatten«.[221] Ernst O. Hesse antwortete und kündigte die entsprechende Lieferung prompt an: »Die von Ihnen gewünschten Farben sind mit Ausnahme des gebrannten lichten Ockers bereits gefüllt, dennoch möchte ich noch einige Tage mit der Absendung warten, bis noch dieser Ton gefüllt ist, um Ihnen eine komplette Sendung zugehen zu lassen.«[222]

Auch für dekorative Kunst wurden die Farben von Schmincke benötigt: So forderte die Grafikerin Franziska Kobell für die Anfertigung von »Urkunden für die Verleihung des Eisernen Kreuzes sowie für die Verleihung des Ritterkreuzes des Eisernen Kreuzes in besonderen Fällen, die sie im Auftrag des Führers herstellt«, Schmincke-Farben an.[223] Franziska Kobell war nicht einfach eine Grafikerin; sie arbeitete regelmäßig mit Gerdy Troost zusammen, welche die Urkunden anlässlich der Verleihung von Ritterkreuzen im »Dritten Reich« herstellen ließ. Auch für den 50. Geburtstag des Reichsmarschalls hatte sie Urkunden erstellt, über die an die Präsidialkanzlei berichtet wurde: »Als sie dann tatsächlich zum 50. Geburtstag des Reichsmarschalls fertig wurden und in das Führerhauptquartier kamen, war der Führer voller Freude und Begeisterung und sagte mir am Telefon, daß Urkunde und Kassette das schönste Dokument der Weltgeschichte sei.«[224]

Um im Dschungel der Kriegswirtschaft noch Rohstoffzuteilungen und Bezugsscheine zu erhalten, kam es H. Schmincke & Co. recht, dass ihre Produkte auch direkt von der Wehrmacht genutzt wurden: »Es wird Sie in diesem Zusammenhang interessieren, dass wir nicht nur Farben für die Kunst herstellen, sondern dass unsere Produkte in erheblichem Umfange auch für die direkte Rüstung benötigt werden. So z.B. finden unsere Aquarellfarben in grossen Umfang Verwendung bei den Architekten und Ingenieuren zum farbigen Anlegen der Zeichnungen. Die Wehrmacht bestellt laufend Aquarellfarben für die Herstellung von Generalstabskarten. Wir produzieren außerdem für das grafische Gewerbe eine Anzahl unentbehrlicher Erzeugnisse wie Retuschfarben, Abdeckfarben und Aeroweiss. Diese werden benötigt zur Herstellung von Klischées für den Druck von Generalstabskarten, Plänen und sonstigen kriegswichtigen Drucksachen. Ausserdem stellen wir eine Tuschierfarbe her, die in der Maschinenerstellung beim genauen Anpassen von Maschinenteilen benötigt wird.«[225] Die Bewegungen der deutschen Armee wurden mit Schmincke-Farben auf den Karten, die gleichfalls mit Produkten des Düsseldorfer Herstellers gefertigt wurden, festgehalten.

H. Schmincke & Co. arbeitete auch direkt für das Reichsluftfahrtministerium. Im Auftrag des Reichsministers der Luftfahrt und Oberbefehlshabers der Luftwaffe, Hermann Göring, erbat der Leiter der Technischen Abteilung der Luftwaffe Berlin am 19. März 1943 die Zuteilung von Bezugsausweisen durch die Reichskammer der bildenden Künste, um »Forschungsmodelle die Tarnung betreffend herzustellen, zu deren Ausführung Oelfarben benötigt werden. Auf Feinkörnigkeit und Feintonigkeit muss, da die Modelle photographiert werden und

80 Mitarbeiter von H. Schmincke & Co., 1930er Jahre

es sich um Nachahmung natürlicher Wirkung handelt, besonderer Wert gelegt werden. Es wird daher gebeten, die für unseren in Zweitschrift beiliegenden Antrag an die Firma Schmincke erforderlichen Bezugsausweise zu erteilen [...]«.[226] Die Beschreibung der Nutzung der Ölfarben lässt auf die Herstellung von Täuschungsmanövern schließen, bei denen gefälschte Fotoaufnahmen den gegnerischen Armeen in die Hände gespielt wurden, um von tatsächlichen Manövern abzulenken.[227] »Zum Gesamt-Listenpreis von RM 39,-- wurden die Farben Neapel gelb, hell, Siena, nat., Umbra, cypr. Nat., Umbra, gebr., Kadm., grün.hellst. und grüne Erde, böhm sowie 5 Flaschen Mussini Malmittel matt« bei H. Schmincke & Co. bestellt.[228] Die Farbkomposition lässt auf die Tarnfarbenbemalung von Panzern schließen.

Aufgrund der Produktionen, die H. Schmincke & Co. an die Wehrmacht lieferte, war Ernst O. Hesse zunächst »uk-gestellt«, dann als »wehrunwürdig« eingestuft worden.[229] Eine Unabkömmlich-Stellung (»uk«) erhielten Unternehmensleiter grundsätzlich nur, wenn ihre Firmen für die Kriegswirtschaft relevante Produkte herstellten. Überhaupt war die kriegswirtschaftliche Relevanz der Industriebetriebe nicht nur für die notwendige Zuteilung von Rohstoffen, sondern auch für die Zuteilung beziehungsweise Bewahrung der eigenen Mitarbeiter vor dem Militärdienst relevant. Während es dem Düsseldorfer Unternehmensleiter gelang, von einer Einberufung verschont zu bleiben, wurde sein Mitarbeiterstamm regelmäßig durch Einberufungen reduziert. Der Farbenhersteller wurde immer wieder von Einziehungen seines Personals getroffen. Vor Ausbruch des Zweiten Weltkrieges hatte H. Schmincke & Co. 21 männliche und 15 weiblich Angestellte, die Zahl der Arbeiter lag bei 36 männlichen und saisonal schwankend bei 80 bis 100 weiblichen.[230] Einer der Mitarbeiter war Herr Drews, der am 1. April 1936 als Lehrling anfing, diese Lehre erfolgreich am 31. März 1939 beendete und das Hauptbuch sowie das Journal des Unternehmens führte. Von 1940 bis 1945 war er zur Wehrmacht eingezogen. Auch der Leiter der Buchhaltung, Herr Riesak, wurde zur Wehrmacht eingezogen; er blieb im Krieg verschollen.[231] Karl Fett zählte zu den Mitarbeitern, die eingezogen wurden. Fritz Fehr, der nach der Rückkehr Ernst O. Hesses aus den USA dort noch eine Zeit lang die Produktion mit Grumbacher fortsetzte, wurde gleichfalls eingezogen, ebenso wie die beiden Labormitarbeiter Herr Jansen und Herr Bellinghaus. Eine weitere »Auskämmung« des Betriebes erfolgte 1940, »bei der ca. 60 % unseres Stammpersonals (15 Männer und 40 Frauen) der Rüstungsindustrie zugeführt werden musste«.[232] Vorarbeiter wie Meister blieben von den Maßnahmen nicht verschont. Aufgrund der Einberufung und Abkommandierung des Personals war an eine Weiterentwicklung der Farben nicht länger zu denken.[233]

Im Gegensatz zum in Hannover ansässigen Hersteller, den Günther Wagner Pelikan-Werken, der sich durch Ausweitung seiner Verpackungsherstellung (Blechwaren) als so kriegswichtig erwies, dass ihm Zwangsarbeiter ab 1939 zugewiesen wurden,[234] finden sich bei H. Schmincke & Co. keine Hinweise auf den Einsatz von Zwangsarbeitern, sondern wie geschildert war die Abgabe eigener Arbeitskräfte an der Tagesordnung. H. Schmincke & Co. erhielt zwar aufgrund der Einstufung als »kriegsrelevant« Ersatzarbeitskräfte, diese waren

Tab. 1 Leinölzuteilung H. Schmincke pro Quartal in Kilogramm

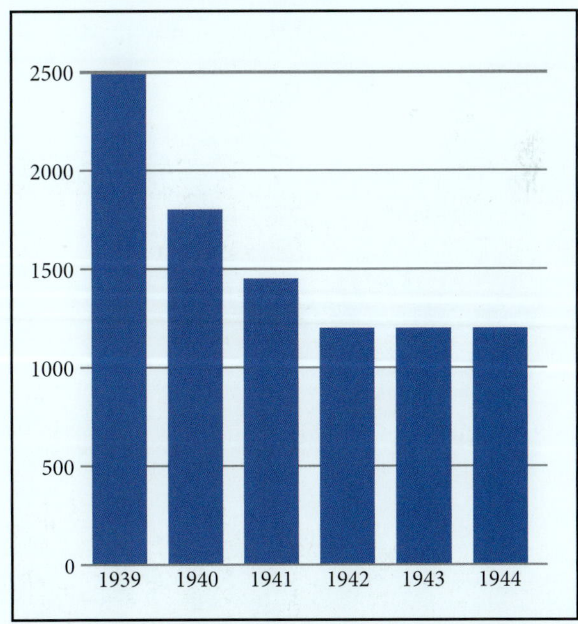

Quelle: Vgl. Bericht vom 1. Mai 1950, in: Archiv Schmincke P0002, S. 1. Für 1943/44 ist lediglich angegeben, dass die Zuteilung »nicht mehr überschritten« wurde, d.h. es kann auch weniger geliefert worden sein.

jedoch in der Regel ungelernt und meistens Frauen, die auch nur halbtags arbeiteten und häufig wechselten. Die Betriebsleitung war ständig damit befasst, neues Personal anzulernen. Bei einer weiteren »Auskämmung« verlor Schmincke die einzige Chemotechnikerin (Frl. Jitschin); damit endeten die labortechnischen Versuche fast vollständig,[235] obwohl bis dahin dort überaus aktiv geforscht worden war: »Das Laboratorium war durch die Anfertigung einiger Spezialfarben für Wehrmachtszwecke (Kurbelweiß, Planfarben) völlig in Anspruch genommen.[236] Die uns inzwischen erteilte Produktionsaufgabe brachte eine genau spezifizierte Festlegung unserer künftigen Produktion, deren labormäßige Durcharbeitung eine weitere Beschäftigung mit der Lindmarfarbe nicht zuließ.«[237] Schmincke arbeitete in den 30er Jahren nach den eigenen »Lindmar-Vorschriften«, die selbst nach Weggang von Richard Lindmar fortgesetzt wurden (L-Farbe). »Ein weiterer Grund für die Rückstellung der Fabrikation der L-Farbe war die entgegen der uns gemachten Zusagen Verringerung der Zuteilung unserer Bindemittel-Rohstoffe, insbesondere an Oelen. Unsere Produktionsaufgabe sah eine vierteljährliche Zuteilung von 2.000 kg Leinöl im Vierteljahr vor.«[238] Der deutliche Rückgang von 2.500 Kilogramm auf knapp über 1.000 Kilogramm machte sich natürlich in der Produktionsmenge bemerkbar. Auf diesem Niveau hielten sich die Lieferungen mindestens bis 1944. Für 1939 gab Schmincke an, »9.950 kg Leinöl, 4.415 kg Äthylenglykol und 1.745 kg Gummi Kordofon« verarbeitet zu haben.[239]

81 Werbeanzeige für Tempera-Farben, 1920er Jahre

3. ALS »JÜDISCHES« UNTERNEHMEN IM NATIONALSOZIALISMUS

DIE UNTERNEHMERFAMILIE ZWISCHEN VERFOLGUNG UND KOOPERATION

Die Besitzverhältnisse im Unternehmen hatten sich seit 1907 mithilfe der Finanzmittel der Bankiersfamilie Hanau zu Julius Hesse hin verschoben. In einem Auskunftsersuchen von 1933 wird ersichtlich, dass Gerta Hesse von den insgesamt 250.000 Reichsmark Gesellschaftskapital 100.000 Reichsmark hielt, ihr Sohn Ernst O. Hesse 50.000 Reichsmark, während ihr Mann Julius Hesse als persönlich haftender Gesellschafter (phG) eingetragen war und damit über die übrigen 100.000 Reichsmark verfügte.[240] Auch wenn Gerta Hesse geb. Hanau einer jüdischen Bankiersfamilie entstammte, so war sie als getaufte Jüdin bei ihrer Hochzeit konvertiert. Die seit 1875 im Deutschen Kaiserreich eingeführte Zivilehe erlaubte erstmals die konfessionsübergreifende Ehe, wobei jedoch mehrheitlich (75 Prozent) die Ehegatten vom jüdischen zum christlichen Glauben übertraten, während sie auch durchaus einer liberalen jüdischen Gemeinde hätten beitreten können. Für Frauen bedeutete der Übertritt den endgültigen Bruch mit ihrer jüdischen Glaubensgemeinschaft. 1938 wurden für das gesamte Deutsche Reich ungefähr 35.000 sogenannter Mischehen erfasst.

Gerade unmittelbar nach der Machtübernahme unterschieden die Nationalsozialisten nicht nach dem tatsächlichen Status der Religionszugehörigkeit von Juden. Auch zum Protestantismus übergetretene Juden, wie Gerta Hesse, wurden gleichermaßen verfolgt. Unternehmen mit jüdischen Eigentümern oder jüdischen Mitgliedern in Leitungsgremien mussten die Machtergreifung der Nationalsozialisten ernüchtert beobachten. Schon am 1. April 1933 folgte der Boykott gegen jüdische Geschäfte, Ärzte und Rechtsanwälte. Obwohl der Antisemitismus in Deutschland nach der Machtergreifung spür- wie sichtbar wurde, war die Unternehmenswelt selbst nicht unmittelbar von dem am 7. April 1933 erlassenen »Gesetz zur Wiederherstellung des Berufsbeamtentums«, das »nicht-arische« Beamte in den Ruhestand versetzte, betroffen. Dieser sogenannte Arierparagraf wurde allerdings sehr schnell auf andere Berufsgruppen ausgeweitet und so der Druck auf die Unternehmenswelt erhöht. Das Zusammenspiel von Auswanderungsdruck und Ausgrenzung wurde für die Juden in Deutschland täglich spürbarer. Die antisemitischen Maßnahmen waren umfassend. Obwohl es bis zur Reichskristallnacht im November 1938 keine gesetzliche Grundlage für die sogenannte Entjudung der deutschen Wirtschaft gab, waren Enteignungen, Zwangsliquidationen und Zwangsverkäufe längst an der Tagesordnung. Eine Vielzahl jüdischer Unternehmen – gerade auch kleinere und Familienunternehmen – versuchte, mit einer »Selbst-Arisierung« den nationalsozialistischen Agitatoren zuvorzukommen. Dabei wurden »Arier« in die Geschäftsleitung mit aufgenommen oder aber Geschäftsanteile jüdischer Kommanditisten veräußert.

82 Grafenberger Allee, Düsseldorf, 1920er Jahre

So verhielt sich auch das Familienunternehmen H. Schmincke & Co. Die beiden Inhaber Julius und Gerta Hesse regelten die Besitzverhältnisse vor dem Hintergrund der nationalsozialistischen Agitation neu. Die »jüdische« Ehefrau und Miteigentümerin des Unternehmens Gerta Hesse schied am 24. August 1936 als Kommanditistin aus der H. Schmincke & Co. aus. Zum Ausgleich und zur privaten Absicherung erhielt sie von ihrem Mann Julius Hesse eine auf das Firmengrundstück eingetragene Leibrente. Am 18. September 1936 wurde hierzu eine Rentenschuld über 129.319,08 Reichsmark auf das Fabrikgelände Grafenberger Alle 325, Düsseldorf, eingetragen: »Eine jährliche Rentenschuld von neuntausend Reichsmark zahlbar in vierteljährlichen Raten von je 2.250 Reichsmark […] Zur Löschung des Rechts soll der Nachweis des Todes der Berechtigten genügen. […] Zu Gunsten der Ehefrau des Chemikers Dr. Julius Hesse, Gerta geb. Hanau ohne Beruf in Düsseldorf.«[241]

83 Erwin Zettler (20. Oktober 1877 bis 1958)

84 Hochzeitsfoto von Ernst O. Hesse und Ilse Renard, USA 1934

Zusätzlich erwarb Erich Zettler einen Kommanditanteil an der H. Schmincke & Co. Nach dem Austritt Gerta Hesses wurde Erich Zettler aufgenommen, um »für die Möglichkeit eines Wegfalls Deines Vaters das Fortbestehen der Gesellschaft zu sichern«.[242] 1936 trat Erich Zettler mit einer Einlage in Höhe von 5.000 Reichsmark in die H. Schmincke & Co. ein, Gerta Hesses Kommanditanteile wurden auf Julius Hesse umgeschrieben, Gesamtprokura hatten Alfred Opderbecke, Gerhard Schliephacke und Walter Weskott.[243] Der im Handelsregister erwähnte Kaufmann Erich Zettler[244] war »Arier« und – in guter Tradition von Familienunternehmen – mit der Familie Hesse und Horadam verwandt: Sein Vater, der Bezirksnotar Erwin Zettler aus Geislingen, war verheiratet mit Julius Schwester Josephine Hesse. Der 1913 geborene Erich Zettler war allerdings ein Adoptivsohn, da aus der Ehe von Josephine Hesse und Erwin Zettler keine eigenen Kinder hervorgingen.[245]

Die so durchgeführte »Selbst-Arisierung« erfolgte, bevor Julius Hesse im März 1937 unerwartet an einer Angina verstarb. Nachdem Ernst O. Hesse die nötigsten Dinge in den USA geregelt hatte, kehrte er im Juli 1937 mit seiner Frau Ilse (geb. Renard),[246] die er am 31. Oktober 1934 in New York geheiratet hatte, und seinem im April geborenen Sohn Peter nach Deutschland zurück.[247] Gerta Hesse verließ sich auf den Rat ihres Schwagers Zettler und vertraute auf die langjährigen Mitarbeiter Opderbecke, Schliephacke und Fehr, die »an der offenen Gruft« dem verstorbenen Firmeninhaber »ewige Treue« schworen. Ihrem Sohn wünschte Gerta, in dem nächtlich verfassten Schreiben vom 18. März 1937 »Glück auf, mein Sohn, in eine hoffentlich schöne, ruhige, harmonische, schaffensfreudige Zukunft«.[248] Während Gerta Hesse nun immer tiefer in die Fänge der Nationalsozialisten geriet und ihr Vermögen sukzessive verlor, gelang es der Unternehmerfamilie, das Unternehmen vor dem Zugriff der Nationalsozialisten zu schützen.

Das Testament von Julius Hesse setzte seine Frau Gerta als Alleinerbin ein, übertrug aber den Geschäftsanteil von 250.000 Reichsmark an seinen Sohn Ernst O. Hesse.[249] Dieser war Protestant, gehörte also nicht dem jüdischen Glauben an, und nach nationalsozialistischer Definition »Halbjude«. Damit gehörte er für die Nationalsozialisten nicht zu den »Geltungsjuden« und war den Verfolgungsmaßnahmen zu diesem Zeitpunkt noch nicht ausgesetzt. Zur Pflicht machte das Testament Ernst O. Hesse, seiner Mutter auf Lebenszeit eine monatliche Leibrente in Höhe von 750 Reichsmark zu zahlen.[250] Gleichzeitig war die Mutter jedoch als Nacherbin von Ernst O. Hesse eingesetzt, da es zum Zeitpunkt des Verfassens des Testaments noch keinen Erben aus der Ehe von Ernst O. Hesse und Ilse Renard gab.[251] Auch wenn die Ehe anscheinend schon sehr früh nicht als glücklich zu bezeichnen war, erwies sie sich aufgrund der Position Ernst O. Hesses Schwiegervater im NS-System als günstig. So rief am 9. November 1938 Walter Renard seinen Schwiegersohn an, um diesen zu informieren, dass »eine Aktion gegen die Juden gestartet« werde. Er »tat dies, damit der Unterzeichnete seiner Mutter, die Jüdin ist, entsprechend warnen und schützen konnte«.[252] Walter Renard war vermutlich Blockwart,[253] hatte aber gute Informationsquellen und gehörte seit dem 1. Mai 1933 der NSDAP an.[254]

Nur kurze Zeit später erhielt Gerta Hesse die Aufforderung des Finanzamtes, die sogenannte Judenvermögensabgabe zu zahlen. Diese nach dem Reichspogrom 1938 von Hermann Göring mit Verordnung vom 21. November 1938 eingeführte »Sühneleistung« verlangte, dass Juden ab einem Vermögen von 5.000 Reichsmark 20 Prozent ihres Gesamtvermögens in vier Raten an ihr zuständiges Finanzamt abführen mussten. Diese Abgabe war im Fall Gerta Hesse mit Bescheid vom 14. Dezember 1938 in Höhe von 66.400 Reichsmark angefordert worden.[255] Mit diesen über die Finanzämter eingesammelten »Sühneleistungen« entzog das NS-System den in Deutschland lebenden Juden insgesamt 1,1 Mrd. Reichsmark, die insbesondere in die Rüstungsfinanzierung flossen.

Gerta Hesse stellte am 28. März 1939 beim Finanzamt einen Billigungsantrag und bat, die Summe auf 19.800 Reichsmark herabzusetzen, da ein wesentlicher Bestandteil ihres Vermögens aus einer nicht kapitalisierbaren Rente – eben jener Rentenschuld über 129.319,08 Reichsmark – bestand. Der Antrag wurde jedoch nicht gestattet. Wie durchsetzungswillig das Finanzamt war, zeigt ein Bericht des Hausmädchens Anna Josten, demzufolge 1938 »ein Vollstreckungsbeamter des Finanzamtes erschien, der alles pfänden wollte, weil Frau Hesse damals nicht in der Lage war, die Judenvermögensabgabe zu zahlen. Dieser Vorgang hat sich etwa im Dezember 1938 ereignet. Die Pfändung konnte damals nur dadurch vermieden werden, daß Frau Aeschbach – übrigens in Gegenwart der Anna Josten und des Pfändungsbeamten – telefonisch das Bankhaus Trinkhaus, Düsseldorf, anwies, die vom Finanzamt verlangte Zahlung auf Judenvermögensabgabe zu leisten; dadurch geriet sie beim Bankhaus ins Debet.«[256] So unproblematisch ließ sich das nur abwickeln, da ein Mitarbeiter des Bankhauses, Otto Liesenfeld, mit Gertas jüngerer Schwester Wally verheiratet war. Da das Finanzamt zusätzliche Sicherheiten in Bezug auf die »Reichsfluchtsteuer« verlangte, übergab Ernst O. Hesse am 15. Dezember 1938 den zugunsten von Gerta Hesse gebildeten Rentenschuldbrief (eingetragen im Grundbuch von Düsseldorf-

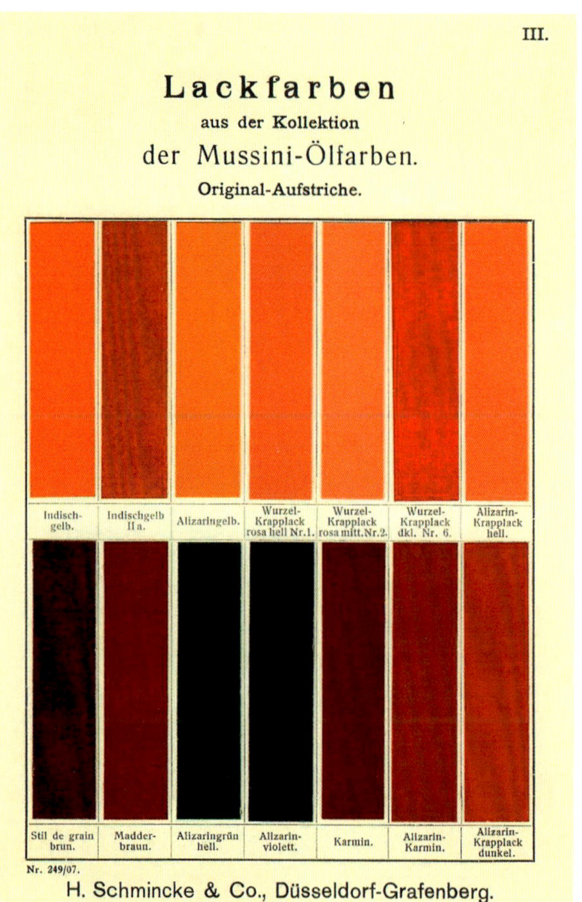

85 Farbtafel »Lackfarben« der Mussini-Ölfarben, 1907

Fingern) über 129.319,08 Reichsmark dem Finanzamt Düsseldorf Nord.[257]

In diesem Zusammenhang ist die 1939 geschlossene Ehe von Gerta Hesse mit dem Schweizer Kaufmann Max Aeschbach, den Julius Hesse aus seiner Schweizer Studienzeit kannte, zu sehen.[258] Diese Ehe verhalf Gerta Hesse in den Status der sogenannten privilegierten Mischehen und der Schweizer Staatsbürgerschaft. Max Aeschbach und Gertrud geb. Hanau, verwitwete Hesse schlossen am 5. April 1939 einen Ehevertrag und vereinbarten darin die Gütertrennung.[259] Das Vermögen Gerta Hesses bestand aus jenem bereits beim Finanzamt hinterlegten Rentenschuldbrief, ihrem Rentenanspruch gegenüber ihrem Sohn Ernst O. Hesse, Wertpapieren und dem

Hausrat in Summe von insgesamt 230.000 Reichsmark.[260] Zu ihren Besitzungen zählte zu diesem Zeitpunkt noch das Privathaus in der Goethestraße 21 in Düsseldorf.[261]

Um die nicht reduzierte Judenvermögensabgabe aufbringen zu können, musste Gerta Hesse das Haus Goethestraße 21 nun allerdings verkaufen; und – weil die Summe noch immer nicht hinreichend war – darüber hinaus noch ihren restlichen Wertpapierbestand (Aktien der Dortmunder Union-Brauerei in Höhe von 10.000 Reichsmark und der IG Farbenindustrie AG in Höhe von 10.000 Reichsmark). Auch beim Verkauf ihres Hauses wurde Gerta Hesse Opfer des nationalsozialistischen Systems. Der Einheitswert der Goethestraße 21 wurde mit 57.800 Reichsmark angegeben, der Kaufpreis lag bei 58.000 Reichsmark; der reale Schätzwert bei 100.000 Reichsmark.[262] Die Räumung des Objekts wurde bis zum 1. September 1939 vereinbart. Der Käufer erhielt ein Rücktrittsrecht, falls die Umwandlung von Wohn- und Bürohaus nicht genehmigt würde. Der Vermerk »Die Verkäuferin ist Nichtarierin« weist auf den wahren Hintergrund des Verkaufs hin.[263] Zum Zeitpunkt des Hausverkaufs an die Deutsche Verzinkereien GmbH hatten die Nationalsozialisten die Hand bereits auf dem zu erwartenden Erlös und verfügt: »Die Anzahlung des Kaufpreises – Restkaufpreises – darf nur mit Genehmigung des Herrn Oberfinanzpräsidenten Düsseldorf und des zuständigen Finanzamtes erfolgen.«[264]

Das Auswärtige Amt und das Reichssicherheitshauptamt befanden sich in permanentem Kompetenzgerangel, wenn es um die »Judenmaßnahmen« ging. Allerdings hatte das Auswärtige Amt in Bezug auf die »Auslandsjuden« die klare Kompetenzhoheit.[265] Die nationalsozialistische Verfolgung hatte sich schon früh nicht nur auf Juden deutscher Staatsangehörigkeit beschränkt. Ständige Proteste verschiedener diplomatischer Vertretungen waren die Folge. Wie mit den Diskriminierungen erreichte die Protesthöhe mit der »Kristallnacht« ihren Höhepunkt, als ausländische Juden gleichermaßen betroffen waren. Allerdings reagierten die Behörden sehr unterschiedlich auf die Proteste – je nach Staatsangehörigkeit und Status des betroffenen Juden. Funktionäre in jüdischen Organisationen waren bereits seit 1937 systematisch vom Sicherheitsdienst (SD) und der Gestapo erfasst worden.[266] Auch wenn ausländische Juden von den Nationalsozialisten primär als Juden behandelt wurden, genossen sie eben doch den Schutz ihres jeweiligen Heimatlandes.[267] Während ausländische Juden also generell von den antijüdischen Maßnahmen betroffen waren, waren sie bei der praktischen Durchführung häufig ausgenommen.[268] Dies war das Ergebnis politischer Rücksichtnahme gegenüber dem betreffenden Staat.[269] Dabei hatte das Auswärtige Amt einen weiten eigenen Handlungsspielraum, sodass die Fälle individuell beurteilt wurden und in politisch besonders sensiblen außenpolitischen Beziehungen die Betroffenen von den Maßnahmen verschont blieben.[270]

Gerta Hesse gehörte als eine in einer Mischehe lebende konvertierte Jüdin zu einer kleinen Gruppe (ca. 38.000 Menschen im Jahr 1938), durch die Ehe mit Max Aeschbach dürfte sie einer noch deutlich kleineren Gruppe der Verfolgten Schweizer Juden zugehörig gewesen sein. Nach der Volkszählung vom 16. Mai 1939 gab es im Reichsgebiet 23.442 ausländische (und 16.024 staatenlose) Juden.[271] Über die Anzahl von Juden Schweizer Staatszugehörigkeit gibt es keine genauen Informationen. Die Zahl der in Konzentrationslagern inhaftierten Schweizern schwankt zwischen einigen Hundert und 1.000.[272] Die Schnittmenge von konvertierten Jüdinnen mit schweizerischer Staatsbürgerschaft dürfte ausnehmend gering gewesen sein. Und obwohl die Nationalsozialisten gerade gegenüber ausländischen Juden in Bezug auf deren Vermögen sehr zurückhaltend waren, um keine deutschen Enteignungen im Heimatland zu veranlassen, war dies bei Gerta Hesse (Aeschbach) nicht der Fall. So war die Eheschließung erst nach Erlass des Abgabenbescheides über die Judenvermögensabgabe erfolgt.

Die perfiden Erpressungsmethoden des NS-Staatsapparates zeigten sich gerade an Gerta Hesses Fall der Judenvermögensabgabe: Diese sollte zunächst in Höhe von 66.400 Reichsmark erbracht werden; weil sie ihren Wohnsitz noch in Düsseldorf hatte, wurde in ihrem Fall jedoch sogar eine fünfte Rate der Judenvermögensabgabe erhoben, nachdem sie bereits Schweizer Staatsbürgerin war, sodass die Forderung nicht mehr von den Gesetzen gedeckt und daher ungewöhnlich war. In Summe wurden also 89.000 Reichsmark eingefordert.[273] Gerta Hesse zog nach dem Verkauf ihres Wohnhauses Goethestraße 21 in Düsseldorf im Jahr 1939 in die Fürst-

86 Max und Gertrud Aeschbach (Gerta Hesse, geb. Hanau)

Pückler-Str. 32 in Köln. Dort lebte sie bis zum 31. Mai 1942, bis die Wohnung durch einen Bombenangriff zerstört wurde.[274] Ernst O. Hesse unterstützte seine Mutter finanziell und gewährte ihr 1940, nachdem ein weiterer Antrag auf Reduzierung der Judenvermögensabgabe erfolglos geblieben war, eine einmalige Auszahlung in Höhe von 13.000 Reichsmark als Teil der vereinbarten Rente. Im Gegenzug wurde die Entnahmegrenze des Testaments für Ernst O. Hesse von 18.000 auf 24.000 Reichsmark erhöht.[275] Gerta Hesse entrichtete in Summe 82.400 Reichsmark an das Finanzamt.[276]

Nach der Wannseekonferenz, die den Start des Holocausts markierte, wurde ab August 1942 die antijüdische Gesetzgebung umfassend auch auf Juden ohne deutsche Staatsangehörigkeit ausgeweitet.[277] Im Juli 1943 informierte Adolf Eichmann Eberhard von Thadden, den im Auswärtigen Amt für die »Durchführung der Judenmaßnahmen« zuständigen Verbindungsmann, dass unter anderen Schweizer Juden nur noch bis zum 13. Juli 1943 Ausreisesichtvermerke erhalten und ab dem 3. August 1943 allen deutschen Juden gleichgestellt würden, außer der betreffende Jude sei dem Auswärtigen Amt bis dahin »namhaft« gemacht worden.[278] Nur wenig später – im September 1943 – wurden dann jedoch die Bedenken gegenüber ausländischen Regierungen aufgegeben und die Polizeiämter informiert, dass auch ausländische Juden in die Deportationsmaßnahmen aufzunehmen seien; nur nach Auschwitz sollten sie nicht gebracht werden.[279] Die Deportation von Schweizer Juden sollte am 10. Oktober 1943 beginnen. Die Schweiz selbst hatte zu diesem Zeitpunkt längst zugestimmt, dass im Frühjahr 1943 alle ihre jüdischen Staatsbürger Deutschland verlassen sollten.[280]

1942 riet der Schweizer Generalkonsul auch Gerta Hesse dringend, in die Schweiz zu gehen, um sich vor den Nationalsozialisten in Sicherheit zu bringen. Aber die Summe von über 50.000 Reichsmark der mit dem Ausreisegesuch nun für sie fälligen Reichsfluchtsteuer, über die sie zu diesem Zeitpunkt nicht mehr verfügte, machte ihr die Ausreise zunächst unmöglich: Denn das Finanzamt hätte sofort über den im Dezember 1938 zur Sicherung der Reichsfluchtsteuer hinterlegten Rentenschuldschein Zugriff auf das Unternehmen H. Schmincke & Co. erhalten. Die Reichsfluchtsteuer, die in ihrem Ursprung in die Zeit der Weimarer Republik fiel und gedacht war, Steuerflüchtlinge mit Abgaben zu belegen, war im Laufe des »Dritten Reiches« mehrfach angepasst und auf jüdische Mitbürger fokussiert worden. So war die Bemessungsgrundlage deutlich gesenkt – von 200.000 Reichsmark auf 50.000 Reichsmark – und zielgerichtet auf die Ausplünderung der jüdischen Bevölkerung umgemünzt worden. Selbst nach Begleichung der Reichsfluchtsteuer machten es die Nationalsozialisten den Ausreisewilligen nicht einfach oder gar unmöglich, denn verbleibende Vermögenswerte wurden auf Sperrkonten transferiert, wo sie nur gegen hohe Abschläge ins Ausland verbracht werden konnten. Als Sicherheit hatte Ernst O. Hesse für seine Mutter die eingetragene Grundschuld hinterlegt, sodass bei einer Flucht oder Nichtbegleichung das Unternehmen und damit Sohn und Enkel geschädigt worden wären. Ihre Reichsfluchtsteuer war in Höhe von 55.250 Reichsmark festgesetzt worden, die nun aufzubringen war.[281]

Gleichfalls 1942 verzichtete Gerta Hesse in einem weiteren Vertrag mit H. Schmincke & Co. auf ihre Ansprüche (Leibrente) gegenüber der Firma und damit gegenüber ihrem Sohn Ernst O. Hesse sowie auf ihre Position als Nacherbin,[282] um so ihren minderjährigen Enkel Peter Hesse als Kommanditisten einsetzen zu können. Auf diesem Weg war das weitere Umfeld des Unternehmens »judenfrei«, da es nun keine Ansprüche der jüdischen Mutter gab. Da auch für Ernst O. Hesse ein Übergriff der Nationalsozialisten gegen ihn als »Halbjuden« mit der Eskalation der »Vernichtung jüdischen Lebens« seit 1941 bedrohlicher wurde, war die Übertragung der Firmenanteile an den als »Vierteljude« zählenden – und damit nicht bedrohten – Sohn Peter Hesse eine weitere vorsorgliche Maßnahme zur Fortführung des Familienunternehmens. Am 10. Januar 1942 wurde Peter Hesse im Alter von fünf Jahren mit 150.000 Reichsmark Einlage Kommanditist der H. Schmincke & Co. Gleichzeitig trat ein Freund der Familie,[283] Franz Josef Schneider-Neuenburg, Kaufmann in Düsseldorf,[284] mit 5.000 Reichsmark Einlage als Kommanditist in die Gesellschaft ein.[285] Bis dahin war neben dem persönlich haftenden Gesellschafter Ernst O. Hesse nur sein Cousin Erich Zettler Kommanditist.[286] Auf dem Papier entsprach damit das Unternehmen den nationalsozialistischen Vorgaben, auch wenn der neue Firmeninhaber, der immerhin 150.000 Reichsmark des Gesellschaftskapitals hielt, erst fünf Jahre alt war. Für die Inhaberfamilie entspann sich jedoch aus diesem Konstrukt nach Kriegsende ein langwieriger Konflikt.

Mit diesem Schritt waren sämtliche Bande zwischen Gerta Hesse und H. Schmincke & Co. gelöst. Als sich langsam am Münchner Doerner-Institut mit Übernahme der Leitung durch Adolf Ziegler und dem dann erfolgten Austausch der im operativen Geschäft tätigen Personen durch NS-treue Gefolgsleute auch das Verhalten gegenüber dem Düsseldorfer Farbenhersteller änderte, leitete Ernst O. Hesse diesen Wandel in der Gesellschafterstruktur des Familienunternehmens ein. Da die Nationalsozialisten zunehmend auch gegen »Halbjuden« vorgingen, zeigte er mit der Aufnahme von Peter Hesse als Kommanditist einen Weg auf. Sollten die Maßnahmen gegen ihn verschärft werden, wäre ihm ein Ausscheiden aus dem Unternehmen möglich gewesen, ohne dass es aus Familienhand geglitten wäre. Dem »Vierteljuden« Peter drohte keine Verfolgung, da in der Rassenideologie der Nationalsozialisten in diesen Fällen die »arische« Seite überwog. Die Eigentumsverhältnisse der H. Schmincke & Co. mussten jedoch bis zum Ende des Zweiten Weltkrieges nicht mehr geändert werden. Am 10. August 1944 erlosch die Prokura von Alfred Opderbecke, woraufhin Franz Josef Schneider-Neuenburg Einzelprokura (bis zu seinem Tod am 19. Juni 1946) erhielt.[287] Eine interessante Wendung nahm die Eigentümerstruktur noch einmal 1946, als Gerta Hesse mit einem Eigenkapital von 300.000 Reichsmark in die Gesellschaft eintrat.[288] Gerta Hesse focht nach Kriegsende ihren Verzicht auf das Nacherbe an, den sie als erzwungen darstellte. Die Ansprüche aus dem Testament ihres Mannes Julius Hesse wurden durch einen Vergleich mit Ernst O. Hesse am 20. Dezember 1945 erfüllt:[289] Gerta Hesse trat nun mit einer Kommanditeinlage über 300.000 Reichsmark in die H. Schmincke & Co. ein bei gleichzeitigem Ausscheiden ihres Enkels Peter Hesse.[290] Der positive Nebeneffekt für das Künstlerfarbenunternehmen war, dass die Schweizer Staatsbürgerschaft der neuen Kommanditistin das Unternehmen zu diesem Zeitpunkt vor dem Zugriff der britischen Militärregierung bewahrte.[291]

Aber zurück in die Zeit des Zweiten Weltkrieges: Erst als Gerta Hesses und Max Aeschbachs Kölner Wohnung durch einen Bombentreffer 1942 ausbrannte und aus dem Schadenersatz 1943 erneut eine größere Geldsumme in Aussicht kam, bestand Hoffnung für Gerta Hesse, die Reichsfluchtsteuer begleichen zu können. Der Fliegerschaden nahm Gerta Hesse aber nervlich so mit, dass ihr Sohn die Abwicklung des Schadens übernehmen musste.[292] Mit der ein Jahr später ausgezahlten Summe konnte sie die Reichsfluchtsteuer endlich bezahlen, was dazu führte, dass Ernst O. Hesse den Rentenschuldbrief vom Finanzamt wieder zurückerhielt und damit der NS-Staat keinen Zugriff auf das Unternehmen hatte.[293] Die Ausreise wurde Gerta Hesse allerdings erst spät – am 12. Februar 1944 – genehmigt, sodass sie fünf Tage später Deutschland verlassen konnte. »Sie ging nach Genf, wo sie auf der Rue de Contamines Nummer 35 wohnte.«[294]

Gerade noch rechtzeitig, denn nur wenige Tage später erging ein Erlass der Gestapo, mit dem Gerta Hesse verhaftet werden sollte. Ihre Schweizer Staatsbürgerschaft garantierte längst keinen Schutz mehr, da der NS-Staat bereits 1943 beschlossen hatte, dass auch »Juden ausländischer Nationalität« Deutschland zu verlassen hatten.[295] Am 25. Februar 1944 erschienen zwei Gestapobeamte in ihrer Wohnung in Köln, um sie zu verhaften. Als sie dort aber niemanden antrafen und der ehemalige Vermieter Paul Reuther mitteilte, dass Gerta Hesse in die Schweiz abgereist sei und der Kölner Polizeipräsident die Erlaubnis zu dieser Ausreise erteilt habe, zogen die Gestapobeamten unverrichteter Dinge wieder ab.[296]

Das Verhältnis zwischen Mutter und Sohn spannte sich zusehends in den Jahren 1942/43 an: Gegenüber Otto Liesenfeld[297] zeigte sich ein Bruch zwischen Ernst O. Hesse und seiner Mutter.[298] Ernst O. Hesse argumentierte, dass seine Mutter schlecht über ihn sprechen würde, wo er doch gleichzeitig allein aufgrund seines Einkommens auf die testamentarischen Verpflichtungen seiner Mutter verzichten konnte. »Ferner wisst ihr, dass durch das Verschwinden von Tante Marga die Aufmerksamkeit der Behörden auf uns gelenkt worden ist und ich habe keinerlei Interesse daran, dass uns durch die Einmischung meinerseits in die Behördenverhandlungen meiner Mutter nun auch noch ich und meine Familie als intervenierend erscheint.«[299] Seine Beschwerde über die Undankbarkeit der Mutter, die nicht seine Risiken sehen wollte, führte er fort: »[…] allein auf die Tatsache, dass gerade in letzter Zeit mein Fabrikfahrer von und für die Mutter in Anspruch genommen wurde und zwar während der Arbeitszeit. Da der Fahrer U.K.-gestellt ist, könnte mir von Leuten, die ein Interesse daran haben, hieraus Schwierigkeiten gemacht werden. Es ist nur sehr bedauerlich, dass sie die heutigen Verhältnisse ganz ausser Acht lässt und ebenso die Schwierigkeiten, die ich habe, um den Betrieb aufrecht zu erhalten, und vor allen Dingen das Risiko in keiner Weise anerkennt.«[300] Schließlich kam Ernst O. Hesse aber auf den Punkt, nämlich dass seine Tante Lisbeth Liesenfeld wohl Äußerungen gegenüber Dritten gemacht habe, die für ihn schlussendlich gefährlich werden könnten, und er bat um Unterlassung – nicht ohne anzudrohen, dass er sich dann »mit Argumenten« wehren müsse.[301] Die Gefahr war real und drohte unmittelbar: Die beiden Schwestern seiner Mutter wurden in ein Konzentrationslager verbracht.[302]

Aber nicht nur für Gerta Hesse, sondern auch für Ernst O. Hesse wurde die Lage in Deutschland heikler. Als Sohn einer Jüdin war er nicht der NSDAP beigetreten, von seinen Mitgliedschaften in der Deutschen Arbeitsfront und der Volkswohlfahrt wurde er »ausgeschlossen, da Halbjude«.[303] In einem Schreiben an seinen Onkel Otto Liesenfeld in Düsseldorf im April 1943 beschrieb sich Ernst O. Hesse wie folgt: »Ich habe mich daher bewusst von allen politischen Dingen fern gehalten und habe auch die Absicht, dies weiter so fortzuführen. Ausserdem habe ich Frau und Kind, für die ich eine Verantwortung trage.«[304] Bis Februar 1944 immerhin sind Geschäftskorrespondenzen von Ernst O. Hesse nachzuweisen. 1944 drohte ihm die Einweisung in ein Zwangsarbeitslager, der er sich durch Flucht entzog. Noch später suchte ihn der Sicherheitsdienst (SD) aufgrund der Verschärfung der »Judenmaßnahmen«, sodass er sich verstecken musste.[305] Er habe sich im Kohlekeller des Hauses versteckt, nachdem seine eigentlich geplante Flucht in die Schweiz nicht gelingen konnte, da er vor dem Übergang über die Silvretta gewarnt worden war.[306]

Durch die Heirat mit einem Schweizer Staatsbürger wähnte sich Gerta Hesse lange sicher im Rahmen ihres Netzwerks, das sie warnen würde. Erst ab 1942 versuchte sie, aufgefordert durch die Schweizer Botschaft und angetrieben durch die sich verschärfenden Maßnahmen auch gegen Auslandsjuden, das Land zu verlassen. Sie scheiterte aber zunächst an der Bezahlung der Reichsfluchtsteuer. Sie gefährdete ihr Leben, um das Unternehmen am Leben zu halten, mit dem sie viel verband. So war einmal ihre Mitgift in das Unternehmen geflossen, sie selbst hatte sich im Ersten Weltkrieg am Unternehmen beteiligt und es mitgeführt. Dass Ernst O. Hesse seiner Mutter keine Geldmittel zur Verfügung stellen konnte oder wollte, obwohl er in den Jahren 1942/43 noch jeweils Einnahmen aus dem Unternehmen von um die 100.000 Reichsmark ausgewiesen hatte, mag an den Umständen liegen. So wurde das Unternehmen selbst 1943 durch eine Bombe beschädigt. Der bei den Behörden hinterlegte Schuldschein zur Absicherung der Reichsfluchtsteuer sollte nicht eingelöst werden, um das Familienunternehmen nicht Dritten öffnen zu müssen.

Wie gefährlich diese Entscheidung für Gerta Hesse war, zeigte sich angesichts des Abtransports ihrer Schwestern ins Konzentrationslager.[307] Nach eigenen Aussagen wollte Gerta Hesse mit ihrem langen Verharren im Rheinland verhindern, dass die »ungeheuer hohe Reichsfluchtsteuer« fällig wurde.[308] Gerade noch rechtzeitig zahlte sie am Ende die »Reichsfluchtsteuer« und entkam nach verhältnismäßig langer Zeitspanne bis zur Ausreisegenehmigung knapp der Deportation, die sie zwar aufgrund ihrer Schweizer Staatsbürgerschaft vermutlich nicht nach Auschwitz, aber doch in eines der weiteren Vernichtungslager gebracht hätte. Auch Ernst O. Hesse entkam nur knapp der Inhaftierung und konnte die letzten Monate versteckt im »Dritten Reich« überleben.

DER KAMPF UMS ÜBERLEBEN: H. SCHMINCKE & CO. IM ZWEITEN WELTKRIEG

Am 12. Juni 1943 flogen die Alliierten einen Großangriff auf Düsseldorf,[309] dem auch die Firma H. Schmincke & Co. zum Opfer fiel. Die Kriegsschäden des Unternehmens »Schminke [sic!], Chem. Erzeugnisse, Grafenberger Allee« wurden offiziell mit »75-prozentigem Produktionsausfall auf unbestimmte Zeit« erfasst.[310] H. Schmincke & Co. war zwar durch den Bombenangriff von 1943 getroffen und das Fabrikgebäude nicht mehr nutzbar, liefern konnte Schmincke aber trotzdem; Ernst O. Hesse hatte einen Teil der Materialien frühzeitig in den Kellerräumen sichern können: »In den geretteten Kellern habe ich allerdings einiges Material aufbewahrt gehabt, sodass der Grundstock zur Fortsetzung der Fabrikation gegeben ist. Unter anderem ist der grösste Teil der leeren Tuben, ein erheblicher Teil von Ölen und Pigmenten sowie ein grosser Teil der Etiketten und leeren Flaschen gerettet worden. Auch hatte ich für diesen Notfall vorgesorgt und einige hundert Liter fertig angeriebener Mussini-Ölfarben in Büchsen in den Keller gestellt, sodass ich heute bereits in den Räumen der noch erhaltenen Wohngebäude Ölfarben abfüllen kann. Damit ist wohl für die Übergangszeit die Belieferung der wichtigsten Abnehmer mit Ölfarben sichergestellt, jedoch ist der Nachschub keinesfalls gesichert.«[311] Rohstoffe und fertige Farben waren also noch vorrätig, und auch Maschinen scheinen noch funktioniert zu haben. Allerdings benötigte H. Schmincke & Co. andere Fertigungsräumlichkeiten.

Nun nutzte Ernst O. Hesse den direkten Kontakt zu Professor Hommel, um im Gegenzug etwas zu erbitten.

87 Das zerstörte Fabrikgebäude und Blick in die Kellerräume, nach 1943

88 Blick in die Produktionshalle, 1940er Jahre

Diesmal ging es um die Suche nach Fabrikationsräumen: »Ist es Ihnen wohl aufgrund Ihrer persönlichen Beziehungen zu Herrn Reichsminister Speer möglich, mir in der Zuweisung eines solchen Betriebes behilflich zu sein«?[312] Professor Hommel, dem wohl im Hinblick auf die eigene gute Versorgung mit Farben an einer Weiterführung der Produktion bei Schmincke gelegen war, sagte seine Unterstützung 1944 prompt zu: »Selbstverständlich schreibe ich sofort an meinen Neffen, den Reichsminister Speer. Ich habe ihn noch nie um etwas gebeten, deshalb glaube ich sicher, dass er in Anbetracht der kriegswichtigen Aufträge, sowie des allgemeinen Interesses der Künstlerschaft und deshalb auch schließlich meines persönlichen Interesses, Ihnen einen entsprechenden Betrieb zuweisen wird.«[313]

Der Betrieb von Schmincke & Co. wurde nun nach Neuss und Beuel verlagert,[314] aber Ernst O. Hesse benötigte weitergehende Unterstützung: Maschinen seien noch da, aber zum Aufstellen benötigte man dann noch Handwerker. »Unsere eigene Gefolgschaft setzt sich nur aus alten Männern und Frauen zusammen, die nicht in der Lage sind, schwere Arbeit zu leisten.«[315] Mit der Teilverlagerung der Fabrikation wurde die Aufrechterhaltung jedweden Betriebes schwieriger: Die Stammkräfte waren verteilt; auch am Stammsitz wurde versucht, die Fabrik wiederaufzubauen.[316] Dabei unterstützte wohl auch Ilse Hesse ihren Mann, um die Behörden zur Genehmigung des Wiederaufbaus zu bewegen. »Die Schwierigkeiten bestanden darin, daß schließlich immer wieder eingewendet wurde, Ernst Hesse sei jüdischer Mischling. Deshalb wollte keine Stelle sich für ihn einsetzen. Die Klägerin [Ilse Hesse, Anm.d.Verf.] hat es sich nicht verdrießen lassen und ist bis zu den höchsten Stellen vorgedrungen, bis sie die Genehmigung erreicht hatte.«[317] Ilse Hesse will laut späterer Gerichtsverhandlungen wesentliche Aufgaben der Unternehmensleitung ausgeübt haben: »Frau Hesse hat während der Kriegsjahre, in welcher der alleinig persönlich haftende Gesellschafter der Firma H. Schmincke & Co. vielfach abwesend war, ihn vertreten, insbesondere für die Gesellschaft lebenswichtige Verhandlungen

PROFESSOR CONRAD HOMMEL

Mellek
b/ Bad Reichenhall
Oberbayern
27. Nov. 1943

Sehr geehrter Herr Hesse,

ich komme gerade von Berlin, wo ich die Angriffe miterlebt habe. Die Hochschule, damit mein Atelier ist zerstört, ebenso die Fa. Schroeter.

Ich habe hier mein Sommeratelier & hatte schon die wichtigsten Arbeiten für den Führer, RG Reichsführer Himmler, Reichsminister Speer nach hier gebracht. Aber ich habe fast keine Farben u. Pinsel. – Ich weiss nicht, wie weit Sie in Betrieb sind, versuche jedoch die Bitte, mir mit Material auszuhelfen. Ich benötige dringend folgende Farben:

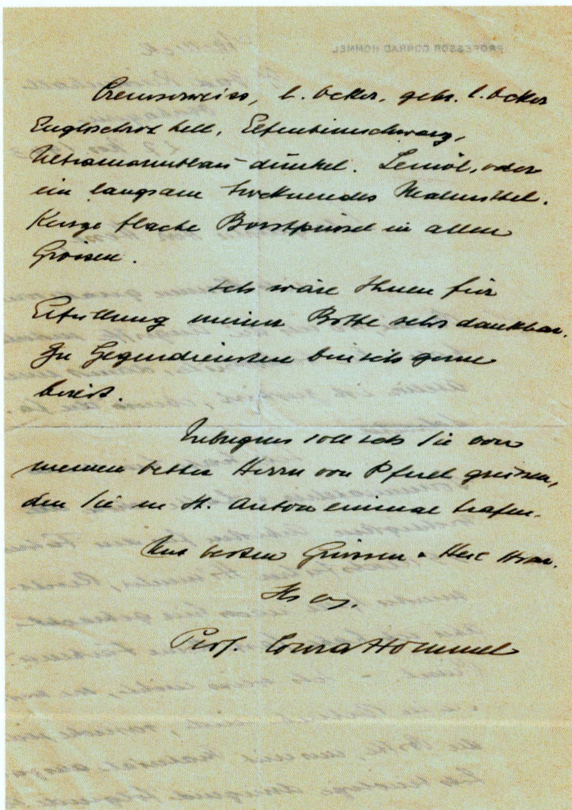

Cremserweiss, Cadm. gelb, gebr. Cadm.
Englischrot hell, Elfenbeinschwarz,
Ultramarinblau dunkel. Leinöl, oder
ein langsam trocknendes Malmittel.
Kurze flache Borstpinsel in allen
Grössen.

Ich wäre Ihnen für Erfüllung meiner Bitte sehr dankbar. Zu Gegendiensten bin ich gerne bereit.

Übrigens soll ich Sie von meinem Vetter Herrn von Pfeil grüssen, den Sie in K. Autow einmal trafen.

Mit besten Grüssen & Heil Hitler
Ihr erg.
Prof. Conrad Hommel

89 Schreiben von Prof. Conrad Hommel an Ernst O. Hesse vom 27. November 1943

mit Behörden geführt und hierdurch wesentlich zum Bestand des Unternehmens beigetragen. Die Regelung der pekuniären Vergütung wurde danach einer späteren Zeit überlassen.«[318] Ernst O. Hesse bestritt diese Darstellung: »Im Übrigen hat die Klägerin für die Beklagte [H. Schmincke & Co.] selbst nichts getan, was irgendwie wesentlich gewesen wäre: es ist, wie durch Zeugen bewiesen werden kann, das ausschließliche Verdienst des damaligen Ehemannes der Klägerin, wenn im Jahre 1943 das Fabrikgebäude wieder aufgebaut werden konnte.«[319]

Da heute die Kernakten des Unternehmens Schmincke aus der NS-Zeit nicht mehr vorliegen und auch keine Gegenüberlieferung in den Behördenakten zu finden ist, lassen sich die Aussagen nachträglich kaum prüfen. Obwohl oder vielleicht auch gerade weil das Fabrikgebäude getroffen war, reiste Ernst O. Hesse im Sommer 1943 nach Belgien, um dort Kundenbesuche abzustatten, aber wohl vor allem, um dort einen »Einkauf belgischer Farben« zu tätigen.[320] Phasen der Abwesenheit waren also gegeben – ob diese direkt zur Übernahme von Leitungsaufgaben von Ilse führten, lässt sich nicht klären. Die Bitte Ernst O. Hesses an höchste Stelle, nämliche Alfred Speer, ist belegt, schließt jedoch nicht aus, dass auch Ilse Hesse sich um Unterstützung bei den Behörden bemühte. In welchem Umfang Ilse Hesse das Unternehmen und ihren Mann unterstützte, lässt sich im Detail nicht rekonstruieren; dass sie sich für das Unternehmen und ihren Mann eingesetzt hatte, wurde in einer Urkunde von 1947 festgehalten. Diese wurde zwar später nochmals angefochten, jedoch ein grundsätzliches Verdienst nicht abgestritten.[321]

Auch wenn die Produktion selbst seit 1943 ruhte, konnte H. Schmincke & Co. zumindest in kleinem Rahmen weiterhin Künstlerbedarfe decken. Noch im Januar 1944 bat die maltechnische Abteilung des Doerner-

Instituts um Zusendung von Material, so z.B. das Kobalt-Siccativ, das der Farbenhersteller aber nicht unmittelbar liefern konnte und daher um Geduld bat.[322] Wenige Tage später erhielt Schmincke ein weiteres Schreiben, in welchem um fünf bis sechs Blechpaletten gebeten wurde, um das Doerner-Institut zu unterstützen, kriegsversehrte Künstler umzuschulen. Aufgrund des Brandschadens im November 1943 konnte Schmincke allerdings nicht mehr liefern, da der Vorrat vernichtet war. Man wollte sich jedoch bemühen, beim Lieferanten direkt für das Doerner-Institut 24 Paletten zu beschaffen. H. Schmincke & Co. ging sogar noch weiter und bot direkt an, Trockenfarben für diesen Zweck zu liefern, sollte das Doerner-Institut Bedarf haben.[323] Im März 1944 bedankte sich Haeberlein, nachdem immerhin zwölf der Paletten ihren Weg nach München gefunden hatten. Im Begleitschreiben hatte der Düsseldorfer Hersteller mit gewissem Stolz angemerkt: »Wir [...] senden Ihnen heute als Postgut 12 Stück Blechpaletten, deren Ausführung nicht nur friedensmässig ist, sondern die sogar unsere Friedensausführung bei weitem übertrifft.« Bei weiterem Bedarf wollte man gerne wieder helfen; den Preis kannte man noch nicht.[324]

Es waren nicht finanzielle Ressourcen, die in der deutschen Kriegswirtschaft fehlten, sondern Rohstoffe. Dabei scheint H. Schmincke & Co. relativ lange noch selbst Bezugsquelle für das Doerner-Institut gewesen zu sein, das im Folgemonat nach Leinöl fragte oder um Vermittlung von Schraubgläsern bat.[325] Schmincke half, wo es möglich war, auch wenn nicht immer unmittelbar geliefert werden konnte. Wiederholt sprang Schmincke mit eigenen Beständen ein: »Alle Glashütten sind heute mit kriegswichtigen Aufträgen, vor allem mit der Herstellung von Medizin-Flaschen, überlastet, so dass eine Neubestellung von einigen wenigen Gläsern voraussichtlich nicht zur Auslieferung kommen kann. Deshalb können wir Ihnen auf Ihre Anfrage nur einige Restflaschen aus unseren Vorräten anbieten.«[326] Das Institut selbst ging aber nach wie vor seinen Prüfaufgaben nach und bat den Düsseldorfer Farbenhersteller selbst im Frühjahr 1944 um Überprüfung einer Tube Kobaltblau, die wegen ihrer »sehr langen Trockenzeit aufgefallen« war.[327]

1944/45 wurden dann auch die Ausweichbetriebe des Künstlerfarbenherstellers beschädigt und kamen zum Erliegen. Ein weiterer Bombenangriff auf den Stammsitz machte die Produktion endgültig unmöglich. Es folgte das »Grau des Zusammenbruchs«.[328] Ende 1944 bat Ernst O. Hesse den Farbenfabrikanten Fritz Schmid in Ratingen um Unterstützung bei seinem Entschädigungsverfahren den Bombenangriff betreffend.[329] Da Schmid jedoch aufgrund des anstehenden Jahresabschlusses unter Zeitdruck stand, sagte er seine Unterstützung nur zu, wenn die Unterlagen zu ihm gebracht würden und alles bis Januar/Februar Zeit hätte.

Gleichzeitig hatten sich »erst im Herbst 1944 [...] die Verhältnisse so zugespitzt, dass der Gesellschafter Hesse vor den Nationalsozialisten fliehen musste«.[330] Seine Ehefrau unterstützte Ernst O. Hesse: »Wohl hat Ilse mir geholfen, als ich im Herbst 1944 in ein Lager sollte, vorgewarnt durch meinen Freund Hajo Schwarz, und noch rechtzeitig türmen konnte. Sie hat es danach durch ihre persönlichen Freundschaften bei der GESTAPO erreicht, daß ein Haftbefehl gegen mich aufgehoben wurde.«[331] Gemäß Aussage hatte Ilse Hesse fünf Bestätigungen hoher Parteifunktionäre beigegebracht zur Vorlage bei der Gestapo, um ihren Mann 1944 vor der Einweisung ins Konzentrationslager zu schützen. »In der Zwischenzeit hat er [Ernst O. Hesse, Anm.d.Verf.] sich an verschiedenen Orten versteckt und die Klägerin hat ihn in Abständen heimlich besucht.«[332] Die bereits seit 1938 zerrüttete Ehe der Hesses[333] hielt Ilse auf Bitten ihres Ehemannes und ihrer Schwiegermutter aufrecht, um ihren halbjüdischen Ehemann zu schützen: »Da die Gefahren für Ernst Hesse offensichtlich waren, ließ sich die Klägerin auch erweichen und nahm immer wieder von ihren Entschlüssen Abstand. Nach Ausbruch des Krieges wurde die antisemitische Einstellung der NSDAP immer schärfer und es war für die Klägerin klar, daß im Fall einer Scheidung ihr Mann verloren sein würde. Deshalb hat sie während des Krieges von einer Scheidung abgesehen und hat sich für ihn und die Firma völlig aufgeopfert.«[334] Aus Dankbarkeit für das Bewahren vor der Gestapo habe er ihr einen Anteil an der Firma zugesichert – dies führte zu längeren Auseinandersetzungen.[335] Seinem ersten Haftbefehl, der Ernst O. Hesse 1944 ins Arbeitslager Lönnewitz bringen sollte, folgte ein weiterer des Sicherheitsdienstes aufgrund seiner Einstufung als »Halbjude«.[336] Auch während er sich teilweise in verschiedenen Kellern versteckte, kümmerte sich Ernst O. Hesse doch immer wieder – wie die verschiedenen Korrespondenzen bis Dezember 1944 zeigen – um dringende Anliegen des Unternehmens.

DER PREIS DER FAMILIE FÜR DIE RETTUNG DES FAMILIENUNTERNEHMENS

Nach der Machtübernahme der Nationalsozialisten 1933 verschlechterten sich die Rahmenbedingungen für die Farbenhersteller. Die sehr erfolgreichen Anfänge in den USA mit einer dortigen Produktion wurden durch den überraschenden Tod des Firmenleiters unterbrochen und aufgrund der politischen Entwicklungen schlicht beendet. Im »Dritten Reich« entwickelten sich die Geschäfte durchaus gut. Der Künstlerfarbenhersteller H. Schmincke & Co. rückte dabei immer näher an die NS-Kunstpolitik und die NS-Verwaltung heran. Zum einen wurden nur noch die von den Nationalsozialisten akzeptierten Künstler mit einem reduzierten Farbenangebot versorgt, zum anderen im Rahmen der Kriegswirtschaft auch Farben für die Wehrmacht entwickelt. Das Paradoxon, welches Ernst O. Hesse aushalten musste, mit einer jüdischen Mutter, die zunehmend vom NS-System verfolgt wurde, (sowie den weiteren jüdischen Verwandten) auf der einen Seite und der Notwendigkeit, mit dem NS-System zusammenzuarbeiten, um weitere Ressourcen zu erhalten, auf der anderen Seite, wurde offensichtlich. Es gipfelte in seiner eigenen Verfolgung, die allerdings erst spät im Jahr 1944 einsetzte.

Tab. 2 Einkommen Ernst O. Hesse, 1934 bis 1943

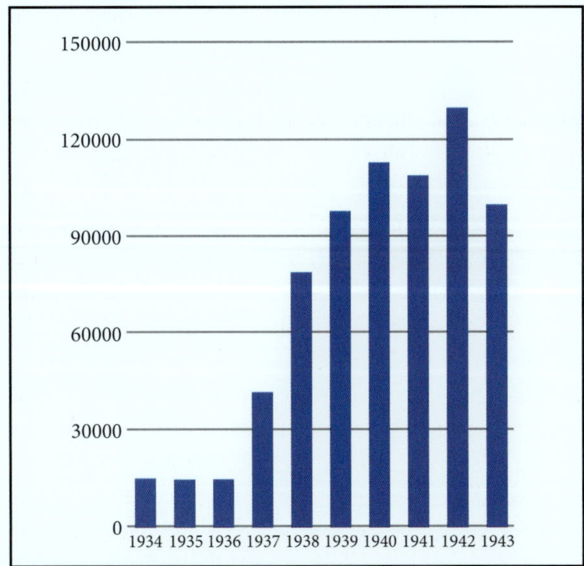

Eigene Darstellung nach: Formular des Amerikanischen Generalkonsulats in Düsseldorf, Dorothea C. Lampe, Vizekonsulin, für ein Visum zur Reise in die USA, 1951, in: Archiv Schmincke, P0004

Es ließ sich zeigen, wie sich das teils in jüdischem Eigentum befindliche Unternehmen selbst erfolgreich arisierte und die NS-Diktatur damit überstehen konnte. H. Schmincke & Co. war wiederum nicht in Arisierungen involviert. Für andere Farbenhersteller gilt dies nicht.[337] Arbeitskräfte musste das Unternehmen an kriegswichtige Industrien abtreten. Ersatzarbeitskräfte wurden wohl in der deutschen Bevölkerung gefunden, vermutlich überwiegend Frauen in Teilzeit in der Frühphase des Krieges.

Den Fragebogen der Militärregierung gab Ernst O. Hesse im März 1947 ab. Am 27. Juni 1947 wurde er in die Kategorie V mit dem Vermerk »keine Bedenken« eingruppiert.[338] Ernst O. Hesse gehörte weder der NSDAP noch der SA oder ähnlichen Gruppierungen an. Lediglich von 1937 bis 1944 gehörte er der Deutschen Arbeitsfront (DAF) an und war von 1938 bis 1944 Mitglied der Nationalsozialistischen Volkswohlfahrt (NSV), bis er dort aufgrund seines Status als »Halbjude« ausgeschlossen worden war. Auch dem Reichsbund für Leibesübungen war er aufgrund seiner Zugehörigkeit zu einem Tennisclub zugeordnet worden, konnte sich aber selbst nicht mehr an die Laufzeiten erinnern.[339] Beide Mitgliedschaften (DAF und NSV) waren typisches Ausweichverhalten, um dem Druck der Partei und der Gesellschaft nachzukommen. So wurde Ernst O. Hesse auch schnell und direkt in die Kategorie V eingeordnet, also diejenigen, die vom Entnazifizierungsgesetz nicht betroffen und daher entlastet waren.

Zumindest gemessen an den eigenen Auskünften Ernst O. Hesses über sein Einkommen während der Zeit des Nationalsozialismus kann man auf ein erfolgreiches Geschäft und auch gute Gewinne rückschließen, trotz einer gesunkenen Mitarbeiterzahl und trotz der Schwierigkeiten bei der Beschaffung von Ressourcen für die Herstellung von Farben – zumindest bis zur ersten schweren Zerstörung des Betriebs im Jahr 1943.

Da die Quellenlage leider keine weiteren Einblicke in die Verteilung der Einnahmen gibt – also zu welchen Teilen Gewinne aus Lieferungen an die Wehrmacht generiert wurden und zu welchen Teilen sie aus Lieferungen in die Kunstwelt stammten –, lässt sich die Frage nach dem Profit aus der Rüstungswirtschaft nicht klären. Das zerstörte Werk, der Verlust der US-Lizenzen und auch die innerfamiliären Schwierigkeiten ließen die Unternehmerfamilie jedenfalls dieses Kapitel als äußerst negativ wahrnehmen. Das komplexe Spannungsfeld zwischen der jüdischen Mutter, welche das Land nicht verlassen konnte, weil es ihr finanziell nicht möglich war, die Reichsfluchtsteuer aufzubringen, und sie aufgrund des zur Sicherheit hinterlegten Rentenschuldscheins den Zugriff der Nazis auf das Unternehmen riskiert hätte, der in NS-Kreisen gut vernetzten Schwiegertochter, die jedoch bereits seit 1938 mit Eheproblemen kämpfte, und dem Sohn, Mann und Unternehmer, der Geschäfte mit der Wehrmacht und NS-protegierten Künstlern machte, ist als Ursache vieler Probleme festzustellen. Gleichzeitig ist festzuhalten, dass eines der Kernmerkmale des Künstlerfarbenherstellers, nämlich die enge Kooperation mit den Künstlern, auch während der NS-Zeit fortgesetzt wurde – zu diesem Zeitpunkt eben mit den Malern, welche die NS-Ideologen noch mit Farben versorgen ließen. Trotz all dieser Problemfelder gelang es, ein jüdisches Familienunternehmen, welches auf den ersten Blick nicht zu den Kernbereichen der Rüstungsindustrie gehörte, durch die Zeit des Nationalsozialismus und des Zweiten Weltkrieges zu bringen.

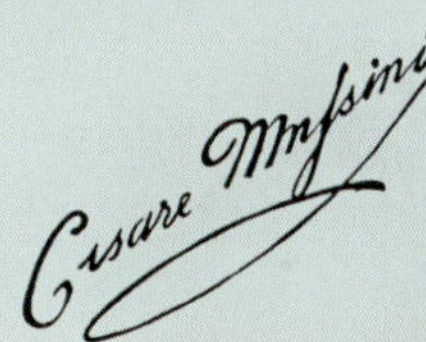

Schmincke

MUSSINI®

Lasurtöne

Feinste Künstler-Harz-Ölfarben, Sorte 10

Finest artists' resin-oil-colours · Couleurs extra-fines à l'huile et résines pour artistes

Colori a olio e resine sopraffini per artisti · Colores extra-finos al oleo-resina para artistas

Lasurtöne · Glazing colours · Couleurs transparentes · Colori trasparenti · Colores transparentes

H. Schmincke & Co. GmbH & Co. KG · Fabrik feinster Künstlerfarben · Otto-Hahn-Straße 2 · D-40699 Erkrath · Tel. 0049-211-2509-0 · http://www.schmincke.de · E-mail: info@schmincke.de

III. / **VON DER NACHKRIEGSZEIT BIS IN DAS ZEITALTER DER GLOBALISIERUNG**

(JÖRG LESCZENSKI)

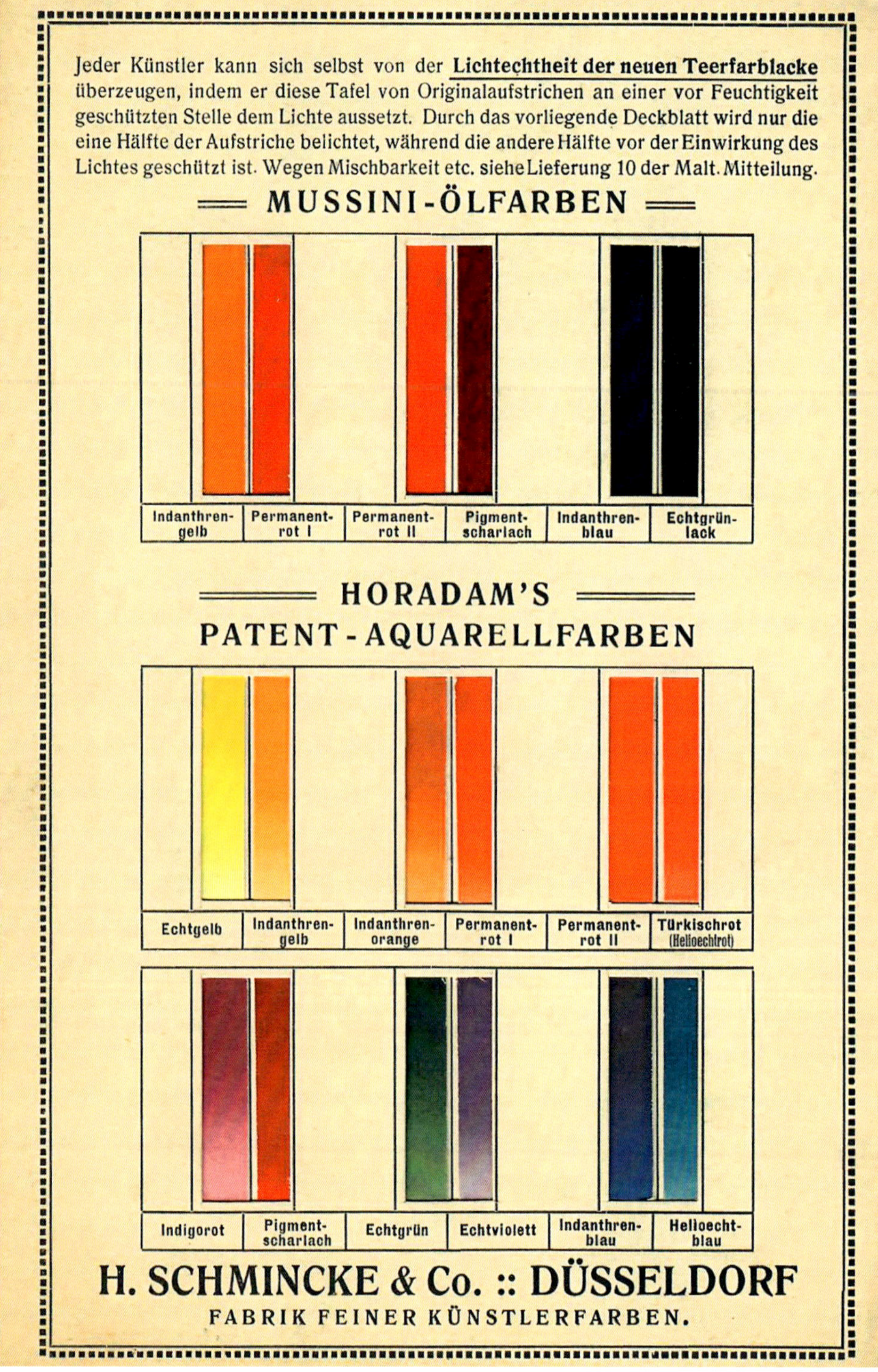

90 Farbtafel »Mussini-Ölfarben« und »Horadam's Patent-Aquarellfarben«

1. DER SCHWIERIGE WEG AUS DEM »TOLLHAUS«[1] (1945–1953/57)

EIN »HETZEN UND GEJAGE«. KRIEGSENDE UND NACHKRIEGSZEIT

Auch wenn die Luftangriffe der Alliierten und die Bodenkämpfe Düsseldorf nicht so verheerend in Mitleidenschaft gezogen hatten wie andere Großstädte an Rhein und Ruhr, glich die Metropole bei ihrer Besetzung durch das US-Militär am 17. April 1945 in zahlreichen Vierteln einem »Trümmerfeld«. Rund 80 Prozent der Handelsgeschäfte – besonders betroffen war das Geschäftsviertel in der Altstadt – und etwa 40 Prozent der Industriebetriebe waren zerstört. Die Kämpfe in den letzten Kriegswochen hatten besonders die Infrastruktur schwer beschädigt. Zentrale Eisenbahnbrücken lagen in Schutt und Asche, wichtige Straßenachsen waren unpassierbar. Unter Hoheit der britischen Besatzungsbehörden, die nach dem Abzug der US-amerikanischen Divisionen (10.–12. Juni 1945) die politische Verantwortung übernahmen, begann in Düsseldorf die »Katastrophengesellschaft«[2] langsam und immer wieder von Rückschlägen begleitet, wie z.B. erheblichen Versorgungsengpässen und Hungerkatastrophen, die Kriegsfolgen zu überwinden.[3]

Vermutlich schneller, als er es selbst erwartet hatte, kam Ernst O. Hesse im Frühjahr 1945 unmittelbar mit den Besatzungsbehörden in Berührung: »Nach dem Ende des Krieges im Mai 1945 wurde ich – durch welche Vermittlung weiß ich nicht mehr – gefragt, ob

91 Blick in das zerstörte Fabrikgebäude, nach 1943

92 H. Schmincke & Co., Düsseldorf, 1950er Jahre

ich eine Stelle als Dolmetscher am Militärgericht einnehmen wollte. Ich habe mich bereit erklärt, […] halbwöchentlich [Übersetzungen] durchzuführen«, blickte Hesse 1988 auf die Nachkriegszeit zurück.[4] Die Arbeit für den »Summary Court«, später auch für den »Intermediate« und den »High Court«, brachte ihm auch als Unternehmer einen wichtigen Vorteil. Die Nähe zu den Militärbehörden trug erheblich dazu bei, dass er schon bald die Erlaubnis erhielt, mit maximal 25 Beschäftigten die Farbproduktion wieder aufzunehmen.[5]

Ernst O. Hesse verstand es in der Nachkriegszeit nun mehrmals, Gelegenheiten, den Wiederaufbau von Schmincke in kleinen Schritten auf ein stabileres Fundament zu stellen, zügig wahrzunehmen. Zeitgleich mit der Betriebserlaubnis ließ er einen Militärlastwagen, den seiner Erinnerung nach Jugendliche in der Nähe der Düsseldorfer Oper demontiert hatten, auf den Firmenhof bringen, um ein kleines Transportunternehmen anzumelden. Mit seinem kleinen Fuhrpark brachte er u.a. ausgelagerte Laborgeräte zurück nach Düsseldorf und wickelte auch Aufträge der britischen Besatzungsbehörden ab. Für seine Dienstleistungen erhielt Ernst O. Hesse mitunter Benzingutscheine, die er auch für private Zwecke nutzte.[6]

Auf dem teilweise zerstörten Betriebsgelände wurden zunächst Trümmer und Schutt beseitigt sowie die Gebäude notdürftig instand gesetzt. Von geordneten Produktionsabläufen auf dem hohen Niveau der Vorkriegszeit war Schmincke aber noch weit entfernt. Für Herstellung, Lagerhaltung und Versand standen deutlich weniger räumliche Kapazitäten zur Verfügung als in der Vergangenheit. Der wesentlich kleinere Maschinenpark und lange Transportwege vom Rohprodukt zu seiner Verarbeitung sowie vom Zwischenlager zur Abfüllung erschwerten die Produktionsprozesse zusätzlich. So mussten beispielsweise Zusätze für die Ölfarben auf Gaskochern erwärmt oder geschmolzen werden. Ebenso wurde mit Bindemitteln für Wasserfarben verfahren,

93 H. Schmincke & Co., Düsseldorf, Innenhof, 1950er Jahre

die vormals in dampfgeheizten Rührkesseln hergestellt worden waren, nun aber über Stunden manuell aufbereitet werden mussten. Auch die Abfüllung von Tuben erfolgte zunächst per Hand, da Bomben die entsprechenden Maschinen schwer getroffen hatten.[7]

Als eine besonders dringende Aufgabe erwies sich schon bald die Suche nach Rohstoffen wie Pigmente, Öle, ausländische Harze, Leinen oder Pappen. Schmincke zehrte vorübergehend von jenen Reserven, die nach den ersten Luftangriffen im November 1943 gerettet und in Kellern deponiert worden waren. Ernst O. Hesse ging bei Kriegsende davon aus, dass die Vorräte ausreichen würden, um in den nächsten ein bis eineinhalb Jahren Farben in bescheidenem Umfang herzustellen. Als im Dezember 1945 ein Wassereinbruch in die Fabrikkeller die Bestände teilweise ganz vernichtete, spitzte sich die Situation weiter zu. Im Oktober 1946 waren auch die letzten Reserven nahezu verbraucht. Um die Produktion aufrechtzuerhalten, wurden etwa 800 Rohstoffe verschiedener Art benötigt. Ernst O. Hesse reiste nun quer durch die Besatzungszonen und bemühte sich nach Kräften, rund die Hälfte der Rohmaterialien persönlich zu beschaffen. Da die meisten Stoffe noch nicht zu den Importgütern gehörten, musste er zum einen Restbestände finden, zum anderen die zuständigen Behörden für die Bewirtschaftung davon überzeugen, die Rohmaterialien ausgerechnet ihm zu überlassen. Immerhin gelang es so, die Produktion von Ölfarben fortzusetzen, die Schmincke im Übrigen häufig auf dem Schwarzmarkt gegen Baumaterial, Glas usw. tauschte.[8]

Die vielfältigen Herausforderungen in der Nachkriegszeit ging Schmincke mit einem kleinen Leitungsstab an: »Das Büro der Firma Schmincke setzte sich damals zusammen aus [der Sekretärin] Frl. [Elisabeth] Zimmermann, mir selbst, ferner Herrn Prok[urist] Walter Weskott, Verkaufsleiter Paul Irmscher, der Buchhalterin Olga Ringling Versand[leiter] Paul Bemmer und zwei Schreibkräften«, führt Ernst O. Hesse in seinen

Schmincke

Künstler-Tempera-Farben Sorte 12

Bestell-Nr.	Farbname	Stückpreis in DM und Tubengröße II	IV	VII
	ROT			
** 1293	Permanentrot 1 (TTT)	0,60	1,10	2,—
** 1294	Permanentrot 2 (T)	0,60	1,10	2,—
** 1295	Permanentrot 3 (T)	0,60	1,10	2,—
** 1309	Zinnoberrot (T)	0,60	1,10	2,—
	BRAUN			
* 1219	Caßlerbraun	—	—	0,75
*** 1238	Gebr. grüne Erde	—	—	0,75
*** 1217	Gebrannte Siena	—	—	0,75
*** 1221	Gebrannte Umbra	—	—	0,75
*** 1220	Umbra nat.	—	—	0,75
** 1280	Sepia	—	0,85	1,50
	BLAU			
*** 1345	Kobaltblau imit.	—	0,85	1,50
*** 1344	Mangan-Cölinblau	0,60	1,10	2,—
** 1241	Preußischblau	—	0,85	1,50
** 1223	Pariserblau	—	0,85	1,50
* 1324	Türkis dunkel	—	0,85	1,50
** 1336	Purpurviolett (TT)	0,60	1,10	2,—
** 1337	Violett frg. (TT)	0,60	1,10	2,—
*** 1224	Ultramarin hell	—	0,60	1,10
*** 1254	Ultramarin dunkel	—	0,60	1,10
	GRÜN			
*** 1278	Chromoxydgrün frg. (Vert émeraude)	0,60	1,10	2,—
*** 1225	Chromoxydgrün stumpf	0,60	1,10	2,—
** 1346	Deckgrün hell	—	0,60	1,10
** 1226	Permanentgrün hell	—	0,60	1,10
** 1229	Zinnobergrün hell	—	0,60	1,10
** 1298	Echtgrün oliv (TT)	0,60	1,10	2,—
** 1340	Grünlack feurig (TT)	0,60	1,10	2,—
** 1273	Saftgrün (Grünlack hell) (T)	0,60	1,10	2,—
*** 1261	Grüne Erde	—	—	0,75
	SCHWARZ			
** 1230	Elfenbeinschwarz	—	0,55	0,90
** 1276	Lampenschwarz	—	0,55	0,90

Lieferungsmöglichkeit vorbehalten!

H. SCHMINCKE & CO., DÜSSELDORF-GRAFENBERG

94 Preisliste Künstler-Tempera-Farben Sorte 12, 1948

95 Zum 25-jährigen Dienstjubiläum der Buchhalterin Frau Ringling, sitzend Getrud Aeschbach-Hesse, dahinter stehend der damalige Betriebsleiter Raffegerst im Füllsaal der Farbenfabrik, 1960er Jahre

autobiografischen Notizen aus, um zu ergänzen: »Wir saßen alle in einem gemeinsamen Büro (Parterre) des sogenannten Wohlfahrtsgebäudes, das bei einem Bombenangriff 1943 nur zum Teil – hauptsächlich im Dachgeschoss – beschädigt war. Neben diesem Verwaltungsbüro hatte Herr [August] Lause noch einen kleinen Raum, in dem er als Betriebsleiter arbeitete.«[9]

Für die Familie Hesse gab es am Kriegsende keine »Stunde null«. Die Erfahrungen in der NS-Zeit ließen sich nicht ausblenden, die komplexen zwischenmenschlichen Beziehungen nicht »einfach so« neu ordnen. Gleichwohl wurden wesentliche Entscheidungen, die unter den besonderen Bedingungen der NS-Diktatur getroffen worden waren, korrigiert. Eine wichtige Neujustierung betraf den Gesellschafterkreis Schminckes. Gertrud Aeschbach, wie sich Gerta Hesse seit Kriegsende konsequent nannte, kehrte nach Düsseldorf zurück und wurde nun wieder als Haupterbin ihres verstorbenen Ehemanns Julius eingesetzt. Kurz vor Weihnachten unterzeichnete sie am 20. Dezember 1945 mit ihrem Sohn eine Vereinbarung: Der Vertrag vom 19. Dezember 1941, in dem sie auf ein Nachvermächtnis verzichtet hatte, wurde als nichtig angefochten. Mit einer Einlage von 300.000 Reichsmark, mit dem Erbe ihres Ehemanns, trat sie wieder als Kommanditistin in die Firma ein. Wenig später erklärte Gertrud Aeschbach, sämtliche Ansprüche, die

Erinnerungen von Ernst O. Hesse an einen geglückten Schachzug

»In der Zeit bis zur Währungsreform im Juni 1948 haben wir versucht, die Firma wieder aktionsfähig zu machen. [...]

In dieser Zeit geschah etwas, was für die Zukunft wichtig war. Durch die befreundete Künstlerfarbenfabrik Marabu wurde ich telef. informiert, daß sich drei englische (sogenannte Green Label-Offiziere) auf dem Wege zu uns befänden. Diese Herren in Uniform waren aber die maßgebenden Vertreter der Firma W + N, Rovney + Reeves, die mit dem Besatzungsauftrag kamen, sich unsere Produktion, unsere Vorschriften, im Detail anzusehen und auszuforschen. Da ich nach dem Kriege umgehend meine Mutter wieder in ihre alten Rechte eingesetzt habe (sie war wegen nichtarischer Abstammung aus der Firma ausgeschieden, wurde aber jetzt wieder als Haupterbin meines Vaters eingesetzt und daher, da sie Schweizer Bürgerin war, war die Firma in Majorität in Schweizer Besitz). Ich hatte vom Schweizer Generalkonsul eine dahingehende Bestätigung mir rechtzeitig besorgt und als kurz nach dem Anruf ein Militärwagen mit diesen drei Herren auf den Hof fuhr, konnte ich ihnen nur erklären, daß ich nicht berechtigt sei, ihnen irgendwelche Auskünfte zu geben, da sie sich in einer Schweizerischen Firma befänden. Die Herren waren über diesen Schachzug etwas erbost und erstaunt und haben versucht, durch alle möglichen Fragen doch etwas zu erfahren, wobei sich ihr Hauptaugenmerk auf Tusche erstreckte und auf die Aquarellfarbenfertigung – so wie wir sie betrieben. Da sie nun von uns nichts erfuhren, fuhren sie weiter nach Hannover zu Pelikan.«[10]

96 Ursula Hesse, Gertrud Aeschbach-Hesse mit Ernst O. Hesse, 1950er Jahre

sie nach ihrem Abschied als Kommanditistin 1936 aus früheren Abkommen gegen die Firma Schmincke noch hatte, fallen zu lassen. Das betraf auch die monatliche Leibrente von 750 Reichsmark. Die eingetragene Grundschuld wurde im März 1950 gelöscht.[11] Ob die Rückkehr als Gesellschafterin von Gertrud Aeschbach selbst initiiert, von Ernst O. Hesse angestoßen oder als gemeinsamer Schachzug vorbereitet wurde, lässt sich nicht rekonstruieren. Indessen lässt sich festhalten, dass die Entscheidung Schmincke durchaus zugutekam. Das Unternehmen war nun mehrheitlich in Schweizer Besitz und mit seinen neuen Eigentümerverhältnissen vor manchen Eingriffen der britischen Besatzungsmacht geschützt.[12]

Die Entscheidung über das weitere berufliche Schicksal Ernst O. Hesses und damit über das weitere Schicksal des im Gesellschafterkreis neu aufgestellten Unternehmens lag 1946/47 dennoch in den Händen der britischen Behörden. Die vier Siegermächte hatten sich schon auf ihren Konferenzen vor dem Kriegsende darauf verständigt, Deutschland umfassend vom Nationalsozialismus zu befreien und die Gesellschaft zur Demokratie zu erziehen. Einen wesentlichen Baustein der Besatzungspolitik machte die Entnazifizierung, die politische »Säuberung« des öffentlichen Dienstes und der Wirtschaftsunternehmen aus. Mithilfe eines umfassenden Fragebogens beleuchteten die zuständigen Behörden auch die Lebenswege und die politische Vergangenheit mittelständischer Unternehmer. Am Ende der umständlichen Prozedur wurden überprüfte Personen in die Gruppe der »Hauptschuldigen« (Kategorie I), »Belasteten« (Kategorie II), »Minderbelasteten« (Kategorie III), »Mitläufer« (Kategorie IV) oder der »Entlasteten« (Kategorie V) eingeordnet. Eine nennenswerte Verstrickung Ernst O. Hesses mit dem NS-Regime gab es nach Meinung des Sachverständigen beim britischen Militärgericht nicht. Der wachsende Druck auf »Halbjuden« in den letzten Kriegsjahren, sein Hinweis auf die drohende Verhaftung durch die Gestapo, die ständige Furcht vor dem Zugriff des SD und sein Leben im Versteck waren 1947 Gründe genug, ihn in die Kategorie der »Nichtbelasteten« einzuordnen. Damit war es Ernst O. Hesse möglich, seinen Geschäften ohne Sanktionen frei nachzugehen.[13]

KÜNSTLERFARBEN, DIKTIERGERÄTE, AUSSENBORDMOTOREN. KREATIVE IDEEN UND US-AMERIKANISCHE ERFAHRUNGEN

In der »Zusammenbruchgesellschaft« hatten Unternehmen wie Schmincke so gut wie keine Chance, ihre Produkte abzusetzen. Der Alltag in der Nachkriegszeit wurde unmittelbar nach Kriegsende von der »Herrschaft des Mangels« und einem »kaum noch gesteuerten, vegetativen Überlebenskampf« bestimmt.[14] Die große Mehrheit der Bevölkerung war nach Kräften bemüht, Trümmer zu beseitigen und die lebensnotwendigen Grundbedürfnisse zu befriedigen. Ihre Versorgung mit Nahrungsmitteln gehörte zu den dringendsten Sorgen, spitzte sich faktisch täglich zu und brach im Winter 1946/47 schließlich auch in Düsseldorf zusammen. Von einem selbstbestimmten Freizeitverhalten konnte entsprechend kaum die Rede sein. In Familien mit einem sehr geringen Budget »verhaltensbeliebiger Zeit«[15] standen Spiele, Ausflüge (vor allem am Sonntag), die Lektüre von Zeitungen und Literatur sowie insbesondere die gemeinsamen Abende vor dem Radio im Vordergrund. Rasch an Bedeutung gewannen in der Bevölkerung darüber hinaus der Besuch von Lichtspielhäusern. Materiell besser gestellte bürgerliche Familien nahmen traditionelle Geselligkeitsformen, wie etwa die Hausmusik, wieder auf.

Das kulturelle Leben erfuhr in Düsseldorf schon wenige Monate nach dem Kriegsende eine erste bemerkenswerte Renaissance. Im Herbst 1945 nahmen mit dem Kunstverein für die Rheinlande und Westfalen und dem Verein der Düsseldorfer Künstler zu gegenseitiger Unterstützung und Hilfe zwei alteingesessene Vereinigungen ihren Betrieb wieder auf. Für das Wintersemester 1945/46 bot auch die Kunstakademie Unterrichtskurse von Neuem an. Die kulturellen Institutionen gehörten zu jenen »stabilisierenden Kristallisationszentren«,[16] die das chaotische Alltagsleben zumindest halbwegs konsolidierten. Eine vergleichbare Funktion übernahmen auch kirchliche Einrichtungen sowie Heimat- und Sportvereine. In Düsseldorf waren z.B. die »Fortuna« oder der Oberbilker Verein »Victoria« weit mehr als nur Orte gemeinsamer Freizeit und des sportlichen Wettkampfs. Ihre Mitglieder erlebten hier ein Stück weit soziale Sicherheit und Normalität in einer vom Existenzkampf bestimmten Zeit.[17]

Auch Ernst O. Hesse wusste nur zu gut, dass die Vorzeichen für das Kerngeschäft alles andere als gut waren. Er sei ja »leider kein Metzger oder Bäcker, sondern fabriziere mehr oder weniger einen Luxusartikel«, für den niemand gegenwärtig bereit sei zu zahlen. Die Künstler »verfügten z.Zt. nicht über Geld, weshalb auch die Zahlungen meiner Kunden, der Einzelhändler, sehr lange auf sich warten lassen […]«. Die Produktion auf Güter umzustellen, »die jeder dringend benötigt, [sei] leider auch nicht möglich«.[18] Kurz gesagt: Andere gute Geschäftsideen mussten her.

Die Courage, sich ohne große Umschweife auf eher ungewöhnliche Geschäftsfelder einzulassen, sein Interesse an technischen Innovationen sowie glückliche Umstände – der Zufall, zur richtigen Zeit am richtigen Ort zu sein und interessierte Geschäftspartner zu treffen – halfen ihm nun weiter. Eine Reise in die Schweiz öffnete Ernst O. Hesse 1947 eine erste Tür: »Da ich immer interessiert daran war, physikalische Geräte näher kennenzulernen und mich die Phonaufnahme ganz besonders faszinierte, stieß ich in der Schweiz auf ein amerikanisches Gerät, den Webster Wire Recorder.« Die technischen Besonderheiten fielen ihm sofort auf: »Es war ein kofferähnliches Gerät, mit dem auf Draht der Ton und die Musik (die menschliche Stimme und die Musik) aufgenommen werden konnte und sich dort magnetisch hielt.« Das Gerät war seiner Meinung als Diktiergerät bestens geeignet, da es seinerzeit nur Versionen auf dem Markt gab, »die mittels einer Nadel in Walzen die Stimme aufzeichneten, was höchst mangelhaft und primitiv war«.[19]

Ernst O. Hesse war von der technischen Ausstattung und den Marktchancen des Geräts überzeugt und begeistert zugleich. Er verkaufte seine Leica-Kamera, fuhr nach Luzern, suchte den Importeur des Webster Wire Recorder John Lay auf und erwarb vom Erlös ein Gerät zum Großhandelspreis. Zurück in Deutschland, traf er beim Stammtisch von ehemaligen Freiballonfahrern zufällig einen Vertreter, der Magnetton-Aufzeichnungs- und Wiedergabegeräte verkaufte, die von der AEG entwickelt worden waren (AEG-Magnetophon) und beispielsweise in Rundfunkhäusern eingesetzt wurden. Ebenfalls von dem amerikanischen Modell sehr angetan, ermutigte er Ernst O. Hesse, die Geräte zu importieren. Mit einer Anschubfinanzierung von 1.000 US-Dollar, die von der Militärregierung bereitgestellt wurde, baute er das Importgeschäft auf, nahm die ersten Aufträge an und empfing im April 1949 die ersten Webster Wire Recorder.[20]

Ernst O. Hesse meldete das neue Unternehmen 1949 zur Gewerbesteuer an und ließ die Firma mit ihren Geschäftsräumen in der Malkastenstr. 19 im September 1950 unter dem Namen »Ernst O. Hesse, Import elektro-akustischer Geräte« in das Handelsregister eintragen. Als Prokuristin stand ihm seine Ehefrau Ursula zur Seite, die sich von Beginn in das Alltagsgeschäft einbrachte und etwa die Verzollung der Ware abwickelte sowie die Buchhaltung übernahm. Gute Kontakte zu jener Abteilung in der Trizonenverwaltung, die Devisen zuteilte, erleichterten Ernst O. Hesse die ersten Schritte ins Importgeschäft zusätzlich.[21]

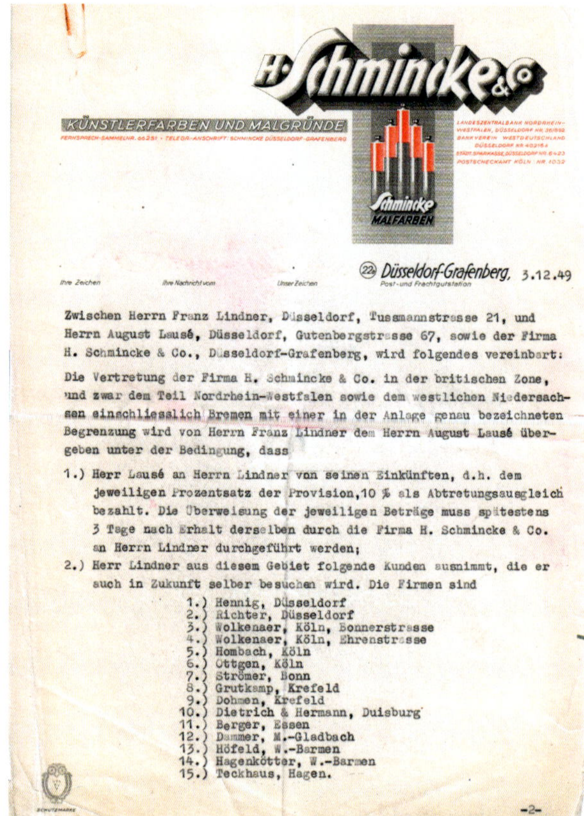
H. Schmincke & Co.
KÜNSTLERFARBEN UND MALGRÜNDE
Schmincke MALFARBEN

(22a) Düsseldorf-Grafenberg, 3.12.49
Post- und Frachtgutstation

Ihre Zeichen Ihre Nachricht vom Unser Zeichen

Zwischen Herrn Franz Lindner, Düsseldorf, Tussmannstrasse 21, und Herrn August Lausé, Düsseldorf, Gutenbergstrasse 67, sowie der Firma H. Schmincke & Co., Düsseldorf-Grafenberg, wird folgendes vereinbart:

Die Vertretung der Firma H. Schmincke & Co. in der britischen Zone, und zwar dem Teil Nordrhein-Westfalen sowie dem westlichen Niedersachsen einschliesslich Bremen mit einer in der Anlage genau bezeichneten Begrenzung wird von Herrn Franz Lindner dem Herrn August Lausé übergeben unter der Bedingung, dass

1.) Herr Lausé an Herrn Lindner von seinen Einkünften, d.h. dem jeweiligen Prozentsatz der Provision,10 % als Abtretungsausgleich bezahlt. Die Überweisung der jeweiligen Beträge muss spätestens 3 Tage nach Erhalt derselben durch die Firma H. Schmincke & Co. an Herrn Lindner durchgeführt werden;

2.) Herr Lindner aus diesem Gebiet folgende Kunden ausnimmt, die er auch in Zukunft selber besuchen wird. Die Firmen sind

1.) Hennig, Düsseldorf
2.) Richter, Düsseldorf
3.) Wolkenaer, Köln, Bonnerstrasse
4.) Wolkenaer, Köln, Ehrenstrasse
5.) Hombach, Köln
6.) Ottgen, Köln
7.) Strömer, Bonn
8.) Grutkamp, Krefeld
9.) Dohmen, Krefeld
10.) Dietrich & Hermann, Duisburg
11.) Berger, Essen
12.) Dammer, M.-Gladbach
13.) Höfeld, W.-Barmen
14.) Hagenkötter, W.-Barmen
15.) Teckhaus, Hagen.

Schutzmarke

-2-

97 Briefkopf H. Schmincke & Co., 1949

Die Bücher wiesen für die ersten Geschäftsjahre einen jährlichen Umsatz von 180.000 D-Mark aus. Das florierende Importgeschäft war gerade auch für den Wiederaufbau von H. Schmincke & Co. im wahrsten Sinne des Wortes lebenswichtig. Der Markt für Künstlerfarben hatte sich noch längst nicht konsolidiert, es fehlten die finanziellen Mittel, um Betriebsgebäude zu sanieren und den Maschinenpark zu modernisieren. Für den weiteren Auf- und Ausbau von Schmincke erhielt Ernst O. Hesse 1951 aus den Fördertöpfen des »European Recovery Programm« (Marshall-Plan), einem von den Vereinigten Staaten zum Wiederaufbau Europas initiierten Hilfsprogramm, 1951 75.000 D-Mark ausbezahlt. Darüber hinaus kam nun der Erfolg des Importgeschäfts Schmincke finanziell in vieler Hinsicht zugute. So wurden die Gewinne etwa in den Kauf einer dringend benötigten Druckmaschine investiert. Auch anfallende Steuern wurden über mehrere Jahre aus der Kasse der Importfirma beglichen. Die Einfuhr von Webster-Diktiergeräten fand allerdings bereits 1952 ein jähes Ende, als die Firma Grundig, bis dahin ein wichtiger Kunde von Ernst O. Hesse, nun selbst gleichwertige Geräte auf den Markt brachte.[22]

Es dauerte nicht lange, bis sich eine Gelegenheit ergab, den Verlust mehr als nur zu kompensieren. Eher unverhofft kam Ernst O. Hesse nun mit dem Wassersport und dem Bootsbau in Berührung. »Auf der Suche nach einem Ersatzimport«, so Ernst O. Hesse in seinen Erinnerungen, »stieß ich durch […] amerikanische und schweizer Freunde auf einen Gesandten der Firma Outboard Marine, der für Deutschland Importeure suchte – einmal für Evinrude- und einmal für Johnson-Motoren. Ich überzeugte diesen Herrn Requa davon, dass ich über […] sehr große Importerfahrung, gute Englisch-Kenntnisse und vor allem [über] Kenntnisse des amerikanischen Geschäfts verfügte, so dass ich der richtige Mann für Evinrude sein könnte.«[23] Damit stand Ernst O. Hesse kurz davor, mit dem Weltmarktführer der Branche ins Geschäft zu kommen. Die Outboard Marine Corporation (OMC) ging 1929 aus der Fusion der drei Unternehmen ELTO Outboard Motor-Company, Evinrude Motor Company und Lockwood-Motor-Company hervor, erlebte einen bemerkenswerten Aufstieg und stand in den frühen 30er Jahren in der Liste der weltweit größten Hersteller von Außenbordmotoren auf Platz eins. 1936 übernahm die OMC den größten Wettbewerber Johnson Motor Company, der in der Weltwirtschaftskrise erhebliche Einbußen zu verkraften hatte. Seitdem bot die Unternehmensgruppe ihre Außenbordmotoren unter den Markennamen »Evinrude« und »Johnson« an. Zwischen beiden Motoren gab es keine Unterschiede in der Konstruktion, lediglich die Farbe der Lackierung wich voneinander ab.[24]

Ernst O. Hesse und der Repräsentant der OMC wurden schnell handelseinig: 1953 importierte er die ersten sieben Evinrude-Motoren. Nun galt es, Absatzgebiete und Interessenten für die Modelle zu finden, die er vor allem an den bayerischen Seen vermutete. Er besuchte die traditionsreiche, 1883 gegründete Bootswerft Rambeck am Starnberger See und überzeugte ihren hiesigen Leiter, drei Bootstypen zu bauen, die sich für den Einsatz der Evinrude-Motoren eigneten. Als Vorführungen bei Bootsrennen auf dem Chiemsee ebenfalls auf größere Resonanz stießen, nahm das Geschäft Fahrt auf. Nahezu gleichzeitig wurde Ernst O. Hesse auch zum Vertreter für Johnson- und Buccaneer-Motoren, einer »Billigmarke« der OMC, ernannt.[25] Bereits im Oktober 1952 hatte er seine Importfirma in »Ernst O. Hesse Import-Großhandel« umbenannt, die seit dem Frühjahr 1954 nunmehr mit »Außenbordmotoren, Zubehör und Ersatzteile[n] hierfür sowie Innenbordmotoren, Zubehör und Ersatzteile[n] hierzu«[26] handelte. In den nächsten Jahren gingen H. Schmincke & Co. und der Import-Großhandel quasi Tür an Tür ihren Geschäften nach, wie sich Ernst O. Hesse erinnert: »Wir quetschten uns im Gelände der Firma Schmincke an verschiedenen Stellen zwischen die Schlosserei, Schreinerei [und] Druckerei […] hinein, wobei aber die Not immer größer

98 Außenbordmotoren der Fa. Johnson, 1950er Jahre

99 Vertriebswagen der Fa. Johnson auf dem Schmincke-Betriebsgelände, 1950er Jahre

100 Ernst O. Hesse mit einem Außenbordmotor der Fa. Johnson, 1950er Jahre

wurde, unser stetig steigendes Motorenlager unterzubringen. Wir mussten dann auf dem Gelände der Kohlenfirma Stahl eine Halle bauen, haben dort unser Lager gehabt und außerdem noch ein Außenlager in Hilden gemietet.«[27] Der Import-Großhandel lief von Monat zu Monat immer besser. Zwischen 1950 und 1958 stiegen die Erträge von ca. 135.000 auf 2,7 Mio. D-Mark und der Reingewinn von 49.000 auf 437.000 D-Mark.[28] Seit dem Sommer 1953 zog auch das Geschäft mit Künstlerfarben wieder an. Nachdem die Nachfrage zum Jahresbeginn noch verhalten ausgefallen war, überforderten die zahlreichen Bestellungen im Juni und Juli bisweilen die Produktionskapazitäten.

Ernst O. Hesse verstand den Absatz von Künstlerfarben stets als ein »sensibles Barometer für den Wohlstand«.[29] Farben würden sich erst gut verkaufen, so sein Credo, wenn das Bedürfnis nach den lebensnotwendigen Konsumgütern im Großen und Ganzen befriedigt sei. Entsprechend interpretierte er den Aufschwung als einen Hinweis auf mittlerweile bessere materielle Verhältnisse, die in manchen Bevölkerungsgruppen zumindest über das dürftige Niveau der unmittelbaren Nachkriegszeit spürbar hinausreichten.

Mit seiner Deutung lag Ernst O. Hesse durchaus richtig. Schon seit dem Sommer 1950 häuften sich die Hinweise auf eine wirtschaftliche Erholung der jungen Bundesrepublik. Ein überdurchschnittlich großes Reservoir gut ausgebildeter Fachkräfte, der Übergang zur sozialen Marktwirtschaft, der Marshall-Plan und andere US-amerikanische Hilfen, der Krieg zwischen Nord- und Südkorea von 1950 bis 1953 und der »Korea-Boom« (die Westalliierten hoben die Produktionsgrenzen für Eisen- und Stahlerzeugnisse auf und ermöglichten den westdeutschen Unternehmen, an der steigenden Nachfrage nach Rüstungsgütern zu partizipieren) sowie die wachsende Integration der Unternehmen in die Weltwirtschaft kamen der westdeutschen Volkswirtschaft nun rasch zugute. Die Wachstumsrate des realen Bruttosozialprodukts betrug 1951 stattliche 10,4 Prozent und blieb auch in den nächsten beiden Jahren auf einem hohen Niveau (1952: 8,9 Prozent; 1953: 8,2 Prozent). Die Arbeitslosenquote fiel im gleichen Zeitraum von 10,4 auf 7,6 Prozent, die Einkommen von Arbeitern und Angestellten stiegen quasi jährlich.[30]

Zu den Anfängen des Wirtschaftswunders trugen auch die Düsseldorfer Unternehmen einiges bei. Die Industrie- und Handelskammer Düsseldorf sah das produzierende Gewerbe im zweiten Quartal 1950 deutlich im Aufwind. In nahezu allen Industriezweigen nahmen die Exporte zu. Neben den Maschinenbau- und Chemiebetrieben, Blechproduzenten sowie Unternehmen der optischen und der Glasindustrie waren es auch die regionalen Hersteller von Künstlerfarben, die von einer erhöhten Nachfrage in Europa nach westdeutschen Produkten profitierten.[31]

Der wirtschaftliche Aufstieg machte sich für zahlreiche Familie nun auch am Monatsende langsam bemerkbar. Das durchschnittliche monatliche Nettoeinkommen erhöhte sich zwischen 1950 und 1955 in Haushalten von Arbeitern von 283 auf 474 D-Mark, in Angestellten- und Beamtenhaushalten von 346 auf 570 D-Mark und in Familien von Selbstständigen von 437 auf 754 D-Mark.[32] Unter dem Eindruck des »kleinen Wohlstands«[33] veränderte sich in Teilen der westdeutschen Bevölkerung auch langsam das Konsumverhalten. Vor allem Angestellte und Beamte verfügten nun über größere finanzielle Spielräume, um über die Grundbedürfnisse (Nahrung, Wohnung, Kleidung) einen Teil ihres verfügbaren Einkommens in technisch moderne Haushaltsgeräte, die Gesundheits- und Körperpflege, in ihren Urlaub oder in die Freizeit zu investieren. Die Erfahrungen von Krieg und Gefangenschaft, lange Arbeitszeiten, häufig körperlich schwere Arbeit und der Wunsch nach Ruhe und Entspannung führten in der ersten Hälfte der 50er Jahre zu einer überwiegend innerhäuslichen, auf die Familie konzentrierten Freizeitgestaltung. Von besonderer Bedeutung blieb der Medienkonsum. Zeitung, Zeitschriften und Literatur wurden gelesen, Musik und Nachrichten im Radio verfolgt. Abseits der »eigenen vier Wände« suchten die Westdeutschen unverändert gerne das Kino auf, besuchten Sportveranstaltungen, trieben selbst Sport oder verbrachten ihre arbeitsfreie Zeit in Vereinen.[34] Darüber hinaus gab es erste Wünsche nach kreativen Freizeitformen. Das Allensbacher Institut für Demoskopie fragte 1953 einen ausgewählten Kreis von Personen danach, wie sie mit mehr Geld und mehr Freizeit umgehen würden. Die Liste führte deutlich der Wunsch nach einer Urlaubsreise an, gefolgt von

Das coloristisch ausgewogene Sortiment der **Norma® Professional** feinsten, reinen Künstler-Ölfarben besteht aus 84 brillanten klassischen und modernen Farbtönen inklusive 27 hochwertigen Lasurtönen und einzigartigen Spezialtönen. Hierzu zählen neben hochlichtechten und deckenden Chromgelbtönen auch so besondere Töne wie Mohnrot, Kobalttürkis, Achatbraun, Schweinfurter Grünton, Neutralschwarz, Gold, Silber, Bronze. Alle 84 Farbtöne verfügen über höchste Lichtechtheiten (4 - 5 Sterne).

Die ökologisch bewusste Rezeptierung beinhaltet die Verwendung vieler natürlicher, nachwachsender Rohstoffe wie z.B. pflanzliche Öle und Additive. Hochwertige, rein pflanzliche Ölkombinationen sorgen für eine gute Haftung, eine optimale Pigmentaufnahme sowie verminderte Gilbungstendenzen. Die in Höchstkonzentration eingesetzten besten klassischen sowie technisch neuesten Pigmente garantieren höchste Ergiebigkeit sowie eine außergewöhnliche Leuchtkraft und Brillanz aller Töne.

Eine schonende Herstellung, dabei traditionell auf Drei-Walzenstühlen angerieben, mit einer 3-monatigen Reifezeit vor der Abfüllung, garantiert eine optimale Entfaltung der Rohstoffe in der reinen Ölfarbe. Alle Farben verfügen über eine ausgewogene, cremig-buttrige Konsistenz und damit über beste Vermaleigenschaften und optimale Werkspuren. Zudem sorgt eine Rezepturoptimierung für eine verkürzte, harmonisch verlaufende Trocknung aller Töne, ein Garant für brillante, widerstandsfähige Oberflächen.

Norma® Professional wird in drei verschiedenen Gebindegrößen angeboten: Alle 84 Farbtöne sind in Tuben zu 35 ml erhältlich, 48 Töne in 120 ml sowie 12 Töne zusätzlich in 200 ml. Alle Tuben bestechen durch ein modernes, elegantes Tubendesign. Die Preisgruppen gestalten sich übersichtlich: Es gibt 3 Preisgruppen; über 50% der Farben sind in PG 1 zu finden. Für den hohen Bedarf können 5 l-Großgebinde auf Anfrage über den Fachhandel bezogen werden. Für den Anwender steht eine Vielzahl von Informationsmaterial zur Verfügung.

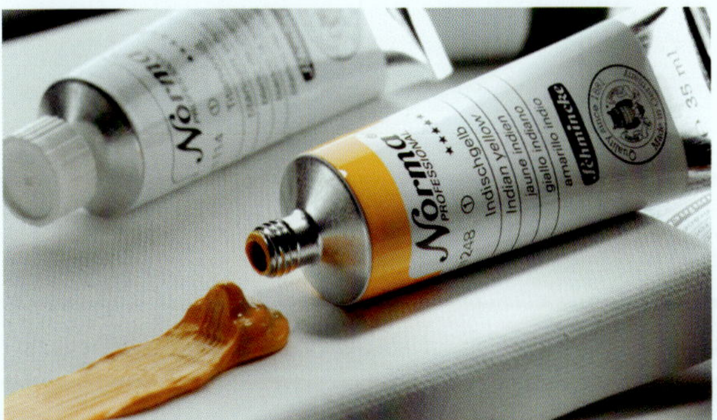

Neben einem hochwertigen Sortenprospekt (95 411) sowie einer „Kleinen Einführung in die Ölmalerei" (94 011) gibt es einen speziellen Hilfsmittelprospekt für die Ölmalerei (95 470). Oben genannte Broschüren erhalten Sie bei Ihrem Fachhändler, direkt bei Schmincke Künstlerfarben oder auf www.schmincke.de.

101 **Produktinformation zu den Norma-Ölfarben**

dem Drang, noch mehr Zeit im Familienkreis zu verbringen, sowie von dem Bedürfnis, zu basteln, zu malen, Handarbeiten auszuführen und zu musizieren.[35]

Die Firma Schmincke hatte acht Jahre nach dem Kriegsende mit dem von Ernst O. Hesse beschriebenen »Tollhaus« nichts mehr gemein. Unter seiner Leitung gehörte das Unternehmen nach Ansicht der ausländischen Presse wieder zu den weltweit führenden Produzenten von Künstlerfarben.[36] In dem Düsseldorfer Betrieb standen 1953 120 Beschäftigte in Lohn und Brot, die einen Gesamtumsatz von etwa 500.000 D-Mark erwirtschafteten davon gehörten ca. 25 Prozent dem Unternehmen mehr als zehn Jahre, rund 20 Prozent mehr als zwei Jahrzehnte an. Das Lager zählte ca. 10.000 verschiedene Artikel, die in 32 Länder verkauft und in erster Linie von Hobbymalern, gefolgt von professionellen Künstlern und Staffelei-Malern, nachgefragt wurden.[37] Gegen Mitte der 50er Jahre hatte die Firma augenscheinlich die größten Nöte hinter sich gelassen. Zwischen den Geschäftsjahren 1955 und 1956 erhöhte sich der Gesamtumsatz von rund 1,1 Mio. auf 1,2 Mio. D-Mark und der Reingewinn von ca. 50.000 auf 136.000 D-Mark.[38]

Der Wiederaufbau Schminckes war ein Musterbeispiel gelungener Improvisationskunst, ohne die freilich kein mittelständisches Unternehmen, gleich welcher Branche, in den Wirren der Nachkriegszeit bei der Rückkehr auf die nationalen und internationalen Märkte auskam. Bemerkenswert und eher ungewöhnlich war der Entschluss Ernst O. Hesses, Geschäftsmodelle weit jenseits der Farbenproduktion auszuloten und breit zu diversifizieren. Das erforderte einen gehörigen Schuss Wagemut, Entschlossenheit und genügend einschlägige unternehmerische Erfahrung. Seiner Meinung nach wäre ihm ohne seine mehrjährige Berufspraxis in den USA und ohne die Kenntnis der US-amerikanischen Geschäftsphilosophie, die nicht auf dogmatisches, sondern vielseitiges ökonomisches Denken setzte, die Bewährung auf unterschiedlichen Geschäftsfeldern nicht gelungen.[39]

INTEGRATION IN DIE LOKALE WIRTSCHAFTS-ELITE, ENGAGEMENT IN DER REGIONALEN WIRTSCHAFTSPOLITIK, VERBANDSARBEIT

Durch die Aufnahme von Julius Hesse in den angesehenen Düsseldorfer Industrieclub, den wohl wichtigsten »Treffpunkt der Eliten« in der Stadt, waren Unternehmen und Familie schon länger gut mit der lokalen Wirtschafselite vernetzt. In der Nachkriegszeit begann Ernst O. Hesse, die Beziehungen zu wichtigen wirtschaftspolitischen Institutionen noch enger zu knüpfen. Der Vollversammlung der neu gegründeten Industrie und Handelskammer Düsseldorf gehörte er seit 1947 an. Zugleich zählte er zu den Mitgliedern ihres Außenhandelsausschusses. Die IHK half in den Jahren des Wiederaufbaus in erster Linie mit, die existenziellen Nöte der Bevölkerung zu lindern, für Wohnraum, Nahrungsmittel und Kleidung zu sorgen. Die Unternehmen unterstützte sie bei der Suche nach Produktionsstätten, Arbeitskräften und Brennmaterial.[40]

Seine Arbeit als Dolmetscher hatte Ernst O. Hesse ferner vor Augen geführt, wie wichtig professionell und systematisch ausgebildete Übersetzer für das Wirtschaftsleben sind. Die tägliche Zusammenarbeit mit den britischen Besatzungsbehörden erforderte allerorten Personal mit einschlägiger Sprachkompetenz, das es allerdings kaum gab. Mit dem Hauptgeschäftsführer der IHK Hermann Bohley rief er 1946/47 ein Fremdsprachenprüfungsamt ins Leben, das für ganz Nordrhein-Westfalen zuständig war und Kenntnisse in den Sprachen Englisch, Französisch, Russisch und Niederländisch vermittelte. Ernst O. Hesse leitete das Amt als Vorsitzender in den nächsten 13 Jahren.

Darüber hinaus gestaltete er die Arbeit von diversen Verbänden nach 1945 in herausgehobener Position mit. Der 1947 gegründete Arbeitgeberverband für die Chemische Industrie Düsseldorfs wählte ihn zum ersten Vorsitzenden. Offenkundig erfüllte Ernst O. Hesse weit mehr als nur seine Pflicht. Er blieb über 27 Jahre an der Verbandsspitze und bekam nach seinem Rücktritt das Bundesverdienstkreuz 1. Klasse verliehen. In den Fachverbänden der Industrie fehlte sein Name ebenso wenig. 1953 richtete der in Frankfurt ansässige Verband der Mineralölfarbenindustrie e.V. eine Fachabteilung

102 Ordensverleihung an Ernst O. Hesse, 1976

Künstlerfarben ein, die er bis zu seinem Tod führte. Sein Engagement in einflussreichen Institutionen der regionalen Wirtschaft und branchenspezifischen Verbänden gründete teils auf seine persönliche Überzeugung (wie etwa seine Auffassung, dass der Umgang mit Fremdsprachen unbedingt gefördert werden müsse), teils auf die Notwendigkeit, berufliche Netzwerke zu erhalten bzw. wieder zu knüpfen, und teils auf sein Bedürfnis, seinen sozialen Status und seine Reputation zu unterstreichen. Möglicherweise entsprang seine Arbeit für die städtische Wirtschaft auch einer gewissen Erwartungshaltung des bürgerlichen Milieus in Düsseldorf. Sein Verhalten entsprach schließlich auch einer grundsätzlichen Haltung mittelständischer Unternehmer in den westlichen Besatzungszonen und der späteren Bundesrepublik. Mit der Übernahme wirtschaftspolitischer Verantwortung dokumentierten zahlreiche Eigentümer-Unternehmer und Geschäftsführer ihre enge Verbundenheit mit »ihrer« Stadt – bis heute ist die enge Verzahnung von Internationalität und Lokalität (die Konzernzentrale bleibt auch bei einer global ausgerichteten Geschäftspolitik vor Ort, das Unternehmen bringt sich in lokale sozialpolitische Projekte ein etc.) eins der wesentlichen Merkmale von »Hidden Champions« im Mittelstand.

Hingegen muss offenbleiben, warum Ernst O. Hesse 1956 vom isländischen Staat zum Honorarkonsul ernannt wurde und er die Interessenvertretung Islands in den Regierungsbezirken Düsseldorf, Mettmann und Münster übernahm. Die Ernennung dürfte ihm gewiss geschmeichelt und seinem Selbstverständnis entsprochen haben, zumal der Titel »Konsul« seinerzeit als eine prestigeträchtige Auszeichnung galt. Die entsendenden Staaten beriefen häufig angesehene Unternehmer vor Ort zu ihren Repräsentanten. Auch hier verlief die Zusammenarbeit augenscheinlich für beide Seiten erfreulich. 1966 wurde Ernst O. Hesse mit dem Ritterkreuz, elf Jahre später mit dem Kommandeurkreuz des Isländischen Falkenordens ausgezeichnet.

DEUTUNGSKÄMPFE. FAMILIENGESCHICHTE(N) VOR GERICHT

Für die Opfer des NS-Regimes, die den alltäglichen Terror und Inhaftierungen überlebt hatten, war die Auseinandersetzung mit den schmerzlichen Folgen ihrer Entrechtung und Verfolgung in der frühen Bundesrepublik fast immer auch eine juristische Angelegenheit. Nach ihrer Rückkehr klagte Gertrud Aeschbach 1949 beim Wiedergutmachungsamt des Landgerichts Düsseldorf 1949 auf Rückerstattung des Grundstücks Goethestr. 21, das sie im Juli 1939 an die Geschäftsstelle der Deutschen Verzinkereien GmbH verkaufen musste. Ein Teil der Immobilie war von dem Käufer im Zweiten Weltkrieg wiederum an die Düsseldorfer Firma A. Bagel veräußert worden. Der Rechtsanwalt der Deutschen Verzinkereien bestritt zunächst, dass Gertrud Aeschbach Haus und Grund aus der Not heraus verkaufen musste, und hielt den Kaufpreis von seinerzeit 58.000 Reichsmark für angemessen. Eine Pflicht zur Rückerstattung sehe er nicht. Zu guter Letzt einigten sich beide Seiten im März 1950 auf einen Vergleich. Die Deutschen Verzinkereien erkannten die Ansprüche Gertrud Aeschbachs nun doch an. Das Unternehmen A. Bagel zahlte 35.000 D-Mark an Gertrud Aeschbach und durfte dafür ihre Parzelle des Grundstücks behalten. Falls Gertrud Aeschbach die Judenvermögensabgabe erstattet bekommen sollte, sollte sie ihrerseits 62 Prozent der Entschädigungssumme an die Deutschen Verzinkereien abtreten.[41]

Genau darüber wurde seit dem Winter 1948/49 verhandelt. Im Dezember 1948 klagte Gertrud Aeschbach gegen das Oberfinanzpräsidium Düsseldorf auf die Rückerstattung der Judenvermögensabgabe (82.400 Reichsmark) der Reichsfluchtsteuer (55.250 Reichsmark) und

103 Drei Generationen: Getrud Aeschbach-Hesse, ihr Sohn Ernst O. Hesse und ihr Enkel Peter Hesse, 1950er Jahre

verschiedener enteigneter Wertpapiere. Es folgten zähe, juristisch schwierige Verhandlungen, die vier Jahre später von der Wiedergutmachungskammer beim Landgericht Düsseldorf zumindest vorläufig entschieden wurden. Gertrud Aeschbach bekam lediglich den Wert jener Dortmunder-Union-Brauerei-Aktien erstattet (nominell 8.500 Reichsmark), die das Bankhaus Trinkhaus am 15. Dezember 1938 an die Preußische Staatsbank (Seehandlung) abgeführt hatte, um einen Teil ihrer Vermögensabgabe zu begleichen. Nur hier ließ sich zweifelsfrei nachweisen, dass die Aktien zunächst in den Sonderdepots für die Judenvermögensabgabe aufgenommen und später zum Verkauf an der Börse platziert worden waren. Nach Ansicht des Gerichts ließen sich mit Bezug auf die bisherigen Gesetze zur Wiedergutmachung von vornherein keine Ansprüche auf die Rückerstattung der in bar gezahlten Judenvermögensabgabe und Reichsfluchtsteuer begründen. Ihre Anträge seien aber eine Angelegenheit, die unter die zukünftigen Entschädigungsgesetze falle, die am 1. Oktober 1956, rückwirkend zum 1. Oktober 1953, in Kraft traten – über weitere Verhandlungen und Entschädigungen liegen keine Unterlagen vor.[42]

Während Gertrud Aeschbach um Wiedergutmachung kämpfte, standen sich ihr Sohn Ernst und ihre Schwiegertochter Ilse aus einem ganz anderen Grund vor Gericht gegenüber. Beide ließen sich 1947 in Düsseldorf scheiden und fanden anschließend schnell neue Lebenspartner. Ernst O. Hesse heiratete im September 1948 Ursula Maria Josefine Patscher, die mit Thomas Ernst Hesse (geb. 1949) und Ariane Gertrud Martha Hesse (geb. 1952) zwei Kinder zur Welt brachte. Seine geschiedene Frau Ilse ging mit dem britischen Rechtsanwalt Merrick ihre zweite Ehe ein.

Kurz vor der Scheidung trafen Ernst O. und Ilse Hesse eine Vereinbarung, die quasi als Ausgleich für die Verdienste Ilses in der NS-Zeit gedacht war. Da sie »während der Kriegsjahre [...] insbesondere für die Gesellschaft lebenswichtige Verhandlungen mit Behörden geführt und hierdurch wesentlich zum Bestand des Unternehmens beigetragen« habe, sei eine »pekuniäre

104 Hochzeit Ernst O. Hesse und Ursula Patscher, 1948

Vergütung« dafür zwar vereinbart, aber bisher nicht zustande gekommen. Die Firma Schmincke verpflichtete sich nun im September 1947, Ilse Merrick bis zum 30. Juni 1952 eine monatliche Rente von 500 Reichsmark zu zahlen.[43]

Ernst O. Hesse sah sich schon bald nicht in der Lage, den Zahlungen nachzukommen. Die Folgen der Währungsumstellung hätten das Unternehmen schwer getroffen, seine Angestellten würden bereits auf ein Drittel ihres Gehalts verzichten, und die restlichen Personalkosten aufzubringen, komme einem erheblichen finanziellen Kraftakt gleich. Für Ernst O. Hesse war es im Juli 1948 »gänzlich unmöglich«, seiner geschiedenen Frau »überhaupt etwas zu zahlen«, und er wusste auch nicht, »welchen Betrag« er »in Zukunft […] werde aufbringen können«. Seiner Auffassung nach habe die Währungsreform und die erneute Heirat Ilses mit einem gut situierten Rechtsanwalt der Vereinbarung sowieso den Boden entzogen.[44]

Beide Parteien stritten rund vier Jahre lang über die Höhe der Zahlungen, Stundungen, Vergleichsvorschläge, ihre finanzielle Situation und juristische Spitzfindigkeiten. Es wurde schnell deutlich, dass es vor allem um ein mit erheblichen Emotionen belastetes Thema ging: Es wurde heftig über die Deutung der jüngsten Familiengeschichte diskutiert. Darüber, wer, was und für wen in der NS- und der Nachkriegszeit geleistet hatte, gab es keinen Konsens.

Ilse Merrick begründete ihre Ansprüche aus der Vereinbarung von 1947 zwar auch mit ihrer schlechten finanziellen Situation. Ein viel wichtigeres Argument war für sie allerdings ihr Verhalten in der NS-Zeit. Sie habe entscheidend zum Erhalt des Unternehmens und des Familienverbands beigetragen.[45] Das »eheliche Leben« sei bereits wenige Jahre nach der Eheschließung im Sommer 1937 »weitgehend zerrüttet« gewesen und seit »Anfang 1938 aufgehoben« worden. Ilse Merrick wollte die Scheidung, die Ernst O. Hesse aber in erhebliche Gefahr gebracht hätte. Ihre Schwiegermutter und ihr Ehemann baten »in dringendster Weise […] immer und immer wieder« darum, von der Scheidung abzusehen, um auch den Bestand der Firma nicht zu gefährden. Nachdem das Betriebsgelände 1943 erheblich zerstört worden war, sei sie »zu den höchsten Stellen vorgedrungen«, um die Genehmigung zum Wiederauf-

105 Ernst O. Hesse, gemalt von Oswald Petersen, 1960er Jahre

bau zu erhalten. Den Ausführungen Ilse Merricks zufolge hatte sie ihren Ehemann über seine bevorstehende Verhaftung durch die Geheime Staatspolizei gewarnt, ihm die Flucht ermöglicht, fünf Leumundszeugnisse hoher Parteifunktionäre besorgt, damit die Verfolgung von Ernst O. Hesse eingestellt wurde, und ihm letztlich das Leben gerettet. Anschließend habe ihr Ehemann unter Zeugen versprochen, die Hälfte seiner Firmenanteile ihr zu überlassen. Nachdem aus der Übertragung nichts geworden sei, betrachte sie die Vereinbarung von 1947 als »das einzige, was [ihr] aus ihren Leistungen heute noch zusteht«.

Zu einer ganz anderen Deutung der jüngsten Unternehmens- und Familiengeschichte kam Ernst O. Hesse, der seiner geschiedenen Ehefrau entschieden widersprach.[46] Er habe auch als Halbjude seinen Geschäften ohne Repressalien des NS-Staats nachgehen können. Dass seine ehemalige Frau schon vor dem Zweiten Weltkrieg die Scheidung gewollt habe, sei doch »schwerlich anzunehmen«, da sie selbst in der Nachkriegszeit von der Scheidungsklage überrascht worden sei. Der von Ilse Merrick vermittelte Eindruck, dass sie unter ihrer Ehe gelitten habe, entsprach nach Meinung von Ernst O. Hesse kaum den Tatsachen. Sie habe im Gegenteil »von ihrer ersten Ehe große Vorteile gehabt«. Bereits in der Vorkriegszeit seien »ihre Bedürfnisse in großzügigster Weise befriedigt worden«. Weiter führten die Anwälte Ernst O. Hesses in seinem Sinne aus: »Während des Krieges hat [Ilse Merrick, Anm.d.Verf.] trotz der sich allmählich verschärfenden Situation auch der Halbjuden [...] eine Wohnung in Traben-Trabach und vorher in Garmisch-Partenkirchen gehabt. Sie hat damals, wenngleich verheiratet mit einem Halbjuden, vermutlich besser und sorgloser leben können, als die Mehrzahl der Frauen in Deutschland«. Zumindest gestand Ernst O. Hesse ein, dass ihm das Engagement Ilse Merricks »Vorteile [...] im letzten Stadium der Judenverfolgung« einbrachten, um im gleichen Atemzug ihr Verhalten zu relativieren. Es sei doch eine »Selbstverständlichkeit, seinen Ehemann, auch wenn man mit ihm in einer nicht sehr idealen Ehe lebt, vor der Verbringung in ein Arbeitslager nach Kräften zu schützen«. Der Wortlaut des 1947 unterzeichneten Kontrakts übertreibe »stark den Wert dieser Dienste«.

Während der Auseinandersetzung durfte sich Ernst O. Hesse der Solidarität seiner Mutter Gertrud sicher sein. Sie hatte ihrer Schwiegertochter Schmuck geschenkt, den sie nun zurückforderte, da sie sich ihr und ihrem Sohn gegenüber »groben Undanks schuldig gemacht« habe. Ilse führe »in gehässiger Weise [...] unter Ausnutzung des freiwilligen, großzügigen Vertrags« Prozesse gegen das Unternehmen Schmincke und damit gegen sie als Kommanditistin, »ohne jede Rücksicht auf die Bedürfnisse und den Stand dieser Firma und die Wiederaufbauarbeit« ihres Sohnes.[47]

Der zähe Streit endete schließlich im Dezember 1951 mit einem Vergleich, den Ilse Merrick beantragte. Schmincke zahlte ihr einmalig und umgehend einen Betrag von 5.000 D-Mark, mit dem »alle Restratenzahlungen [so]wie etwaige sonstige Ansprüche an die Firma« abgegolten waren.[48] Der Streit über die Familiengeschichte während der nationalsozialistischen Diktatur war dagegen noch längst nicht ad acta gelegt und holte Ernst O. Hesse in den 60er Jahren wieder ein.

2. AUFSCHWUNG UND ETABLIERUNG (1953–1974)

KONSOLIDIERUNG IM FAHRWASSER DES WIRTSCHAFTSWUNDERS

Bei Schmincke gehörte seit den ausgehenden 50er Jahren die fortlaufende Modernisierung der Betriebsanlagen zu den Schwerpunkten der Unternehmenspolitik. Mithilfe eines Darlehens der Industriekreditbank in Höhe von 40.000 D-Mark wurden in den 60er Jahren der Füllsaal neu gebaut, an der Schlüterstraße neue Lagerräume errichtet, die Leinwandabteilung von Grund auf erneuert und das gesamte, mittlerweile vermoderte und vom Einsturz bedrohte Gebäude mit Klinkern neu verkleidet.[49] In den Jahren nach dem Wiederaufbau spezialisierte sich Schmincke noch konsequenter als bisher auf die Produktion von erstklassigen Spitzensorten: von feinsten Künstler-Harzölfarben (Mussini), feinsten Künstler-Aquarellfarben (Horadam), weichen Künstler-Pastellfarben und Künstler-Tempera bzw. Gouache. Darüber hinaus wurden »gehobene Zweitsorten« wie die Produktreihe Norma angeboten. Hier wurden hochwertige mit günstigeren Pigmenten kombiniert.[50]

Die weitere Konsolidierung und Expansion der Unternehmen H. Schmincke & Co. und des Import-Großhandels stand unter günstigen gesamtwirtschaftlichen Vorzeichen. Die Jahre des Wirtschaftswunders, das Wachstum des realen Sozialprodukts pro Kopf um durchschnittlich 5,6 Prozent zwischen 1950 und 1965 sowie eine verschwindend geringe Arbeitslosenquote sorgten in Westdeutschland für einen spürbaren Anstieg der Löhne und Gehälter. Das monatliche Nettoeinkommen eines Arbeiterhaushalts stieg von durchschnittlich 474 D-Mark (1955) auf 1.290 D-Mark (1970). In Haushalten von Angestellten und Beamten erhöhte sich das Einkommen von 570 auf 1.389 D-Mark, von Selbstständigen von 754 auf 2.147 D-Mark. Die Rentenreform von 1957 und die Dynamisierung der Alterseinkommen, die mit der Erhöhung von Löhnen und Gehältern stiegen, ermöglichten auch Rentnerhaushalten, die 1955 auf Nettoeinkünfte von 232 D-Mark und 1970 von 704 D-Mark kamen, die begrenzte Teilhabe am Wohlstandskonsum der 60er Jahre.[51] Für die Arbeitnehmer der Wirtschaftswunderjahre erhöhte sich parallel zu den wachsenden Einkommen dank der Fünftagewoche und dem Bundesurlaubsgesetz auch das Volumen der arbeitsfreien Zeit. Alles in allem sank die Zahl der durchschnittlichen Arbeitstage im Jahr von 248 in 1960 auf 216 in 1970.[52]

In Düsseldorf gewann der Wirtschaftsaufschwung seit den frühen 50er Jahren ebenfalls gehörig an Tempo. Das produzierende Gewerbe und die Dienstleistungsbranche wuchsen kräftig. Die Industriebetriebe hatten 1952 das Niveau der Vorkriegsproduktion erreicht, vermeldeten in den nächsten Jahren mitunter zweistellige Wachstumszahlen und wiesen 1961 mit insgesamt 128.500 Arbeitnehmerinnen und Arbeitnehmern einen Beschäftigungsrekord aus. Zugleich war der gesamtwirtschaftliche Strukturwandel unverkennbar. Immer mehr

106 Blick in den Füllsaal, 25-Jahr-Feier Frau Ringling, 1960er Jahre

Beschäftigte fanden in Dienstleistungsunternehmen ihr Auskommen. Der Anteil der Beschäftigten im tertiären Sektor nahm von 50 Prozent 1950 auf 53 Prozent 1961 zu und stieg bis in die späten 70er Jahre auf fast 70 Prozent. Zu den Branchen, die im Wirtschaftswunder und danach besonders stark expandierten, gehörten das Kreditwesen, die Versicherungen und die Unternehmen in der Gesundheitsbranche.[53]

Auch die Kunstszene, die häufig Trends setzte und zu den Zentren des kulturellen Lebens in Westdeutschland gehörte, trug einiges zum guten Ruf der Stadt bei. Die Kunstakademie gewann 1961 mit der Berufung von Joseph Beuys zum Professor für Bildhauerei bei Studierenden sowie bei Künstlern an Attraktivität und stieß neue Kunstpraktiken an. Nach ihrer Flucht aus der DDR nahmen hier 1961/62 Gerhard Richter und Sigmar Polke ihr Studium auf. Die ehemaligen Akademieschüler Heinz Mack, Otto Piene und Günter Uecker bildeten den Kern der Künstlergruppe ZERO (1957–1966), die mit neuen Materialien experimentierten (u.a. Metallfolien, Nägel und Feuer). Die 1961 eröffnete Stiftung Kunstsammlung Nordrhein-Westfalen trug unter ihrem langjährigen ersten Leiter Werner Schmalenbach Meisterwerke der klassischen Moderne zusammen und machte sich überregional bald einen Namen. Neben den bewährten Institutionen wurden Lokale, Galerien und Ateliergemeinschaften zu neuen Foren, die zur Kommunikation über Kunst und Kultur einluden. Die facettenreiche »Düsseldorfer Szene [...] war auf der Höhe der Zeit und hat in vielen Fällen die Welt auf sich aufmerksam machen können«.[54]

Für das Geschäft von Schmincke dürfte noch ein weiterer Zusammenhang bedeutend gewesen sein. Steigende Einkommen und die Zunahme arbeitsfreier Zeit wirkten unmittelbar auf die Struktur des privaten Konsums sowie die Höhe und die Art der Freizeitausgaben zurück. Arbeitnehmerhaushalte mit einem durchschnittlichen Einkommen investierten Mitte der 50er Jahre noch etwa 65 bis 70 Prozent ihres verfügbaren Einkommens in Güter des lebensnotwendigen Bedarfs (Nahrung, Kleidung, Wohnen, Gesundheit, Körperpflege). In den nächsten rund 15 Jahren ging ihr Anteil auf unter 50 Prozent zurück.[55]

In allen Haushalten nahmen die finanziellen Ausgaben für die Freizeitgestaltung seit Mitte der 60er Jahre zu. Der Haushaltstyp I (Zweipersonenhaushalte von Rentnern und Sozialhilfeempfängern mit geringerem Einkommen) gab 1965 21,07 D-Mark, zehn Jahre später 63,95 D-Mark des frei verfügbaren Einkommens für die Freizeit aus. Im gleichen Zeitraum stiegen die Freizeitausgaben im Haushaltstyp II (der für die Statistiker »klassische« Vierpersonenhaushalt von Arbeitnehmern mittleren Einkommens) von 94,05 auf 283,08 D-Mark sowie im Typ III (Haushalte besser verdienender Angestellter und Beamter) von 233,51 auf 502,61 D-Mark.[56] Ferner ist der Wandel in der Struktur der Freizeitausgaben bemerkenswert. Die typischen Freizeitformen in der frühen Bundesrepublik wie die Lektüre von Zeitungen, Zeitschriften und Büchern oder die Gartenpflege verloren seit Mitte der 60er Jahre an Bedeutung. Statt des »klassischen« stand in den nächsten Jahren nunmehr der »aktive Freizeitkonsum« im Vordergrund. Umso mehr Zeit und Geld brachten die Westdeutschen für Heimwerken und Basteln sowie für das eigene Kraftfahrzeug auf.[57]

In den 60er Jahren erweiterte Schmincke ihr Programm in zwei wesentliche Richtungen. Seit 1965 wurden auch Künstlerfarben mit Acrylharz-Dispersionsbindemitteln angeboten, die gewissermaßen eine moderne Form der traditionellen »Klecksographie« ermöglichten. Die Acrylharzfarben überzeugten mit weit überdurchschnittlicher Leuchtkraft, außergewöhnlicher Lichtechtheit und einer speziellen Konsistenz. Zwischen einem gefalteten mittelstarken Papierbogen aufgetragen, wurden die Farben durch den Druck der Finger oder des Handballens geschoben, geknetet und vermischt. Ihre lange Trockenzeit ließ fortlaufende Korrekturen ohne große Mühen zu. Die neue Marke PRIMAcryl mit ihren insgesamt 28 Farbtönen war daher für unterschiedliche Zielgruppen interessant. Die vielseitige Maltechnik bot dem professionellen Künstler einige ganz neue Möglichkeiten. Vielleicht noch wichtiger war jedoch, dass mit der neuen Produktlinie »eine ideale Hobby-Kunst für alle gefunden wurde«. Auch denjenigen, die nicht das Talent mitbrachten, mit ansprechenden Ergebnissen zu malen oder zu zeichnen, stand nun mit handwerklich eher einfachen Mitteln der Weg zu Arbeiten mit bemerkenswerten Farb- und Formenspielen offen.[58]

Außerdem gelang es Schmincke in der zweiten Hälfte der 60er Jahre, gemeinsam mit den Chr. Hostmann-Steinberg'sche Farbenfabriken in Celle und der in Stuttgart ansässigen Kast + Ehinger Druckfarbenfabrik GmbH, ein bei Grafikern und Druckern vieldiskutiertes Problem innovativ zu lösen. Mehrfarbige Drucksachen

107 »75 Jahre Schmincke«, 17. Oktober 1957

gaben im Ergebnis die Farben der vorgelegten Entwürfe nur unzureichend wieder. Den Druckereien fehlten häufig die Zeit und auch die Kompetenz, die korrekte Druckfarbe zu mischen. Überdies ließen sich bestimmte Farbtöne aus chemotechnischen Gründen nicht über herkömmliche Druckverfahren reproduzieren. Was Auftraggebern, Grafikern und Druckern fehlte, war ein überschaubares Set von Farben, die sich zuverlässig nachdrucken ließen. Auf der Grundlage des bewährten Schmincke-Sortiments Plakat-Tempera-Entwurfsfarben entwickelten die drei Firmen ein System einheitlicher Entwurfsfarben und bögen sowie Druckfarben. Der Grafiker wählte einen Farbton als Entwurfsfarbe oder -bogen aus, der Drucker griff anschließend auf die entsprechende Druckfarbe zurück. Das neue »HKS-System« brachten die beteiligten Unternehmen mit erheblichem Aufwand in den Markt. Annährend 10.000 Agenturen, Werbeabteilungen von Unternehmen und namhafte Grafiker wurden mit Informationssendungen versorgt, die Fachhändler ausführlich in Kenntnis gesetzt.[59]

109 Prospekt PRIMAcryl, Acrylharz-Künstlerfarben, Mitte der 1960er Jahre

108 Hauptpreisliste Nr. 58 zum Jubiläum »75 Jahre Schmincke 1882–1957«, 1957

Die Entwicklung, der technische Durchbruch und die Vermarktung des »HKS-Systems« wurden bei Schmincke bereits von der nachrückenden Generation wesentlich vorangetrieben. Die grundsätzliche Idee und die wesentlichen Schritte zur Problemlösung gingen auf Peter Hesse – ältester Sohn von Ernst O. Hesse – zurück, der bei seinem Vater mit Erfolg für das Projekt geworben und ihn davon überzeugt hatte, erste Kontakte mit den Kooperationspartnern herzustellen.[60]

CORPORATE GOVERNANCE. DIE EIGENTÜMERFAMILIE HESSE UND DIE SOZIALISATION DER NACHWACHSENDEN GENERATION

Die Corporate Governance der Firma H. Schmincke blieb nach dem Wiederaufbau in ihrem Kern unverändert. Sowohl sämtliche Firmenanteile als auch die Füh-

110 Farbtonkarte HKS-Plakat-Tempera, Repro-geprüfte Entwurfsfarben Sorte 25, ab 1968

rung des Unternehmens blieben in Familienhand. Die größte Beteiligung hielt laut Eintrag ins Handelsregister vom 2. Oktober 1961 Gertrud Aeschbach mit einer Einlage von 207.000 D-Mark. Peter, Thomas und Ariane Hesse waren mit jeweils 20.000 D-Mark beteiligt. An der Spitze des Unternehmens war der persönlich haftende Gesellschafter Ernst O. Hesse für das operative Geschäft verantwortlich. Bei der Firmenleitung stand ihm der Einzelprokurist Günter Raffegerst zur Seite (Prokura wurde auch Ursula Hesse verliehen; über ihre Bedeutung für die Unternehmensführung geben die verfügbaren Quellen keine Auskunft).[61]

Wie in allen Unternehmerfamilien wurde auch dem Nachwuchs der Familie Hesse die hohe Bedeutung des Unternehmens in den Kinder- und Jugendjahren bewusst: »Die Firma war im Alltagsleben immer da. Bei uns hing ein Bild des Großvaters in der Wohnung. Unser Vater kam jeden Tag zum Mittagessen und sprach über Farben und Motoren, Messen, Ersatzteile und über konkurrierende Unternehmen. Bei Themen, die uns nichts angingen, wurde englisch, später auch französisch gesprochen«, erinnert sich Ariane Hesse an den Familienalltag.[62] Das enge Wechselverhältnis zwischen Familie und Unternehmen kam besonders auch in den Weihnachtsfeiern des Unternehmens zum Ausdruck: »Die Feiern im Füllsaal haben mich regelmäßig fasziniert. Vorher war ich im Büro meines Vaters, alle waren gut gekleidet, es gab Ansprachen, es gab beeindruckende Sopran-Stimmen zu hören, es gab Geschenke an die Belegschaft. Das war alles ein Symbol für das Bild der einen Familie«, führt Ariane Hesse weiter aus.[63]

Erziehung und Ausbildung entschieden früh darüber, wer zukünftig einmal dem Familienmitglied in der Geschäftsführung nachfolgen sollte. Ernst O. Hesse gehörte noch einer Generation von Unternehmern an, für die es, von wenigen Ausnahmen abgesehen, geradezu selbstverständlich war, ausschließlich männlichen Nachfahren die Türen für eine berufliche Laufbahn im eigenen Familienbetrieb zu öffnen. Daher war es nicht überraschend, dass seine Tochter Ariane zwar über ihre Funktion als Gesellschafterin regelmäßige über den unternehmenspolitischen Kurs mitentschied, aber niemals als Mitglied der Geschäftsführung vorgesehen war. Entsprechend ging ihr beruflicher Weg in eine ganz andere Richtung. »Mein Vater hat mich sehr ermuntert, zu studieren, um später finanziell und materiell unabhängig zu bleiben. Ich habe kurz mit einem Chemie-Studium geliebäugelt. Die konkreten Studieninhalte waren für mich dann aber nicht so richtig greifbar«, blickt Ariane Hesse zurück, die sich für das Studium der Zahnmedizin entschied.[64] Der Promotion und der Facharztausbildung folgten zwischen 1985 und 2014 entsprechende berufliche Tätigkeiten in diversen Zahnarztpraxen. Zusätzlich absolvierte Ariane Hesse von 1989 bis 1992 eine Ausbildung zur Lehrerin der F. M. Alexander-Technik, einer besonderen Denk- und Wahrnehmungsform, die herkömmliche Bewegungsmuster bewusst verändert und zu einem achtsameren und bewussteren Lebensstil

H. Schmincke & Co. · Düsseldorf · Fabrik feinster Künstlerfarben

20. Mai 1968
ph/die

Sehr verehrte Damen, sehr geehrte Herren,

Anfang Juni dieses Jahres wird den Grafikern Deutschlands ein System einheitlicher Entwurfsfarben, Entwurfsbogen und Druckfarben vorgestellt, das auf unserer Plakat-Tempera Sorte 25 aufbaut. Es wird die größte Werbeaktion, an der Schmincke jemals teilnahm.

Zwei führende Druckfarben-Hersteller, Hostmann-Steinberg ("H") und Kast + Ehinger ("K"), haben sich mit Schmincke ("S") zur "HKS"-Gemeinschaft zusammengeschlossen und stellen Anfang Juni ihr gemeinsam entwickeltes HKS-System der Öffentlichkeit vor.

Die wichtigsten Einzelheiten und Zusammenhänge ersehen Sie aus dem Text auf der Farbkartenrückseite. Auch über die Werbeaktion informieren wir Sie auf Wunsch natürlich gern genau. Hier nur das Wichtigste :

1. Praktisch alle bedeutenden Fachzeitschriften des grafischen Gewerbes werden ausführlich über HKS berichten.
2. Alle drei HKS-Firmen haben ihre Endverbraucher-Adressen zusammengelegt und werden eine große Direktwerbeaktion durchführen.
   Über 10.000 Werbeagenturen, Werbeabteilungen großer Unternehmen und bekannte Grafiker erhalten eine überzeugende Informationssendung.

Seien Sie auf HKS vorbereitet. Die Nachfrage kommt bestimmt.
Bestellen Sie rechtzeitig HKS-Plakat-Tempera und -Entwurfsbogen
– am besten jetzt gleich mit dem anhängenden Bestellvordruck.

Mit freundlichen Grüßen

H. Schmincke & Co.
ppa.

HKS-Bestellung zur sofortigen Lieferung
Sorte 25 Plakat-Tempera / Sorte 26 Entwurfsbogen

Nr.	Sorte 25 Tb 3	Sorte 25 Tb 7	Sorte 26
201			
202			
203			
204			
205			
206			
207			
208			
311			
312			
313			
314			
315			
316			
317			
318			
321			
322			
323			
324			
325			
326			
327			
328			
331			
332			
333			
434			
435			
436			
437			
438			
441			
442			
443			
444			
445			
446			
447			

Nr.	Sorte 25 Tb 3	Sorte 25 Tb 7	Sorte 26
448			
551			
552			
553			
554			
555			
556			
557			
558			
561			
562			
563			
564			
565			
566			
567			
268			
671			
672			
673			
674			
675			
676			
677			
678			
681			
682			
683			
684			
788			
789			
791			
792			
793			
795			
796			
797			
198			
199			

111 Kundenanschreiben von Schmincke zur Einführung von HKS-Plakat-Tempera und HKS-Entwurfsbögen, inklusive Bestellformular, 20. Mai 1968

beiträgt. 2001 ließ sie sich als Heilpraktikerin und Lehrerin nieder. Seit 2016 arbeitet Ariane Hesse ausschließlich als Pädagogin für die Alexander-Technik.

Für den zweitgeborenen Sohn lief die Sozialisation ebenfalls nicht unbedingt auf eine Karriere im eigentümergeführten Unternehmen hinaus. Thomas Hesse unterstrich seine Talente früh auf einem ganz anderen Gebiet, studierte Mathematik in Zürich und schulte gleichzeitig durch den Besuch von Informatikseminaren und Aufträgen als freier Programmierer seine EDV-Kenntnisse in Theorie und Praxis. Nach dem Studium stand er bei der Siemens AG zunächst als Dozent an der Schule für Datentechnik, später als Produktplaner im Vertrieb und im Marketing unter Vertrag. Anschließend arbeitete Thomas Hesse, der sich früh mit Datenbanksystemen, vor allem mit Datenmodellen, Informationsanalysen und logischen Datenbankentwürfen auseinandersetzte, als freier Berater und stand besonders Anwendern des von IBM entwickelten Systems »DB 2« zur Seite.[65]

Die Position des Kronprinzen nahm, den Gepflogenheiten der meisten Familienunternehmen entsprechend, der älteste Sohn des geschäftsführenden Familienmitglieds ein. Am 5. April 1937 in Port Chester (New York) geboren, wuchs Peter Hesse nach der Rückkehr der Familie in das nationalsozialistische Deutschland zunächst bei seinen Eltern auf und verbrachte nach der Auswanderung seiner Großmutter in die Schweiz 1944 mehrere Monate in Genf. Nach dem Kriegsende besuchte er das Internat in Schloss Salem am Bodensee. Das am 20. April 1920 von Max Prinz von Baden, dem Pädagogen Kurt Hahn und dem Schulreformer Karl Reinhardt gegründete Landschulheim verstand sich zunächst als ein Ort nationalkonservativer Erziehung. Für die inhaltliche Gestaltung des Unterrichts waren in der Zeit vor und nach dem Zweiten Weltkrieg der erlebnispädagogische Ansatz Kurt Hahns und seine »Sieben Salemer Gesetze« maßgeblich. Kindern und Jugendlichen sollte u.a. die Möglichkeit eröffnet werden, ihre Talente und Passionen selbst zu entdecken, ihrer Fantasie freien Lauf zu lassen sowie »Triumpf und Niederlage [zu] erleben«.

Die Atmosphäre des Internats behagte Peter Hesse anfangs wenig. Er fühlte sich im Schloss Salem »zunächst unglücklich und vermeintlich ungeliebt«.[66] Es

112 Thomas Hesse, Ende der 1950er Jahre

brauchte seine Zeit, bis er die spezifischen Unterrichtsangebote und ihre pädagogischen Ziele zu schätzen wusste. Mal-, Musik- und Tanzkurse förderten sein Selbstwertgefühl. Überdies bot die Schule einen Raum, um »mit 16 Jahren [...] erste Weltverbesserungs-Utopien« zu »erträumen und [zu] diskutieren«.[67] Zu den Erfahrungen, die ihn während seiner Schulzeit besonders prägten, gehörte u.a. ein Vortrag Kurt Hahns. Sein Plädoyer, stets für Lernprozesse offen zu sein und eigene, »als richtig erkannte« Überzeugungen auch gegen Widerstände zu verfolgen, machte sich Peter Hesse fortan zu eigen. »Unter dem Eindruck von Kurt Hahn begann sich bei mir in Salem ein Lebensprinzip zu bilden, das in den nächsten Jahren immer deutlichere Konturen bekam und eigentlich bis heute mein Handeln wesentlich bestimmt: Bleibe offen, lerne. Wenn du einmal etwas als richtig erkannt hast, gehe auch gegen den Strom. Das ist mein Lebensmotto geworden, dazu stehe ich völlig. So

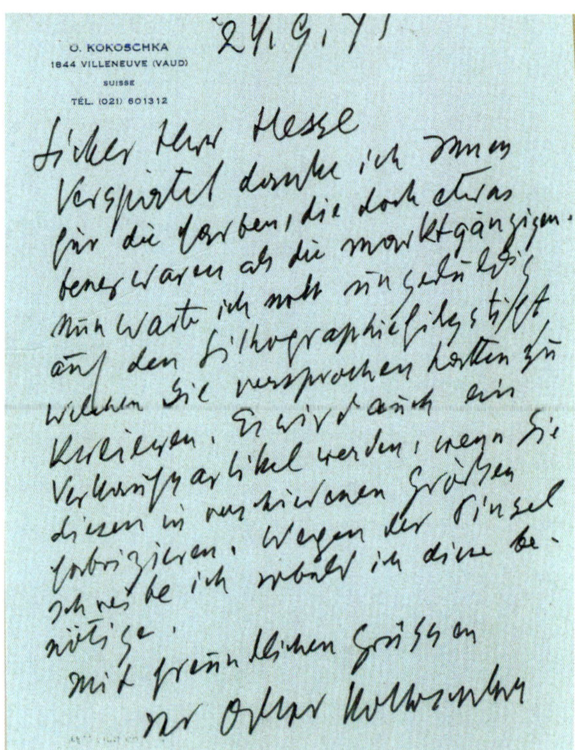

O. KOKOSCHKA
1844 VILLENEUVE (VAUD)
SUISSE
TÉL. (021) 601312

24.9.71

Lieber Herr Hesse
Verspätet danke ich Ihnen
für die Farben, die doch etwas
besser waren als die marktgängigen.
Nun warte ich noch ungeduldig
auf den Lithographiefettstift,
welchen Sie versprochen hatten zu
kreieren. Es wird auch ein
Verkaufsartikel werden, wenn Sie
diesen in verschiedenen Größen
fabrizieren. Wegen der Pinsel
schreibe ich sobald ich diese benötige.
Mit freundlichen Grüßen
Ihr Oskar Kokoschka

113 Schreiben von Oskar Kokoschka an Ernst O. Hesse, 1971

Erinnerungen von Thomas Hesse an einen Besuch bei Oskar Kokoschka

Meine Eltern verbrachten den Sommer seit den späten 60er Jahren in der Schweiz am Genfer See in der Nähe von Nyon. Ebenfalls am Genfer See lebte von 1953–1980 der Maler Oskar Kokoschka, und zwar in Villeneuve. Meinem Vater gelang es, einen Besuch meiner Eltern dort zu arrangieren. Ich erinnere mich an eine kleine Anekdote, die Vater von diesem Besuch berichtete. Er ging mit Kokoschka durch dessen Garten, und dabei zeigte Kokoschka auf eine bestimmte rote Rose. »Diesen Farbton hätte ich gerne von Ihnen!«, sagte Kokoschka dazu. Was allerdings aus dieser Bitte geworden ist, habe ich leider nicht erfahren.

auch innerhalb der Familie zu leben und zu agieren, war gewiss häufig auch schwierig«, führt Peter Hesse aus.[68]

Einen tiefen Eindruck hinterließ auch die Aufnahme von 120 ungarischen Flüchtlingen, die 1956 während des revolutionären Aufstands gegen die kommunistische Partei ihr Heimatland verlassen hatten. Für mehrere Wochen betreute er als »Kapitän für Auswärtiges« in der Schülerselbstverwaltung die Flüchtlinge mit. Im Rückblick deutete er seine Mithilfe als »erste Management-Aufgabe«, die er erfolgreich bewältigte.[69]

Einem zwölfmonatigen Aufenthalt an der Philips Academy in Andover (Massachusetts) und einer Zeit »fast totaler Freiheit […], aber ohne tieferen Sinn«,[70] folgte ein betriebswirtschaftliches Studium in München, das Peter Hesse 1963 als Diplom-Kaufmann abschloss. Anschließend begann seine Laufbahn im elterlichen Familienunternehmen H. Schmincke & Co., das seiner Ansicht nach Gefahr lief, seine gute Marktposition zu verspielen. Bereits als Student habe er mit Sorge beobachtet, »wie die schöne alte Familienfirma trotz traditionell bester Qualitätsproduktion im Markt nur langsam vorankam«. Mit ihrem »rein produktorientierten Kurs« sei Schmincke auf Dauer der »geschickter verkaufenden Konkurrenz« unterlegen. Daher habe er geglaubt, den Familienbetrieb »retten zu müssen«.[71] Hinzu kam die Überzeugung, dass sein Vater zu viel Leidenschaft und zu viele finanzielle Ressourcen in das Geschäft mit Außenbordmotoren investiere und das Entwicklungspotenzial Schminckes nicht ausschöpfe.[72]

Die ersten beruflichen Schritte verliefen allerdings nicht unbedingt nach Plan. »Viele Betriebswirtschaftler haben nach dem Studium gedacht: Wir sind die Größten. Dazu gehörte ich gewissermaßen auch und musste dann in der Berufspraxis erst einmal einiges lernen.«[73] Sein Versuch, eine Kundenerfassungskarte einzuführen, scheiterte, da die notwendigen technischen Voraussetzungen fehlten. Ohne Unterstützung eines EDV-Systems war es unmöglich, die Daten regelmäßig zu pflegen. Peter

Hesse gewann grundsätzlich den Eindruck, dass ihm das Studium kaum eine Hilfe war, um in der Berufspraxis zu bestehen, die ihn immer wieder schlichtweg frustrierte. Leise Zweifel an seinen praktischen Kompetenzen in Teilen der Belegschaft kamen hinzu. Im Rückblick beurteilte er seine Entscheidung, nach dem Studium unmittelbar bei Schmincke einzutreten, als Fehler. Statt »im eigenen Familienunternehmen in Fettnäpfchen zu treten«, wäre es sinnvoller gewesen, die berufliche Laufbahn in einem anderen Familienbetrieb zu beginnen oder womöglich erst zu promovieren.[74]

»Ich bin zwar formal eingetreten, hatte aber nichts zu sagen. Ich durfte alles tun, aber nichts entscheiden. Die erste Aufgabe, die mein Vater mir anvertraut hat, war die Reorganisation der Druckerei mit zwölf Beschäftigten, die überhaupt nicht lief und schwere Verluste machte. Das ist mir auch gelungen. Hier haben mir die Organisationsfähigkeiten, die ich in Salem erworben hatte, geholfen«, blickt Peter Hesse zurück, der anschließend begann, auf eigene Initiative hin zahlreiche Kunden Schminckes zu besuchen, um sich einen persönlichen Eindruck über ihre Bedürfnisse zu verschaffen.[75]

Gleichsam »vom Kunden her zu denken«, kam bei Peter Hesse nicht von ungefähr. Bereits während des Studiums übten moderne Management- und Marketingmethoden eine bemerkenswerte Faszination auf ihn aus, der in München regelmäßig Veranstaltungen bei Robert Nieschlag, einem der Protagonisten der neuen Marketinglehre in den 60er Jahren, besucht hatte und zu seinem Schüler wurde. Für Peter Hesse hätte es durchaus die Möglichkeit gegeben, sein Interesse am Marketing-Management im wissenschaftlichen Kontext fortzusetzen. Er hätte am Lehrstuhl von Robert Nieschlag Assistent werden und eine Dissertation verfassen können, entschied sich letztlich aber dafür, die in Westdeutschland noch neue Marketing-Management-Lehre breiteren Kreisen zu vermitteln.[76]

Seinem Ziel, möglichst vielen gleichgesinnten Nachwuchskräften neue Managementansätze bekannt zu machen, wollte Peter Hesse zum einen mithilfe des Bundesverbands Junger Unternehmer (BJU) näher kommen, in dem er zwischen 1966 und 1968 als Regionalvorsitzender und Mitglied im Bundesarbeitsausschuss auch offizielle Funktionen übernahm. Der BJU organsierte in Eigenregie zahlreiche Fortbildungskurse, die an der Universität nicht im Mittelpunkt standen. Die Inhalte der Veranstaltungen reichten von Analyse- und Planungstechniken über Teamarbeit, Entscheidungs- und Kommunikationsfähigkeiten bis hin zu Kreativitätstraining und Gruppendynamik im Management. Zum anderen absolvierte Peter Hesse in Großbritannien eine qualifizierte Ausbildung zum Managementtrainer und hielt neben seiner Arbeit bei Schmincke in den 60er und 70er Jahren einschlägige Seminare in der Industrie und in diversen Bildungsinstitutionen ab. [77]

Zu seinen Visionen gehörte auch die Idee, grundlegende Managementkenntnisse europaweit schon in der Schule zu unterrichten. Peter Hesse beteiligte sich 1969 an der Gründung des »Komitee für Managementbildung in Europa«, das in den nächsten rund fünf Jahren 17 Arbeitsreffen organisierte und schließlich ein vierstufiges »Management-Bildungskonzept« zu Papier brachte. Der entscheidende Schritt, die Umsetzung des Konzepts in die Praxis, gelang jedoch nicht. Zu wenig Werbung für die Grundidee, »langatmige Formaldiskussionen« mit Vertretern der Bundesländer, Vorbehalte auf der Länderebene und die mangelnde Bereitschaft der klassischen universitären Lehre, sich auf neue Ideen einzulassen, ließen das Vorhaben platzen. Aus dem Komitee ging 1974 die von Peter Hesse mitgegründete Deutsche Management-Gesellschaft hervor.[78]

Mit beachtlichem Erfolg hielt Peter Hesse in den 60er Jahren Marketing-Management-Kurse in namhaften deutschen Unternehmen ab. Zu seinen Kunden gehörte auch die Bayer AG, die ihm 1968/69 ein inhaltlich und finanziell gleichermaßen attraktives Angebot unterbreitete. Nach Managementseminaren, die von den Nachwuchs- und Führungskräften des Konzerns hervorragend aufgenommen worden waren, lag die Offerte auf dem Tisch, bei Bayer das Marketing-Management aufzubauen. Trotz der Begeisterung für die Sache – es gab im Übrigen die Vereinbarung mit seinem Vater, dass er sich zwei Monate im Geschäftsjahr alleine seinen Seminaren widmen durfte – lehnte Peter Hesse das lukrative Angebot ab. Am 1. Januar 1971 wurde er neben seinem Vater zum geschäftsführenden Gesellschafter bei H. Schmincke & Co. ernannt. Warum entschied er sich am Ende für eine Laufbahn im fami-

Warum die Pastelle von Schmincke keine "Kreiden" sind oder: Farben so zart wie Samt und Seide

Auch wenn die unübertroffene Weichheit und Qualität der feinsten Schmincke Pastelle in Fachkreisen legendär ist, hört man gelegentlich in diesem Zusammenhang den Begriff "Kreide". Dies mach vielleicht nicht verwundern, wenn man bedenkt, daß viele Hersteller eben diese Kreide als wichtigen Bestandteil ihrer Pastelle einsetzen. Diese Stifte nennen sich deshalb "Pastellkreiden". Dies kann gelegentlich auf Kosten der Qualität gehen, sowohl beim Farbauftrag, als auch bei der Weichheit der Stifte. Damit unterscheiden sich diese Stifte wesentlich von den samtigen und einzigartigen Pastellen von Schmincke, die keinerlei Kreide enthalten!

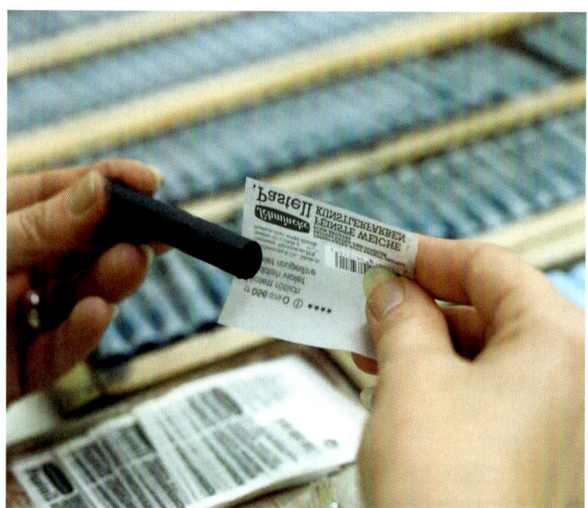

Und genau hier besteht der wesentliche Unterschied zu den "Pastellkreiden" anderer Hersteller: Mit Pastellen von Schmincke ist man praktisch am Ursprung der Farbe. Unsere Rundstifte bestehen lediglich aus den besten Künstlerpigmenten sowie einem Minimum an Bindemittel. Dieser Bindemittelanteil ist so gering, daß die mittelfein geriebenen Pigmente gerade noch einen stabilen Verbund bekommen.

Daher kommt das Arbeiten mit unseren Pastellen auch der Malerei und nicht dem Zeichnen gleich, denn der Maler arbeitet hier im wahrsten Sinne direkt mit dem Pigment. Die hierfür erforderliche und außergewöhnliche Rezeptur, die einen einzigartig starken Farbauftrag garantiert, erfordert ein ebenso einzigartiges Herstellungsverfahren - die Manufaktur: In einem traditionellen und sehr aufwendigen Verfahren formen zunächst Schneckenpressen den vorgekneteten Teig zu runden Strängen, die anschließend von Hand abgenommen und in drahtbespannten Rahmen auf die passende Länge geschnitten werden. Die noch feuchten Stifte müssen etwa 8 Tage an der Luft trocknen, bis sie anschließend per Hand etikettiert werden. Ein maschinelles Produzieren unserer Pastelle ist aufgrund der besonders feinen Rezepturen nicht möglich - die kostbaren Stifte könnten zerbrechen. Wichtig ist uns außerdem die garantierte Konstanz von Qualität und Weichheit über alle Produktionen hinweg, d.h. der Künstler kann sicher sein, jederzeit seinen Farbton in gleicher Qualität vorzufinden.

Bei Schmincke war man sich schon immer einig, daß Qualität an erster Stelle steht. So halten wir bei unseren Pastellen bewußt an der traditionellen Herstellung fest, um die bestmögliche und vor allem gleichbleibende Qualität zu erreichen. Und deshalb nehmen wir uns die erforderliche Zeit und erschaffen all unsere 400 unterschiedlichen Pastellstifte in diesem aufwendigen Herstellungsverfahren.

Nur so können wir dem Maler eines garantieren: Pastelle von Schmincke sind

Farben so zart wie Samt und Seide!

lieneigenen Unternehmen und gegen ein finanzstarkes Großunternehmen, das verlockende berufliche Perspektiven versprach? »Das ist eigentlich ganz einfach«, gibt Peter Hesse selbst die Antwort: »Ich glaubte, dass wir in einer wunderschönen Branche sind, und ich wusste, dass meine Vorfahren da etwas richtig gemacht hatten. Das bereits gewachsene Traditionsbewusstsein und der besondere Spirit eines Familienunternehmens gaben schließlich den Ausschlag, bei Schmincke zu bleiben.«[79]

Wirtschafts- und ordnungspolitisch bekannte er sich zur sozialen Marktwirtschaft. Sein gesellschaftspolitisches Credo »Zusammenarbeit mündiger Bürger statt Bevormundung« sah er besonders im Parteiprogramm der CDU verwirklicht. In ihre politische Arbeit vor Ort brachte sich Peter Hesse seit 1974 aktiv ein. Er veranstaltete Seminare zum Thema »Soziale Marktwirtschaft« für die CDU Düsseldorf, trat 1975/76 als ihr Kandidat für den Bundestags-Wahlkreis Düsseldorf-Süd an (und zog knapp den Kürzeren), gehörte von 1976 bis 1982 zum CDU-Kreispartei-Vorstand Düsseldorf und übernahm von 1984 bis 1988 den Vorsitz des örtlichen CDU-Ortsverbandes Zoo. 1983 hob er in der CDU einen entwicklungspolitischen Arbeitskreis aus der Taufe, der von ihm selbst geleitet wurde. Weitere Engagements in der Entwicklungspolitik der Partei auf Bundes- und Landesebene folgten. Wie sein Vater übernahm Peter Hesse schließlich auch Aufgaben in Unternehmer- und Branchenverbänden. Von 1978 bis 1987 leitete er den Düsseldorfer Arbeitgeberverband der chemischen Industrie. Ebenfalls seit 1978 gehörte er zum Vorstand der Unternehmerschaft Düsseldorf und Umgebung e.V.[80]

DER IMPORT-GROSSHANDEL. STRUKTURWANDEL UND EXPANSION

Ein ausgesprochen wichtiges Standbein der Firma und der Familie blieb das Geschäft mit Außenbordmotoren, das nach einem Großauftrag der Bundeswehr in den 60er Jahren mehr denn je florierte und nach Meinung von Ernst O. Hesse fast schon einer Lebensversicherung für H. Schmincke & Co. gleichkam: »Ich lebte mit meiner Familie einzig und allein von der Firma Ernst O. Hesse, so dass Schmincke mit mir und meiner Familie in keiner Weise belastet wurde […]. [Ich] zahlte obendrein noch lange in vielen Fällen Steuern, die auf mich persönlich entfielen, aufgrund meiner Komplementäreigenschaft bei Schmincke, aus der Kasse der Firma Ernst O. Hesse. Es wäre wahrscheinlich für die Firma Schmincke unmöglich gewesen, zu einer gesunden Finanzierung zu kommen ohne diese sehr große Hilfestellung.«[81] Wichtige Aufgaben lagen unverändert auf den Schultern von Ursula Hesse. Sie begleitete ihren Ehemann auf Geschäftsreisen ins Ausland, war an allen wesentlichen Verhandlungen beteiligt und entschied bei der Auswahl leitender Angestellter mit.[82]

Als die OMC 1963 ihr Exportgeschäft neu ordnete, war zunächst unklar, ob die Erfolgsstory des Import-Großhandels eine Fortsetzung finden würde. Die US-amerikanische Firmengruppe beschloss, in Zukunft den Import von Evinrude- und Johnson-Motoren in allen Ländern auf die Schultern von zwei unterschiedlichen Vertretern zu legen. Ernst O. Hesse verlor das Geschäft mit Evinrude-Motoren und konzentrierte sich fortan auf den Import der Johnson-Modelle, die er sowieso für die attraktivere, in Westdeutschland besser eingeführte Marke hielt.[83]

Der Verlust änderte nichts daran, dass der Import von Außenbordmotoren ein lukratives Geschäft blieb. Bereits ein Jahr später erzielte Ernst O. Hesse mit dem Verkauf von Johnson-Motoren einen Umsatz, der genauso hoch lag wie vor der Reorganisation des Importgeschäfts. Auch in den nächsten Jahren blieb die Nachfrage nach Bootsmotoren stabil. Bis 1973 liefen in ca. 60.000 bis 80.000 Booten Motoren der Marke Johnson. Etwa 5.000 Antriebe zwischen zwei PS (für rund 750 D-Mark pro Stück) und 135 PS (über 10.000 D-Mark) kamen 1974 hinzu. Daneben erweiterte der Großhandel Ernst O. Hesses seine Geschäfte und importierte nun auch Kleinfahrzeuge für die Industrie. Doch die Ölkrise und die gesamtwirtschaftliche Talsohle 1973/74 blieben auch für das Importgeschäft nicht ohne Folgen. Der Absatz ging teilweise um bis zu 20 Prozent zurück, Preissteigerungen von durchschnittlich acht Prozent folgten.[84]

Von einer durchgreifenden Krise konnte freilich keine Rede sein. Das galt auch für die Produktion von Künstlerfarben. Die »Aquarellwelle« und der florierende Absatz von Malkästen (der Umsatz stieg 1974 gegenüber dem Vorjahr um 30 Prozent) sorgten bei Schmincke unter dem Strich für schwarze Zahlen. Von den rund 3.500 Farbartikeln in 1.000 Tönen gingen etwa 75 Prozent an Hobbymaler und Künstler. Die restlichen ca. 25 Prozent der Produktion wurden in erster Linie in das grafische Gewerbe der osteuropäischen Staaten exportiert. Insgesamt erwirtschaftete die »Schmincke/Hesse-Gruppe« 1974 einen Gesamtumsatz von 15 bis 20 Mio. D-Mark.[85]

VON DÜSSELDORF AUF DIE »GRÜNE WIESE«

Die gefestigte Marktposition beider Unternehmen kam schließlich auch im Bau eines neuen Firmensitzes zum Ausdruck. Nachdem H. Schmincke & Co. mit ihrem Stammhaus über nahezu acht Jahre in der Grafenberger Chaussee bzw. Grafenberger Allee 325 ansässig gewesen war, ging es nun gemeinsam mit dem Ernst O. Hesse Import-Großhandel 1973/74 von Düsseldorf auf die »grüne Wiese« in Erkrath-Unterfeldhaus. Da das lange bewährte Firmengelände keine räumlichen Kapazitäten mehr bot, um weiter zu expandieren, investierten die Gesellschafter 7,5 Mio. D-Mark in das etwa 22.000 Quadratmeter große Areal.

In beiden Betrieben sollte es nun moderner und rationeller als bisher zugehen. Auf rund 3.700 Quadratmetern wurden die Produktion und die Lager von H. Schmincke & Co. untergebracht. Dem Import-Großhandel standen für die Bootsmotoren, das entsprechende Zubehör und die Kleinfahrzeuge etwa 2.800 Quadratmeter zur Verfügung. Das, so Ernst O. Hesse, »stets etwas gespannte Verhältnis«[86] zwischen den Führungskräften der beiden Firmen habe auch eine räumliche Trennung nahegelegt, die letztlich aber aus steuerrechtlichen Gründen ausblieb.[87] Die Verwaltungen der Unternehmen wurden in einem Gebäude untergebracht. Da sich der gesamte Betriebsablauf in dem modernen Flachbau auf einer Ebene abspielte, konnten interne Transport und Fahrtstraßen besonders zweckmäßig genutzt werden.[88]

Der architektonische Entwurf hatte sich schneller als erwartet überlebt. Die lange so erfolgreiche Vertretung von Johnson-Motoren lief 1977 definitiv aus. Nachdem es Ernst O. Hesse trotz mehrmonatiger Verhandlungen nicht gelungen war, stattdessen mit dem norditalienischen Anbieter von Außenbordmotoren Selva Marine S.p.A. zu kooperieren, wurde die Großhandelsfirma liquidiert. In den nächsten Jahren wurden Schritt für Schritt immer mehr Büro- und Lagerräume von Schmincke übernommen.[89]

115 Ein neues Betriebsgelände für Schmincke & Co. und den Import von Bootsmotoren. Richtfest, 1973

3. UNTER DER »DOPPELSPITZE« VON VATER UND SOHN. KOOPERATION UND KRISE (1974–1995/96)

UNTERNEHMENSSTRATEGIE UND -KULTUR, INNOVATIONEN, BESCHLEUNIGTER STRUKTURWANDEL

Kurz nach dem Firmenumzug veränderte die Eigentümerfamilie Hesse die Gesellschafterstruktur von H. Schmincke & Co. Gemäß dem Gesellschaftervertrag vom 16. Dezember 1974 wurde nun die Schmincke Farbenverwaltungs-GmbH zum Komplementär des Unternehmens. An der neuen GmbH waren Ernst O. Hesse zu 37,5 Prozent, sein Sohn Peter zu 25 Prozent sowie Ursula Hesse und ihre Kinder Thomas und Ariane zu jeweils 12,5 Prozent beteiligt. Zu geschäftsführenden Gesellschaftern mit gleichen Rechten und Pflichten wurden Ernst O. und Peter Hesse ernannt, die sich auf eine grobe Arbeitsaufteilung verständigten. Das Tagesgeschäft sollte in den Händen von Peter liegen, während sein Vater vor allem die Verantwortung für das Labor und »für sämtliche übergeordneten Entscheidungen der Firma Schmincke« übernahm (Einstellung von Führungskräften, Lizenzvergabe etc.).[90]

Unter der »Doppelspitze« von Ernst O. Hesse und seinem Sohn Peter blieben die wesentlichen Eckpunkte der Unternehmensstrategie im Kern unverändert: Konzentration auf die Produktion von Spitzenqualitäten, Konsolidierung und Ausbau der Marktposition im Segment der Spitzensorten. Es sollte darum gehen, »sich im Leistungsangebot in einer Qualitätsnische so fest zu verankern, dass diese Nische so groß wie möglich wird und es gleichzeitig Mitbewerbern uninteressant erscheint, hier einzudringen«.[91] Gleichzeitig setzte sich Schmincke das Ziel, mit Künstlerfarben mittlerer und gehobener Qualität gerade die wichtige Zielgruppe der anspruchsvollen Freizeitkünstler mit einem preislich attraktiven Angebot zu bedienen. Von Artikelserien zu Niedrigpreisen – und damit vom durchaus großen Kreis der eigentlichen Hobbykünstler – hielt sich das Unterneh-

116 »Mussini Edelmalkasten« Art. Nr. 70652, 1980er Jahre

men weiterhin fern. Demgemäß blieb auch die Fachhandelstreue ein wesentliches Prinzip der Geschäftspolitik, die sich freilich auch gegenüber neuen Vertriebskanälen wie Schreibwaren-, Büro- oder Papiergeschäften öffnete. Vom Kaufhaus des Westens in Berlin abgesehen, das eine spezielle Malabteilung unterhielt, wurden Kaufhäuser nicht beliefert. Als wichtige Scharniere zwischen Schmincke und den Fachgeschäften und -abteilungen nahmen selbstständige Handelsvertreter unverändert eine Schlüsselposition ein, die das gesamte Sortiment an Farben, Stifte, Pinsel und Malgründe vertrieben. Über die Wachstumsziele und die Finanzierungsarten waren sich die Gesellschafter und die Geschäftsführer einig. Schmincke sollte nicht stürmisch, sondern stetig wachsen und den Ausbau wenn möglich alleine aus Eigenmitteln finanzieren.

Der Umsatz erhöhte sich seit 1974 um etwa fünf bis zehn Prozent jährlich, betrug 1978 rund 8,5 Mio. D-Mark und steigerte sich über ca. zehn Mio. D-Mark 1980 auf rund zwölf Mio. D-Mark 1982. Den jährlichen Gewinn taxierte die einschlägige Presse »in guten Jahren« auf annährend zehn Prozent vor Steuern. Zu Beginn der 80er Jahre entfielen 36 Prozent der gesamten Produktion auf die Herstellung von feinsten Künstlerfarben. Die Farben für Grafik und Retusche hielten einen Anteil von 25 Prozent, die feinen Künstler- und Studienfarben von 22 Prozent. Die restlichen 17 Prozent entfielen auf Hilfsmittel, Zubehör, Malgründe etc.[92] In den nächsten acht bis zehn Jahren nahm der Umsatz um rund 6,7 Prozent zu und erreichte 1990 ca. 20 Mio. D-Mark.[93]

117 Werbeflyer Norma, ca. 1973

Bemerkenswert ist, dass gesamtwirtschaftliche Rezessionen dem Farbengeschäft weiterhin wenig anhaben konnten. Die Weltwirtschaft erlebte 1982 die schwerste Rezession seit dem Ende des Zweiten Weltkrieges. Im Fahrwasser der globalen Wirtschaftskrise wurde auch die Bundesrepublik 1982 von einer tiefgreifenden Wachstums- und Beschäftigungskrise eingeholt. Da der starke Rückgang der Binnennachfrage vor allem in der zweiten Jahreshälfte zu Einbrüchen in der Wirtschaftsleistung führte, blieb ein Zuwachs des Bruttosozialprodukts aus (–0,6 Prozent). Das Produktionsergebnis der Industrie ging um 3,1 Prozent zurück, die Zahl der Insolvenzen erreichte mit fast 15.900 einen neuen Höchststand, die Zahl der Arbeitslosen stieg auf 1.833.000. In der deutschen Wirtschaft fehlten Investitionen und Innovationen, die dringend nötig gewesen wären, um neue Arbeitsplätze zu schaffen.

Schmincke kam es zugute, dass auch während der wirtschaftlichen Flaute der Freizeitkonsum in allen Haushaltstypen nicht zurückging, sondern vielmehr zunahm. Zwischen 1980 und 1983 erhöhten sich im Haushaltstyp I die monatlichen Freizeitausgaben von 106,86 auf 141 D-Mark, im Typ II von 405,66 auf 438 D-Mark sowie im Typ III von 737,33 auf 807 D-Mark.[94] Hier zeichnen sich die Konturen einer »Erlebnisgesellschaft« ab, in der »Freizeit zu einem erstrangigen Lebensinhalt« geworden ist.[95] Bereits seit den frühen 70er Jahren veränderte sich das Freizeitverhalten spürbar. Sport abseits der Vereine gewann beträchtlich an

Bedeutung, das Urlaubsangebot von Reiseveranstaltern differenzierte sich aus und orientierte sich immer deutlicher an den individuellen Wünschen der Touristen, Straßen und Stadtteile wurden zu neuen Freizeitorten. Mit der Individualisierung und Ausdifferenzierung von Lebensformen gingen das Bedürfnis nach »kreativer Eigenaktivität«, Wünsche nach Selbstentfaltung und nach »Persönlichkeitsentfaltung in eigener, selbstbestimmter Tätigkeit« einher.[96] Kreativität rückte in das »Zentrum eines sozialen Kriterienkatalogs, der [...] in zunehmendem Maß in den westlichen Gesellschaften zu einer prägenden Kraft geworden ist«.[97] Wer beruflich und privat seine Kreativität auslebte, galt als aufgeschlossen, dynamisch, schöpferisch und experimentierfreudig. Kreatives, schöpferisches Potenzial wurde nicht mehr als bemerkenswerte Begabung außergewöhnlicher Talente verstanden, sondern als eine Ressource betrachtet, die jedem Individuum eigen ist und die nur darauf wartet, quasi »wachgeküsst« und trainiert zu werden.

Zahlreiche Illustrierte und Zeitschriften zu den Themen Freizeit und Hobby sowie Gesundheit und Wellness stellten die Kreativität als eine Quelle des Glücks und der inneren Zufriedenheit pointiert heraus. Der neuen Freizeitphilosophie schien gerade das Malen und Zeichnen in besonderer Weise zu entsprechen. Mit »Pinsel und Palette« sei ein »Dialog mit dem inneren Ich« und ein »Zugang zur Welt des [...] Mythischen« möglich. Das, »was die Sinne übersteigt«, werde »sichtbar gemacht und kommuniziert«.[98]

Das Kreativitäts-Postulat nahm Schmincke bewusst auf, um bei potenziellen Kunden den Sinn für künstlerische Formen der Freizeitgestaltung zu wecken und für das eigene Angebot zu werben. 1989 ging der einwöchige Ferienkurs für Öl- und Aquarellmalerei bereits in die siebte Runde. Kunstmaler und -dozenten aus Akademien vermittelten im Lipperland in Kleingruppen verschiedene Maltechniken. Darüber hinaus besuchten die Teilnehmerinnen und Teilnehmer u.a. Ausstellungen unterschiedlicher Künstler im nahe gelegenen Malerdorf Schwalenberg.[99]

Das konkrete Sozialprofil der Kunden lässt sich allenfalls indirekt erschließen. In einer Studie zu ihrem Freizeitverhalten gaben 1993 16,9 Prozent der Befragten »Künstlerische Aktivitäten« als bevorzugtes Hobby an. Die Mehrheit der Hobbykünstler war zwischen 18 und 55 Jahre alt, hatte das Abitur abgelegt und war dank eines komfortablen beruflichen und finanziellen Status bereit, ihre gehobenen Ansprüche an Künstlerfarben auch zu befriedigen.[100] In den 80er und 90er Jahren dürfte die Kundschaft Schminckes zum einen dem »Selbstverwirklichungsmilieu« angehört haben. Gut Gebildete bis 40 Jahren, die expressive Formen der Freizeitgestaltung suchten und auf »Aktion« setzten, hochkulturelle Ambitionen pflegten und sich privat fortbildeten. Zum anderen hat sich ein Teil der Abnehmer vermutlich aus dem »Niveaumilieu« rekrutiert. Engagierte Hobbykünstler über 40 Jahre, gleichfalls gut ausgebildet mit Interesse an Literatur, Theater und klassischer Musik, mit Aversionen gegenüber dem trivialen

118 Aktionsblatt »Freude schenken. Kreative Freude.«, Weihnachten 1978

119 Zum 100-jährigen Bestehen trifft sich die Familie 1981: Thomas Hesse (l.), Ursula und Ernst O. Hesse (M.), Ariane Hesse und Peter Hesse (r.).

Freizeitvergnügen und durchaus bereit, ihre Freizeit exklusiver zu gestalten (Mitgliedschaft in Golfclubs, Jachturlaube etc.).[101]

Gesellschaftliche und kulturelle Trends spielten Schmincke zweifelsohne in die Karten. Ein »Selbstläufer« wurde das Farbengeschäft aber keineswegs. Das Unternehmen sah sich seit den frühen 80er Jahren einem beschleunigten Branchenwandel gegenüber, der Antworten verlangte. In der Bundesrepublik wurde der Wettbewerb durch neue, vor allem ausländische Konkurrenz härter. Auch wenn die Position Schminckes in der Qualitätsnische nicht gefährdet war, übte z.B. die italienische Firma Maimeri S.p.A. mit ihrer stark nachgefragten Marke BRERA zweifelsohne Druck auf den Markt aus. Die neuen Wettbewerber betrieben eine aggressive Preispolitik, intensive Öffentlichkeitsarbeit und ein kreatives Marketing.

Darüber hinaus trugen die für Schmincke wichtigen Fachhändler zum Branchenwandel bei. Gab es bisher genügend Händler, die allein das Schmincke-Sortiment anboten, gingen die Fachgeschäfte nun häufig dazu über, mehrere Marken zu führen. Auch auf der Nachfrageseite zeichneten sich Veränderungen ab. Die Kundschaft der Fachhändler wurde preissensibler und war nicht mehr ohne Weiteres bereit, für qualitativ beste Farben jeden Preis zu akzeptieren. Markentreue war nicht mehr alles, zumal Fachhändler dazu neigten, preisbewussten Kunden eher mittelpreisige Produkte zu empfehlen.

Schließlich wurde das Farbengeschäft internationaler. Auf dem deutschen Markt schienen die sprich-

120 Veranstaltung »Studenten der Kunstakademie in der Künstler-Farbenfabrik« vom 23. bis 25. April 1977 im Hause Schmincke

wörtlich großen Sprünge kaum noch möglich zu sein. Im Inland rechnete die Geschäftsführung eher mit rückläufigen Erträgen. Daher standen die Auslandsmärkte wieder stärker als bisher im Fokus. Bei Schmincke galt Europa mit den Ländern Österreich, Schweiz und Frankreich, in denen das Sortiment über Agenturen und Importeure verkauft wurde, als »Zielgebiet Nr. 1«. In Skandinavien, den Benelux-Staaten und in Italien lieferte Schmincke die Künstlerspitzensorten direkt an die Fachhändler. Außerhalb Europas kam den großen Märkten in den USA, wo Schmincke schon Anfang des 20. Jahrhunderts präsent gewesen war und in der zweiten Hälfte der 80er Jahre ein durchschnittliches Umsatzvolumen von etwa 275.000 D-Mark erzielte, und in Australien besondere Bedeutung zu.[102]

Um im beschleunigten Branchenwandel die Position in der »Qualitätsnische« auf den nationalen und internationalen Märkten auszubauen, erweiterte und verbesserte Schmincke ihr Angebot mehrfach. Die Künstler-Ölfarbe Norma wurde »von fein zu feinst verfeinert« und seit dem Sommer 1994 unter dem Markennamen Norma Professional als Spitzensorte geführt. Die hochkonzentrierte, »fest-buttrige« Ölfarbe wurde in 78 Farbtönen in vier unterschiedlichen Preisgruppen angeboten. Künstlern, die einen größeren Vorrat benötigten, stand die neue Ölfarbe etwa in einer »Akademie-Serie« mit 36 Farbtönen zur Verfügung, die preisgünstigere, aber dennoch qualitativ hochwertige Pigmente enthielten und in größeren Tuben oder auch in Gläsern verkauft wurden.[103]

Zur gleichen Zeit arbeitete Schmincke daran, die klassische Produktlinie Horadam zu verbessern. Die Labormitarbeiterinnen und -mitarbeiter integrierten 29 Pigmente, die in den vergangenen Jahren neu gefunden worden waren, in das Sortiment. Nach vierjähriger Forschungsarbeit kam im September 1996 die »generalüberholte« Artikelserie auf den Markt, die nunmehr 110 Farbtöne auf der Grundlage von 99 Pigmenten enthielt.[104]

Auf veränderte Kundenwünsche ging in der ersten Hälfte der 90er Jahre eine neue Variante der Künstler-Acrylfarbe PRIMAcryl zurück. Die Markteinführung von PRIMAcryl Fluid wurde der verstärkten Nachfrage nach einer Acrylfarbe von cremig-fließender Konsistenz gerecht und in 24 Farbtönen sowie einem speziellen Mischweiß angeboten.[105] Auch Spezialsorten wurden nachfragegetrieben mitunter »renoviert«. Artikel, die ursprünglich für die Fotoretusche entwickelt worden waren, fanden nun bei neuen Kunstrichtungen Anwendung. So wurden z.B. die Produkte Aero Color und Spezial Aero-Gouache seit Mitte der 80er Jahre in erster Linie an Künstler, die mit Spritzpistolen arbeiteten (»Airbrush«), verkauft.[106]

Zum Set der Innovationen zwischen etwa 1980 und 1995 gehörten neben der Ausdifferenzierung und Verbesserung des Farbsortiments auch neue verkaufsfördernde Instrumente. Im Fachhandel fehlte Schmincke lange Zeit eine ansprechende, zeitgemäße Präsentationsform für ihre Farben und das entsprechende Zubehör. Der durchaus kostenintensive, auch von Rückschlägen begleitete Suchprozess mündete schließlich 1991 in der Präsentation eines »variablen Ladeneinrichtungssystems«. Das System konnte in den Läden nicht nur an der Wand, sondern auch freistehend in Säulen- oder Gondel-Form montiert werden und bot dem Kunden die Möglichkeit einer schnellen Orientierung über die Produkte und dem Fachhändler einen sehr guten Blick auf die verfügbaren Warenbestände.[107]

In seinen Kursen und schriftlichen Beiträgen zur Managementlehre und zu Managementsystemen sprach sich Peter Hesse entschieden für einen kooperativen Führungsstil aus. Traditionelle autoritäre Betriebshierarchien mit einem patriarchalischen Unternehmer an der Spitze, der allein Entscheidungen treffe, hätten ausgedient. Der Zukunft gehörten Führungsmodelle, die zwar nicht »antiautoritär« seien, in der Planung und Entscheidungsfindung aber weitgehend auf eine Zusammenarbeit zwischen den Unternehmensebenen setzten. Die grundsätzliche Unternehmensstrategie sowie die Etappenziele und Instrumente der Abteilungen dürften nicht mehr von der obersten Führungsebene vorgegeben, sondern müssten »von oben und unten gemeinsam erarbeitet und vereinbart« werden. Komplexe Entscheidungen, die den »Kompetenz- und Wissensrahmen eines einzelnen sprengen«, sollten in Teams diskutiert werden, die schlussendlich nicht über eine Abstimmung, sondern »durch [einen] zu erarbeitenden Konsensus« ihre Beschlüsse fassen müssten.[108] Unter dem Strich hieß »kooperativ führen« für Peter Hesse,

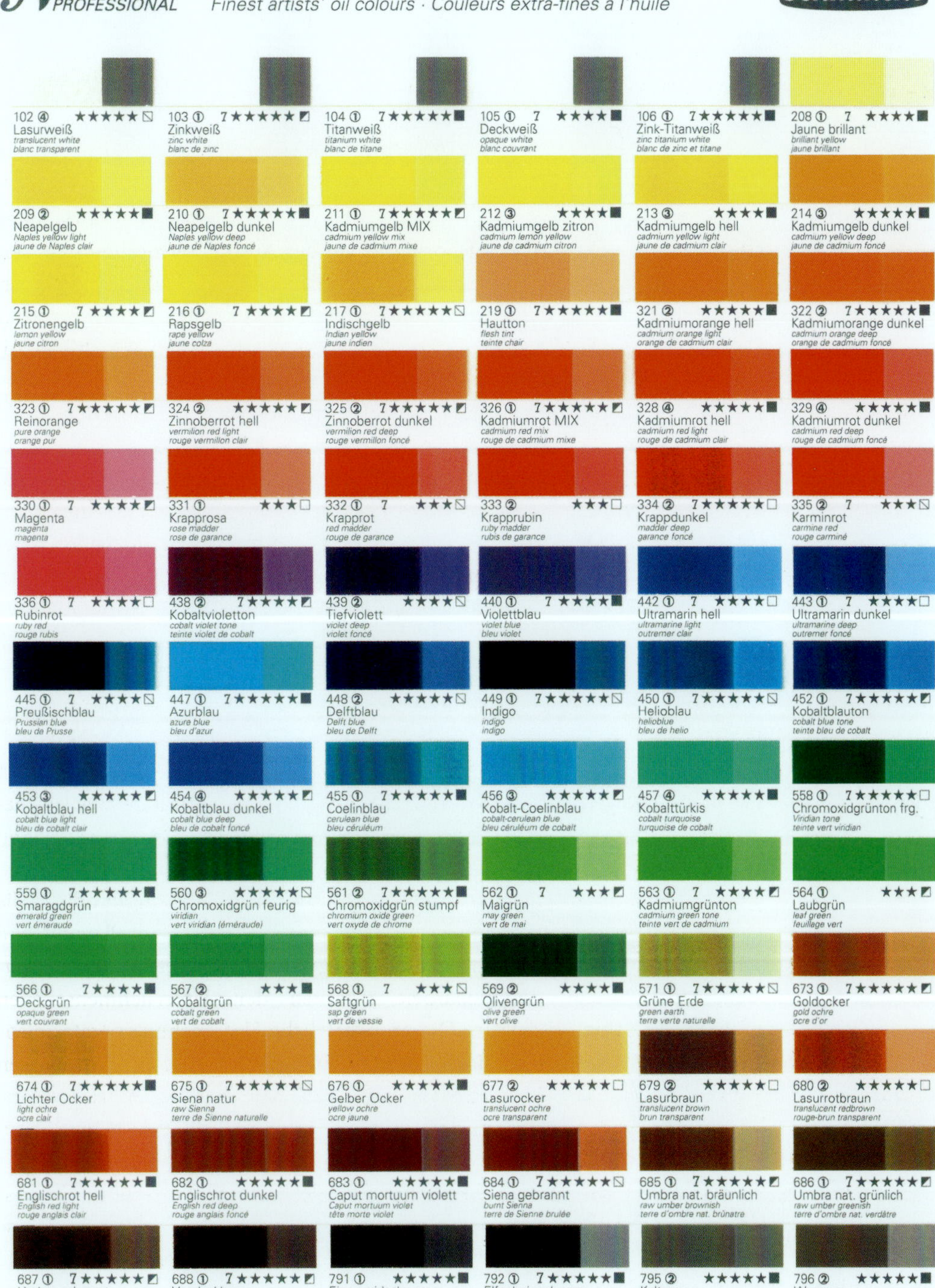

121 Farbkarte »Norma Professional« Sorte 11, Feinste Künstler-Ölfarben, 1999

122 Farbkarte »HORADAM« Sorte 14, Feinste Künstler-Aquarellfarben, 59-Farben-Auswahl-Sortiment, ca. 1996

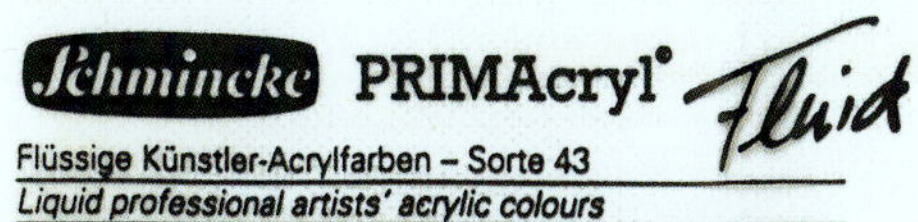

Nr.	Pigment/C. I. Nr.
111	Titanoxid, PW6
115	Zinksulfid/Barium-sulfat, PW 5
222	Monoazogelb, PY3
223	Cadmium-Zink-Sulfid, PY 35/PW21
226	Diarylgelb, PX83
232	Beta-Naphthol, PO5
333	Naphthol AS, PR112
336	Cadmiumsulfidselenid, PO 20/PW 21
339	Chinacridonrose, PR122
340	Naphthol AS, PR170
443	Ultramarinblau, PB 29
444	Phthalocyanin, PB 15:3 Indanthronblau, PB 60
445	Kobaltaluminiumoxid, PB 28 Ultramarinblau, PB 29
448	Phthalocyanin, PB 15:3
451	Kobalt-Lithium-Titan-Zinkoxid, PG 50
551	Phthalocyaningrün, PG 7
555	Phthalocyanin, PG 7 Monoazogelb, PY 3 Titandioxid, PW 6
557	Monoazogelb, PY 1, PY 3 Phthalocyanin, PG 7 Titandioxid, PW 6
558	Chrom-Antimon-Titangelb, PBr 24 Phthalocyaningrün, PG 7 Eisenoxidhydrat, PY 42
661	Eisenoxidhydrat, PY 42
664	Eisenoxidrot, PR 101
667	Eisenoxid, PR 101
669	Eisenoxid, PR 101, PBI 11, PY 42
771	Ruß, PBlk 7

Alle Töne lieferbar in 250 ml und 500 ml Plastikflaschen.
All colours are available in 250 ml and 500 ml plastic bottles.
Toutes les couleurs en vente en bouteilles en plastic à 250 ml et 500 ml.

Zeichenerklärung / *Classification-symbols / Explication des signes*

①	Preisgruppe / *price-groups / série de prix*
★★★★★	höchste Lichtechtheit / *best light resistance / la meilleure solidité*
★★★★	sehr gute Lichtechtheit / *very good light resistance / tres bonne solidité*
★★★	gute Lichtechtheit / *good light resistance / bonne solidité*
★★	befriedigende Lichtechtheit / *satisfactory light resistance / solidité satisfaisante*
★	ausreichende Lichtechtheit / *adequate light resistance / solidité suffisante*
■	deckend / *totally covering / opaque*
◩	halb deckend / *semi-covering / semi-opaque*
⧄	halb lasierend / *semi-transparent / semi-transparent*
□	lasierend / *transparent / transparent*
	nicht für die Außenanwendung geeignet / *not for use outside, not weatherproof / ne pas résistant aux intempéries*

123 Farbkarte »PRIMAcryl Fluid«, Flüssige Künstler-Acrylfarben – Sorte 43, ca. 1990er Jahre

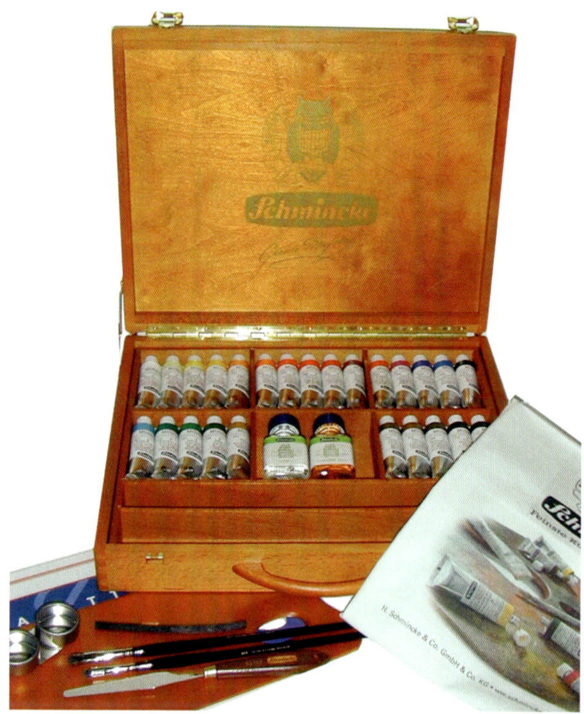

124 »Der Koffer«, Mussini Sonderkasten mit 25 Tuben, zwei Mal-Hilfsmitteln sowie reichhaltigem Zubehör, 2006

den Mitarbeiterinnen und Mitarbeitern vorgegebene Freiräume zu eröffnen, um über die Mitsprache im Unternehmen ihre Motivation im Arbeitsalltag und »ihre Freude an der Arbeit freizusetzen« sowie ihre berufliche und persönliche Entwicklung zu fördern.[109]

Nach der Ernennung Peter Hesses zum geschäftsführenden Gesellschafter sollte sich auch die Unternehmenskultur Schminckes an den wichtigsten Bausteinen kooperativer Führungsmodelle orientieren. So wurden »Zielsetzungskonferenzen« und »Zielsetzungsbögen« eingeführt, die Zielvereinbarungen zunehmend »entformalisiert«, sprich: nur noch in Ausnahmefällen schriftlich präzise notiert, da es nach seiner Auffassung in den späten 70er Jahren bereits »zum Normalverhalten« der Führungsetage und der Beschäftigten geworden sei, »sich gegenseitig abzustimmen und gemeinsam klare Ziele zu formulieren«.[110] Hilfreich sei es auch gewesen, die Organisationsstruktur des Unternehmens und die Ansprechpartner in den einzelnen Abteilungen im Eingang der Farbenfabrik auf einem Organigramm für alle Betriebsangehörige sichtbar darzustellen.[111]

Nach Auffassung Peter Hesses »hat das alles ganz gut funktioniert und wurde von den Beschäftigten offen aufgenommen«. Alle wichtigen Entscheidungen seien von den Führungskräften gemeinsam getroffen worden. »Es gab monatlich bzw. immer dann, wenn technische Probleme anstanden, eine Entscheidungsrunde an einem großen Tisch mit komfortablen Stühlen. Mit acht bis neun Personen wurden die anstehenden Fragen intensiv diskutiert und versucht, eine Lösung zu finden, die alle Interessen befriedigt. Nur wenn wir nach langer Diskussion irgendwann nicht mehr richtig weitergekommen sind, habe ich dann entschieden«, beschreibt Peter Hesse rückblickend die Führungspraxis.[112]

125 »Variables Ladeneinrichtungssystem«, 1980er Jahre

Gleichwohl zeigte sich auch, dass es nicht einfach ist, die offizielle Unternehmensphilosophie und die gelebten Alltagspraktiken dauerhaft in eine angemessene Balance zu bringen. Sein Vater stand dem neuen Management-Marketing und bis dahin bei Schmincke unbekannten Führungsstilen eher kritisch und desinteressiert gegenüber. Überdies zeigte sich in den 90er Jahren, dass Formen der gemeinsamen Führung nicht immer zum Ziel führten und mitunter für beträchtliche Reibungsverluste sorgten.

»EINE GESELLSCHAFT IST KEINE DIKTATUR, SONDERN EINE DEMOKRATIE«.[113] STREIT

Noch bevor Ernst O. Hesse und sein Sohn Peter gemeinsam das Familienunternehmen leiteten, war ihre Beziehung schon länger belastet. Der Grund: Die unterschiedlichen Wahrnehmungen über die Familiengeschichte in der NS-Zeit sorgten über Jahrzehnte für Misstrauen zwischen Vater und Sohn. Peter schlug sich auf die Seite seiner Mutter und warf seinem Vater wiederholt vor, dass er Ilse »gefühlskalt« und »schlecht behandelt« habe. Mit der gleichen »Gefühlskälte« trete er nun auch andauernd ihm gegenüber auf.[114]

Ernst O. Hesse hielt an seiner Sicht der Dinge auch nach 30 Jahren fest.[115] Seine damalige Ehefrau habe ihm gewiss in den letzten Kriegsmonaten geholfen und »durch ihre persönlichen Freundschaften bei der Gestapo« die Aufhebung des Haftbefehls gegen ihn erreicht. Es sei aber »übertrieben, dies nun als ein so ungeheures Verdienst darzustellen, denn welche Frau hätte ihrem Ernährer und Vater ihres Sohnes damals nicht geholfen und ihn stattdessen ins Konzentrationslager geliefert«. Den Rentenvertag 1947 habe er aus freien Stücken abgeschlossen, seinen Verpflichtungen jedoch nach den Verlusten durch die Währungsreform kaum noch nachkommen können.

Als die Ehe mit Bill Merrick nach rund neun Jahren gescheitert war, bat Ilse ihn abermals um Unterstützung (welcher Art genau, geht aus den Quellen nicht hervor). Ernst O. Hesse erklärte sich lediglich bereit, eine Monatsmiete zu zahlen, um ihr »einen Übergang zu ermöglichen« und »endlich einmal einen Schlussstrich [zu] ziehen«. Seine Entscheidung gehe nicht auf »Gefühlskälte« zurück, sondern habe auf den Erfahrungen in der Nachkriegszeit beruht, als »in langen, hässlichen Prozessen« erheblicher »Druck« auf ihn ausgeübt worden sei. Ernst O. Hesse hoffte, nach 30 Jahren den Streit über das Familienschicksal in der NS-Diktatur auszuräumen, und stellte für seinen Sohn eine umfassende Dokumentation mit Schriftstücken zusammen, da er die Vergangenheit »leider einseitig« interpretiere. Ob und wie Peter Hesse auf die Materialsammlung geantwortet hat, ist nicht bekannt. Das Misstrauen zwischen Vater und Sohn blieb jedoch fortwährend.

Mit der Entscheidung, die Leitung des Unternehmens in die Hände von Vater und Sohn zu legen, wählten die Gesellschafter eine Lösung, die für Konflikte grundsätzlich anfällig ist. Es treffen zwei Generationen aufeinander, die unterschiedlich sozialisiert worden sind, in einem unterschiedlichen beruflichen Status ihrer Arbeit nachgehen und in der persönlichen Zusammenarbeit und in ihrer »Außendarstellung« gegenüber den Beschäftigten ihre Positionen erst finden müssen. Auf der einen Seite steht der erfahrene, zumeist unternehmerisch erfolgreiche Senior mit hoher Reputation, der nun lernen muss, Verantwortung und Anerkennung zu teilen; auf der anderen Seite der »Kronprinz«, der im Fall von Peter Hesse fast schon über die Rolle des Nachfolgers hinausgewachsen war. Bereits vor seiner Berufung als geschäftsführender Gesellschafter 1971 hatte er sich über seine Seminare und über zahlreiche einschlägige Artikel in Fachzeitschriften und der Wirtschaftspresse (wie etwa der »Absatzwirtschaft« und dem »Handelsblatt«) als anerkannter Fachmann für Fragen des Marketing-Managements etabliert und brachte nun neue Kompetenzen und ein anderes unternehmerisches Selbstverständnis in die Firma ein.[116] Da in einem eigentümergeführten Unternehmen überdies die Interessen der Familie und des Unternehmens untrennbar miteinander verwoben sind, setzt das Modell der »Doppelspitze« im Großen und Ganzen harmonisch-solidarische Familienbeziehungen voraus.

Das gegenseitige, durch die außergewöhnliche Familiengeschichte bedingte Misstrauen zwischen Ernst O. und Peter Hesse war gewiss nicht die beste Grundlage für eine gedeihliche berufliche Kooperation. Ihre Zusammenarbeit war früh durch Spannungen gekennzeichnet. Hinter der Auseinandersetzung zu einzelnen Sachthemen standen Konflikte grundsätzlicher Natur, die über Jahre kaum an Kraft und Bedeutung verloren. Es ging um die Art und Weise des Führungsstils, das Verhalten gegenüber der Belegschaft und um das persönliche Auftreten.

Gegenseitige Vorwürfe von Vater und Sohn, die aus dieser Konstellation zwangsläufig erwuchsen, prägten die nächsten Jahre. Ernst O. Hesse hielt seinem Sohn vor, sich alles andere als partnerschaftlich zu verhalten. So führte er im Dezember 1979 aus: »Du sprichst von einer Partnerschaft […]. Du musst als Partner auch […] bereit sein, andere Meinungen gelten zu lassen, z.B. die Deines Partners oder Deiner Gesellschafter. Eine Gesellschaft ist keine Diktatur, sondern eine Demokratie. In diesem Zusammenhang wäre ich Dir für eine demokratischere Einstellung in unserer Zusammenarbeit sehr dankbar.«[117] Er müsse sich ferner mit dem »Machtgehabe« Peters auseinandersetzen und sehe sich ständigem Druck ausgesetzt, dem er ab und an nur nachgebe, um den Frieden wenigstens einigermaßen zu wahren. Darüber hinaus würdige Peter seine Verdienste um den Aufstieg und das Wachstum des Unternehmens nicht genügend. Ernst O. Hesse wollte sich, so sein Eindruck im Frühjahr 1988, unter keinen Umständen »aus dem Unternehmen herausdrängen« lassen.[118] Letztlich kämpften beide in den Konflikten um Anerkennung und suchten nach ihren Positionen im Übergang zwischen den Generationen. Ernst O. Hesse, selbst durchaus statusbewusst, fiel es nicht einfach, sich mit den selbstsicher vorgetragenen Ansprüchen seines Sohns zu arrangieren.

Aus der Perspektive Peter Hesses, der sich bewähren, sein Terrain im Unternehmen noch abstecken und eigene »Duftnoten« setzten musste, war es wiederum sein Vater, der eine kooperative Zusammenarbeit permanent unterlief. Ernst O. Hesse akzeptiere seine Position nicht und behandele ihn lediglich wie einen angestellten Geschäftsführer. Sein Vater trete patriarchalisch auf und lasse nur schwer mit sich reden. Seine »Art des Feilschens über Zugeständnisse« sei ihm »zuwider«. Aus den Details der Betriebsführung solle sich sein Vater bitte heraushalten. Im Übrigen sei er niemandem Rechenschaft darüber schuldig, in welcher Art und Weise er seine Geschäftsführung ausübe und wie er seine Zeit einteile.[119]

Seit Anfang der 80er Jahre wurde die Suche nach Kompromissen durch einen weiteren Umstand schwieriger. Peter Hesse begann, sich in der Entwicklungshilfe zu engagieren, in die er auf Kosten seiner Präsenz im Unternehmen viel Zeit investierte. Alles begann für ihn mit einem »normalen Weihnachtsurlaub« im Jahr 1980.[120] Peter Hesse wollte als Liebhaber afrokaribischer Musik die Liveauftritte einschlägiger Bands auf Haiti erleben. Die Reise wurde für ihn zu einem »Schlüsselerlebnis«: »Ich hatte mich erkundigt, wo meine Lieblingsband (Coupé Cloué) in Haiti regelmäßig spielt und mietete mich dort ein. Schon der Weg zu diesem am Rand von Slums gelegenen Hotel war ein Schock – wenn auch nicht ohne Faszination. Vom Flughafen führte der Weg mitten durch den von Menschen überquellenden Kern der Hauptstadt Port-au-Prince, vorbei an übel riechenden Müllhalden am Straßenrand und einige Kilometer weit durch Carrefour, ein ausgedehntes ›Quartier Populaire‹, wie dort ein Stadtteil mit dicht gedrängten kleinen Einfachsthäusern heißt.«[121] In den Tagen nach dem Konzert lernte er überdies die unwürdigen Lebensverhältnisse in den Slums kennen. Vor allem die bittere Armut der Kinder, die »zu viel für die Seele eines verwöhnten Mitteleuropäers« war, ließ ihn nicht mehr los und weckte in ihm das dringende Bedürfnis, dauerhaft zu helfen.[122] Im Dezember 1983 gründete er die »Peter Hesse Stiftung Solidarität in Partnerschaft für eine Welt«, 1986 das Centre Montessori d'Haiti, die sich beide insbesondere des unterentwickelten Bildungssystems annahmen. Peter Hesse hatte in der Gründung von Vorschulen für bedürftige Kinder und der Ausbildung von Montessori-Lehrerinnen eine neue und dauerhafte Berufung gefunden.

Die Positionskämpfe schlossen freilich Brückenschläge zwischen Vater und Sohn nicht aus. Peter Hesse wusste offenkundig, dass er »gelegentlich einen zu harten Ton« anschlug und die Erfahrungen Ernst O. Hesses bei wesentlichen unternehmenspolitischen Entscheidungen wichtig waren. Ebenso waren sich Gesellschafter und leitende Angestellte bewusst, dass Ernst O. Hesse »manchmal vielleicht nicht ganz die richtigen Formulierungen finde«.[123]

Mit einem Abstand von annährend 30 Jahren zeichnet Peter Hesse heute ein differenziertes Bild von den

Konflikten und dem Verhältnis zu seinem Vater: »Die Ursache für das belastete, besser gesagt gestörte Verhältnis lag bestimmt nicht nur in meinem Verhalten, aber gewiss habe auch ich zu den Spannungen beigetragen. Ich habe meinen Vater als vorzüglichen, tüchtigen Unternehmer, der quasi als Pionier viele neue Dinge angestoßen hat, immer sehr geschätzt. Da habe ich sehr viel von ihm gelernt. Vor allem auch sein hervorragendes technisches Wissen hat mir und dem Unternehmen stets weitergeholfen. Auch die Liebe zur Musik geht mit auf meinen Vater zurück.« Unüberbrückbar blieben allerdings die zwischenmenschlichen Differenzen, so Peter Hesse: »Menschlich war er für mich wahrlich kein Vorbild. Mich hat es abgestoßen, wie undankbar und völlig empathielos er meine Mutter behandelt hat. Die radikale Unzuverlässigkeit gegenüber seinen Ehefrauen entsprach, umso älter ich wurde, immer weniger meinen ethischen Vorstellungen. Heute bereue ich es, dass ich in früheren Jahren ähnlich gelebt habe.«[124]

Dass die alltägliche Führung des Betriebs in den 70er und 80er Jahren nicht stärker unter dem Zwist von Vater und Sohn gelitten hat, hing auch wesentlich mit der Stellung des langjährigen kaufmännischen Leiters Josef Huster zusammen, der gewissermaßen als »über-

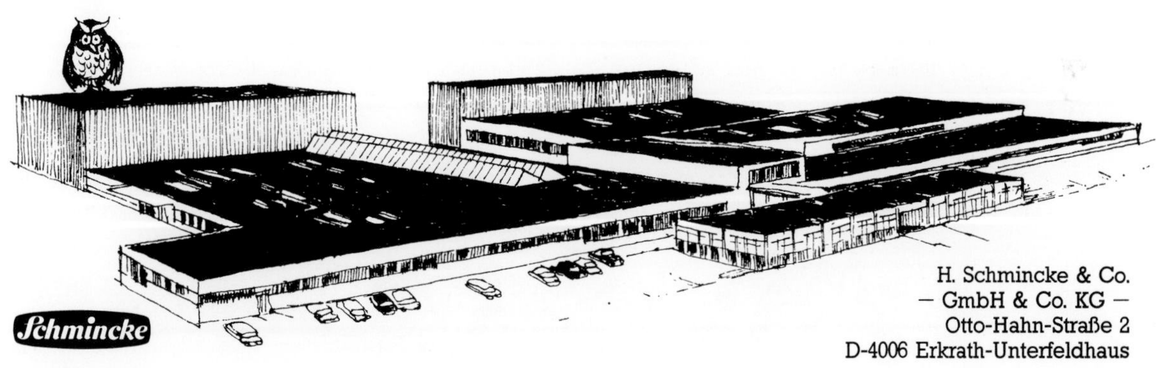

FORSCHUNG + ENTWICKLUNG

BINDEMITTEL-KÜCHE + VORMISCHUNG

REIBSAAL – DAS HERZ DER PRODUKTION

FÜLLSAAL + PASTELLFERTIGUNG + MALKÄSTEN

MATERIALVERWALTUNG/LAGER + VERSAND

VERKAUF, EINKAUF, BUCHHALTUNG, GESCHÄFTSLEITUNG

QUALITÄTSKONTROLLE + VERKAUFSFÖRDERUNG

126 Produktionsablauf bei H. Schmincke & Co.

Schmincke

Produktinformation Aquarellfarben

Das Flüssigvergießen von Aquarellfarben - erst so entsteht wahre Qualität

Gelegentlich wird an Schmincke die Frage herangetragen, welches Verfahren zur Herstellung feinster Aquarellfarben optimal sei, schließlich gibt es verschiedene Herstellverfahren. Unter anderem gibt es das einfachere Pressverfahren, d.h. das Pressen von Farbsträngen, deren anschließendes Schneiden und Verpacken in Näpfchen. Ein anderes Verfahren ist das von Schmincke verwendete, einzigartige und traditionelle 4-fache Flüssiggießverfahren.

Die Aquarellfarben von Schmincke basieren auf alten, patentierten Familienrezepturen, die auf das Jahr 1892 zurückgehen und seitdem kontinuierlich weiterentwickelt und optimiert werden.

Die Farben werden im ersten Arbeitsgang flüssig vergossen und kommen dann, je nach Farbton, für mehrere Wochen in einen Trockenraum. Anschließend erhalten sie den zweiten Guß, dem eine weitere mehrwöchige Trockenphase folgt. Dieses Verfahren wiederholen wir vier Mal; insgesamt dauert die Produktionszeit 3-5 Monate. Denn so überragend wie die Qualität der Farbe ist, so außergewöhnlich muß eben auch ihre Produktion sein. Daher produziert Schmincke im Flüssiggießverfahren.

Das Pressverfahren hingegen ist wesentlich einfacher und vor allem auch kostengünstiger. Das bedeutet für uns auch, auf den hohen Füllstoffanteil, der beim Pressen notwendig wird, zu verzichten. Aber schließlich sind wir im Hause Schmincke auch außergewöhnlicher Qualität verpflichtet. Ferner ist es uns wichtig, die Rezepturen einzig zum Besten des Künstlers zu entwickeln. Bei der Press-/ Schneidemethode sind die Rezepturen auf den Produktionsprozeß abgestimmt. Schmincke hingegen garantiert eine optimale Farbaufnahme aus dem Näpfchen sowie einen gleichmäßigen, kontrollierbaren Farbverlauf. Und das erfordert nun einmal eine aufwändige Herstellung wie die des Flüssiggießverfahren. Weiterhin kann beim Aquarellieren mit gepreßt abgepackten Näpfchen Wasser zwischen Farbe und Näpfchenwand gelangen. Dieses Wasser kann die Farbe immer wieder aufweichen - langfristig ist dies sicherlich nicht vorteilhaft. Bei der mehrfach flüssig vergossenen Aquarellfarbe von Schmincke ist dieses Problem von vornherein ausgeschlossen.

Schließlich wählen einige andere Hersteller unterschiedliche Rezepturen für ihre Näpfchen- bzw. Tubenfarbe. Dies erscheint uns wenig sinnvoll, da der Künstler die Möglichkeit haben muß, mit der Tubenfarbe auch seine Näpfchen auffüllen zu können. Unsere Aquarellfarben sind auch in dieser Hinsicht auf die Bedürfnisse des Anwenders zugeschnitten und haben sowohl im Näpfchen wie auch in der Tube die gleichen optimalen Rezepturen und eine Qualität, die auch den höchsten Ansprüchen gerecht wird.

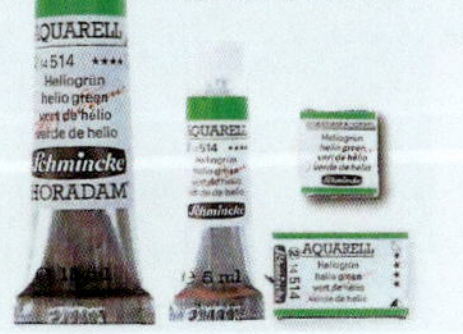

127 **Produktinformation zu den Aquarellfarben**

geordneter Betriebsleiter« und als »Puffer« im Hintergrund manche Konflikte auffing. Er galt als Vertrauter von Ernst O. Hesse, war als »Major Domus« stark in das Geschäft eingebunden und bereitete gemeinsam mit dem Seniorchef wichtige Entscheidungen vor.[125]

Dennoch schien es angebracht, über Wege nachzudenken, die schwelenden Konflikte gewissermaßen einzuhegen. Zu Beginn der 80er Jahre waren die Kommanditisten und die Geschäftsführung zahlreicher Familienunternehmen bereits dazu übergegangen, als »Beratungs- und Schlichtungsstelle« einen Beirat zu konstituieren. Bei Schmincke wurde seit den ausgehenden 70er Jahren darüber gesprochen, ebenfalls ein beratendes Gremium einzuführen, um den »Frieden in der Familie zu erhalten« und die »kontinuierliche Geschäftsführung« zu gewährleisten.[126] In ihrem Beschluss zur Gründung des Beirats wiesen die Gesellschafter den familienfremden Mitgliedern die Aufgabe zu, »die Interessen der Gesellschaft und nicht das Interesse einzelner Gesellschafter zu berücksichtigen«. Der Beirat setzte sich aus drei familienfremden Mitgliedern zusammen, die von den Gesellschaftern einstimmig für vier Jahre gewählt wurden. Die Geschäftsführung sollte den Beirat über die wesentlichen unternehmenspolitischen Entscheidungen ins Bild setzen und jedem Mitglied »jegliche gewünschte Auskünfte über alle geschäftlichen Verhältnisse […] erteilen«.[127] Es wäre zu viel verlangt gewesen, von dem Gremium zu erwarten, die Konflikte zwischen Ernst O. und Peter Hesse zu befrieden. Dafür waren die Ursachen zu diffizil. Nach eigenem Dafürhalten kam der Beirat in den nächsten zehn bis zwölf Jahren seinen Aufgaben dennoch erfolgreich nach und hat mit dazu beigetragen, »unterschiedliche Standpunkte miteinander in Einklang zu bringen«.[128]

Dem Beschluss, einen Beirat zu konstituieren, folgte Mitte der 80er Jahre eine wichtige Personalentscheidung, die besonders auf den Wunsch Ernst O. Hesses zurückging. Da sein Sohn aufgrund seines sozialen Engagements dem Unternehmen zeitlich eingeschränkt zur Verfügung stand, hielt er es für sinnvoll, eine weitere Führungskraft für die Geschäftsleitung zu gewinnen. Bei der Suche nach einer geeigneten Persönlichkeit für das gehobene Management kamen ihm seine vielfältigen Netzwerke zugute. Erstmals erhielt mit dem Diplom-Kaufmann Ulrich Hollmann ein externer Kandidat den Zuschlag, der von einem Bekannten empfohlen wurde und perspektivisch in die Aufgaben eines Geschäftsführers hineinwachsen sollte. In den nächsten Jahren verlief die Zusammenarbeit mit Peter Hesse aus der Sicht Hollmanns alles andere als zufriedenstellend. Kurz vor seiner Berufung zum Geschäftsführer im September 1990 hielt er es für dringend notwendig, »die Art der zukünftigen Zusammenarbeit grundsätzlich erörtern [zu] müssen«. Er werde, so heißt es in einem Schreiben vom 7. September 1990 weiter, von Peter Hesse nicht über wichtige Entscheidungen informiert, wegweisende Personalentscheidungen würden ohne seine Mitsprache getroffen, und er habe keinen festgelegten finanziellen Rahmen, in dem er selbstständig Entscheidungen treffen könne. Es fehle in jeglicher Hinsicht eine angemessene Abstimmung.[129]

Rund zwei Jahre später erwies sich der Tod von Ernst O. Hesse 1992 als eine weitere Belastungsprobe

128 »80. Geburtstag Konsul Ernst O. Hesse«, 1988

für Unternehmen und Familie. »Das war für uns alle ein tiefer Einschnitt. Mein Vater war schwer krank und ans Bett gefesselt, hat aber noch einmal alle Kräfte mobilisiert und Anzug, Weste und Krawatte angezogen. Er sagte ›Ich muss ins Unternehmen‹ und ging an einem Sonntag durch die ganze Produktion und alle Büros und gab Hinweise darauf, was wo in naher Zukunft gemacht werden müsse. Er hat Abschied genommen«, erinnert sich Ariane Hesse an die Zeit unmittelbar vor dem Ableben ihres Vaters.[130]

Im Betrieb verschlechterte sich das Verhältnis zwischen Firmenspitze und Belegschaft, die Führungsprobleme verschärften sich, zumal nach dem Tod von Ernst O. Hesse Differenzen zwischen Peter Hesse und Josef Huster auftraten, die schwer zu lösen waren und mit einem Arrangement aufgefangen wurden. Huster arbeitete von 1993 bis 1996 nur noch jeweils drei Monate im Jahr, um die Jahresabschlüsse mit zu erstellen. Unter der Geschäftsführung von Peter Hesse wurden die Kontakte zum mittleren Management und der Informationsaustausch mit den leitenden Angestellten spärlicher. Ferner pflegte er, anders als sein Vater, einen weniger persönlichen Umgang mit der Belegschaft: »Ernst O. und Peter Hesse haben sich schon unterschiedlich gegenüber der Belegschaft verhalten«, erinnert sich die langjährige Chefsekretärin Brunhilde Solbisky-Thiel: »Ernst O. ist bei Arbeitsbeginn erst einmal ins Labor gegangen, hat den Mitarbeiterinnen und Mitarbeitern über die Schultern geschaut und war immer daran interessiert, woran gerade gearbeitet und geforscht wurde. Peter Hesse ging seinen Arbeitstag ganz anders an. Er kam durch den Haupteingang in das Unternehmen, flog quasi wie ein Helikopter durch den Betrieb, kannte auch nicht alle Namen der Beschäftigten. Insgesamt war er in der Firma nicht sehr präsent und allenfalls nur bei Weihnachtsfeiern oder anderen Betriebsfesten für alle sichtbar.«[131]

Seine »schillernde Persönlichkeit« machte es seinen engsten Mitarbeiterinnen und Mitarbeitern im Alltag nicht gerade einfach, wie sich Brunhilde Solbisky-Thiel erinnert: »Ich hatte häufig den Eindruck, dass zwei Herzen in seiner Brust schlagen. Er war auf der einen Seite charmant, ein Frauenschwarm, sehr sozial und sehr fremdenfreundlich eingestellt. Auf der anderen Seite ein Querkopf, der Mitarbeitern deutlich seine Meinung sagte. Aus unternehmerischer Perspektive lag seine Stärke auf jeden Fall im Verkauf. Mit Zahlen hielt er es dagegen nicht so genau.«[132]

In der Geschäftsleitung kehrte ebenfalls keine Ruhe ein. Die Konflikte zwischen Peter Hesse und Ulrich Hollmann ließen sich nicht mehr einvernehmlich lösen. Da aus der Sicht von Hollmann von einer Kooperation in der Geschäftsführung weiterhin keine Rede sein konnte und für ihn eine fruchtbare Zusammenarbeit mit Peter Hesse nicht möglich war, sah er drei Monate nach dem Ableben von Ernst O. Hesse nur eine Möglichkeit, den Konflikt aufzulösen: Er forderte die übrigen Gesellschafter Ariane, Ursula und Thomas Hesse auf, sich zwischen ihm und Peter Hesse als Geschäftsführer zu entscheiden.

Unter den im Winter 1992/93 gegebenen familiären und betriebliche Umständen konnte Hollmann freilich kaum erwarten, dass die Eigentümer ihm die alleinige operative Verantwortung übertrugen. Die Gesellschafter sahen sich nach dem Tod des langjährigen Familienoberhaupts nicht in der Lage, ausgerechnet jetzt die Firmenleitung einem familienfremden Geschäftsführer anzuvertrauen. »Das war schon eine dramatische Situation für uns«, erinnert sich Thomas Hesse, um weiter auszuführen: »Wir wussten als Gesellschafter schon, dass Herr Hollmann seine Kritik nicht ohne Grund vorgebracht hat. Es war aber ein schwerer taktischer Fehler, das Ultimatum so früh nach dem Tod unseres Vaters zu stellen. Die Familie, gerade unsere Mutter, hatte quasi den Halt verloren. Nun auch noch eine Entscheidung gegen den ältesten Sohn zu treffen – das ging gar nicht.«[133] Ulrich Hollmann verließ das Unternehmen im November 1992.[134]

Sein Abschied löste die Führungsprobleme keineswegs auf. Für Peter Hesse blieb seine Arbeit in der Entwicklungshilfe eine Herzensangelegenheit, in die er viel Zeit und Energie investierte. Mit dem Abgang von Ulrich Hollmann ging dem Unternehmen zweifellos Kompetenz verloren, die personelle Lücke musste adäquat geschlossen werden. Die Gesellschafter fanden eine durchaus interessante, zugleich aber – weil nicht erprobte – auch gewagte Lösung: Peter Hesse wurde ein Geschäftsleitungsteam an die Seite gestellt, das ihn unterstützen und während seiner Abwesenheit vertreten sollte. Dem neuen Leitungsgremium gehörten mit dem Laborleiter Werner Müller, Karin Strekies aus dem Einkauf und dem Vertriebsleiter Wolfgang Roos drei interne Führungskräfte an. »Das erschien uns als eine durchaus tragfähige Lösung. Meine Schwester und ich waren seinerzeit von den Ideen der 68er-Bewegung in unserer gesellschaftlichen Grundhaltung zumindest mitbeeinflusst worden. Der Teamgedanke und flache Hierarchien waren uns im Kern erst einmal sympathisch. Unsere Mutter war da eher schon skeptischer«, blickt Thomas Hesse auf die Diskussionen im Gesellschafterkreis zurück.[135]

Die Hoffnung, mit der neuen Leitungsstruktur nicht nur ein Provisorium, sondern ein längerfristiges Modell für die Führung Schminckes gefunden zu haben, währte jedoch nur kurz. Die Gesellschafter, die neu formierte Führungsriege und eine zunehmend verunsicherte Belegschaft sahen sich Mitte der 90er Jahre einer empfindlichen Ertragskrise gegenüber, die abermals u.a. die Frage nach einer zukunftsträchtigen personellen Struktur der Geschäftsführung aufwarf.

»DIE ERTRÄGE SEHEN WEITER NICHT ROSIG AUS«. KRISE

Nachdem die Gesellschafter, der Beirat und die leitenden Angestellten die »Kapital- und Ertragslage« im Frühjahr 1990 noch »als sehr gut« bewertet hatten, änderte sich in den nächsten drei bis vier Jahren das Bild. »Wenn ich mich richtig erinnere, ging der Gewinn bereits im zweiten Halbjahr 1992 zurück«, so Thomas Hesse.[136] Für 1993 wies das Unternehmen einen Bruttogewinn von 645.800 D-Mark aus, der im nächsten Geschäftsjahr entgegen den eigenen Prognosen deutlich sank. Der Bruttogewinn betrug nicht wie erwartet 1,1 Mio. D-Mark, sondern lediglich 111.000 D-Mark. Überdies war das nur die halbe Wahrheit. Von dem Bruttogewinn waren jeweils noch die Verzinsung der Gesellschafterkonten und die Vorabvergütung des Geschäftsführers in Höhe von rund 500.000 D-Mark abzuziehen. So ergab sich unter dem Strich für das Jahr 1993 ein Reingewinn von 142.000 D-Mark und für das darauffolgende Geschäftsjahr ein sattes Minus von 389.000 D-Mark.[137] Keine Frage: Wie Peter Hesse im Mai 1994 feststellte, sah die »Ertragslage nicht rosig« aus.[138]

Für die Verluste war ein verwobenes Bündel von Ursachen verantwortlich. Kurzfristige, nachfragebedingte konjunkturelle Schwankungen spielten gewiss eine Rolle. Im ersten Halbjahr 1994 stockte der Absatz von Produkten aus der Sparte Grafik deutlich, höherpreisige Geschenkartikel wie die Mussini-Kästen liefen ebenfalls sehr schlecht.[139] Entscheidender waren aber die vielfältigen betriebsinternen Gründe, die teilweise alles andere als neu waren und das Unternehmen seit 1994 zusehends in Bedrängnis brachten. Die Krise in den Jahren 1993/94 bis 1996/97 war zuallererst »hausgemacht« und im Wesentlichen ein Ergebnis von Managementfehlern. Das schwierige Verhältnis zwischen Ernst O. Hesse und Peter Hesse, die aufreibenden Positionskämpfe um Kompetenzen und Macht, die auch mit der komplexen Familiengeschichte zusammenhingen, die zahlreichen

Interessen Peter Hesses abseits der Firma sowie die schwierigen Beziehungen zu einem Teil der Führungskräfte sorgten für eine chronische Führungsschwäche.

Dass alles war natürlich den Gesellschaftern Ariane, Ursula und Thomas Hesse im Großen und Ganzen bekannt. Darüber hinaus gab es Schwächen in den Produktionsabläufen, die in der Gesellschafterversammlung vom 15. Mai 1995 auch beim Namen genannt wurden. Es herrschte ein ausgeprägtes Abteilungsdenken und eine ungenügende Kommunikation zwischen den Meistern, die häufig genug zu Fehlern in der Produktion und im Vertrieb führten. Teils fehlte dem Füllsaal Material, teils brachte das Lager falsche Lieferungen auf den Weg. Fehlentscheidungen einzelner Führungskräfte – eine ungeeignete Füllmaschine wurde angeschafft, das Lager übermäßig reduziert und später mit erheblichen Kosten wieder aufgefüllt – verschärften die Krise zusätzlich.[140]

Wie es um die Stimmung in der Belegschaft tatsächlich bestellt war und wo die internen Gründe für die unbefriedigenden Erträge lagen, erfuhren sie im Detail erst, als gewissermaßen zwei Stakeholder der Firma die Initiative ergriffen. Im Sommer 1995 nahm die Personalleiterin Frau Volker telefonisch Kontakt mit Ariane Hesse auf, wies auf die Krisenstimmung im Betrieb hin und empfahl ihr, selbst Eindrücke vor Ort zu sammeln. Ein Betriebsrundgang und ein ausführliches Gespräch mit dem Geschäftsleitungsteam führten Ariane Hesse den hohen internen Problemdruck mehr als deutlich vor Augen. Die Mitarbeiter und Mitarbeiterinnen nahmen kaum ein Blatt vor den Mund und beschrieben die Geschäftsleitung als einen »Kindergarten« mit »aufgeblasenen Egoisten«, die bei ihren Entscheidungen außerdem zu wenig die Meinung der Beschäftigten berücksichtige. Ferner würde neues Leitungspersonal zu kurz eingearbeitet. Überhaupt fehle ein langfristiges unternehmens- und personalpolitisches Konzept.[141]

Der Austausch mit dem Geschäftsleitungsteam wies unmissverständlich darauf hin, dass die Idee, Schmincke quasi im Kollektiv zu führen, bereits an Grenzen stieß und eine gemeinsam abgestimmte Leitung des Unternehmens schlecht bis gar nicht gelang. Aus der Perspektive der Teammitglieder war in erster Linie der Führungs- und Arbeitsstil Peter Hesses für die schwache Performance der obersten Führungsebene verantwortlich. Die Teammitglieder hatten bereits im Mai 1995 seinen Führungs- und Arbeitsstil beklagt: Er gehe wenig strukturiert vor, verzettele sich im »Tagesgeschäft oft in Kleinigkeiten«, lasse wichtige anstehende Aufgaben liegen und stelle gemeinsam gut durchdachte Beschlüsse wenig später eigenmächtig infrage. Insgesamt müssten dem Geschäftsleitungsteam mehr Kompetenzen übertragen werden.[142] Im Gespräch mit Ariane Hesse wies das Team darüber hinaus auf die unklare Aufgabenverteilung im Marketing und auf fehlende innerbetriebliche Daten und ein wenig ausgereiftes Controlling hin. Eine »langfristig durchgerechnete Strategie« sei dringend notwendig.[143] Deutlich wurde aber auch, dass der Grund für die bescheidene Leistung des Teams nicht alleine im Führungsstil Peter Hesses lag. Der ausgeschiedene Ulrich Hollmann hatte Funktionen im Betrieb übernommen, die das aktuelle Geschäftsleitungsteam kaum ausfüllen konnte, da in seinen Reihen die notwendigen Kompetenzen dafür fehlten.

Für Peter Hesse gaben die Ergebnisse des Betriebsrundgangs die Stimmung im Betrieb nicht korrekt und zu einseitig wieder. »Mein Eindruck war ganz anders. Natürlich hatte ich immer wieder auch einmal Konflikte mit Beschäftigten auszutragen. Von einer großen Krise zwischen mir und der Belegschaft konnte meiner Einschätzung nach aber nicht die Rede sein. Unter meiner Führung ist Schmincke mit hervorragenden Mitarbeiterinnen und Mitarbeitern über Jahre gewachsen. Im Kern war mein Verhältnis zur Belegschaft sehr gut«, schaut Peter Hesse zurück.[144]

Nahezu zeitgleich hielten die Vertreter Schminckes eine außerordentliche Versammlung ab, um, in Anwesenheit von Thomas Hesse, ihre Sorge über den Zustand des Unternehmens zum Ausdruck zu bringen. Daneben erwarteten sie von Peter Hesse ein optimistisches Szenario zur Zukunft der Firma, das ihnen die eigenen beruflichen Ängste nehmen sollte. Als Seismograf und »Stimmungsbarometer« fiel ihnen eine kaum zu überschätzende Bedeutung zu. Sie bekamen unmittelbar mit, wie der Fachhandel und die Konsumenten auf die Sortimentspolitik, die Qualität ihrer Produkte und ihre Lieferbarkeit reagierten. Die Vertreter, mit deren Belangen sich Peter Hesse nach eigenen Angaben immer intensiv auseinandergesetzt hatte, waren schlichtweg in großer

Sorge um Schmincke. Sie wünschten u.a. ein größeres Artikelsortiment und deutlich mehr Besuche von der Geschäftsleitung bei den Fachhändlern, die zuletzt den engeren Austausch sehr vermisst hätten.[145]

Die Ergebnisse der Bestandsaufnahme teilten Ariane und Thomas Hesse ihrem Bruder Peter mit. Auch wurden diese auf einer Betriebsversammlung im September 1995 gemeinsam mit der Belegschaft diskutiert. Vermutlich auch aufgrund seiner langen Abwesenheiten zeigte sich Peter Hesse über manche Stimmungen im Betrieb überrascht. »Kaufmännische Argumente« gegen seine Art der Unternehmensführung gab es aus seiner Sicht nicht, eine langfristige Strategie und ihre Folgen präzise »auszurechnen«, sei in der Branche nicht möglich. Letztlich sei es das Problem der Mitgesellschafter, wenn sie ihm nicht mehr vertrauten. An seiner Position als Geschäftsführer wolle er festhalten. Er sei zwar für Vorschläge über die Ausgestaltung offen, werde sich aber zurückziehen, wenn die Alternativen für ihn nicht akzeptabel seien.[146]

Unter den gegebenen Umständen blieben strukturelle betriebsinterne Probleme, die das Unternehmen schon länger belasteten, ungelöst. Die Optimierung von Produktionsprozessen und der Lagerhaltung ließ auf sich warten, Schwächen in der Organisationsstruktur und den konkreten Stellenbeschreibungen wurden nicht beseitigt (so blieb im Marketing die Verteilung der Aufgaben ungeklärt, für ein ansprechendes Controlling fehlten die notwendigen innerbetrieblichen Daten). Außerdem hatte die Geschäftsführung schon länger Korrekturen versäumt, um die steigenden Personalkosten einzudämmen. Bei nicht wenigen Beschäftigten lag die Vergütungsgruppe über den Stellenanforderungen.

Auch auf die veränderten Marktverhältnisse reagierte Schmincke daher nicht angemessen, und so fehlte es zumindest partiell an einer zeitgemäßen Produkt- und Sortimentspolitik. Neue Sorten wie Norma Professional wurden zwar von den Kunden auf Dauer sehr gut angenommen – alles in allem verfolgte Schmincke aber schon seit Jahren eine eher »innovationsfeindliche Politik«.[147] Die »Traditionssorten wurden ohne angemessene Pflege gemolken«, marktorientierte Produktinnovationen nicht entschlossen genug verfolgt, neue Trends auf der Nachfrageseite, etwa das Bedürfnis nach flüssiger Acrylfarbe, zu spät aufgenommen. Investitionen

129 Geschäftsleitungsteam am runden Tisch: (v.l.n.r.) Frau Fischer (Vertrieb West und Nord), Uli Lassek (Arts), Betriebsleiter Raffegerst, Herr Drews und Peter Hesse, vorne Herr Landherr (Export), späte 1970er Jahre.

beschränkten sich grundsätzlich auf »unvermeidliche Ersatzinvestitionen« und »akute Notlagen«. Das Ergebnis: Auch in der Produktionstechnik lief das Unternehmen nach Auffassung der Verkaufsabteilung mit seinen teilweise »ausgenudelten Maschinen« Gefahr, den Anschluss zu verlieren.[148]

Mitte der 90er Jahre hatte Schmincke dem Fachhandel gewiss immer noch einiges zu bieten. Der Ruf der Firma war unverändert gut, es gab einen überwiegend gut qualifizierten Stamm von Mitarbeiterinnen und Mitarbeitern, der Außendienst leistete ordentliche Arbeit und dass es Produkte gab, die bestmögliche Qualitäten boten (z.B. Pastell und Linol), stand ebenfalls nicht infrage. Gleichwohl hätte das Betriebsklima Mitte der 90er Jahre alles in allem kaum schlechter sein können. Das einst »stolze Wir-Gefühl« machte einem »Dauerfrust« und der Angst Platz, Missstände an die verantwortlichen Stellen zu adressieren.[149]

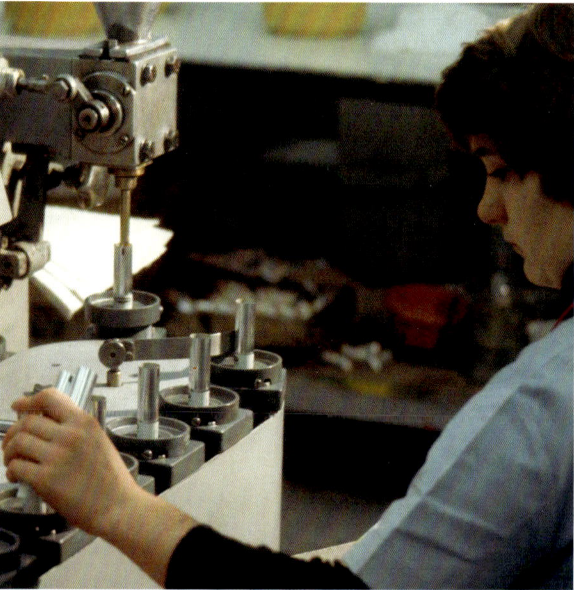

130 Produktionsalltag bei H. Schmincke & Co.

4. AUFBRÜCHE. IM ZEITALTER DER GLOBALISIERUNG (1996/97–2019)

NEUE GESCHÄFTSFÜHRUNG

Je länger die Krise und die Unsicherheit andauerten, desto deutlicher wurde, dass es mit Peter Hesse als alleinigem Geschäftsführer schwer werden würde, Wege aus der Ertragsklemme zu finden. Sein soziales Engagement begrenzte von vornherein die Zeit, die für eine gewissenhafte Sanierung nötig gewesen wäre. Darüber hinaus fehlte sowohl ein kurz- als auch ein mittelfristiges Konzept, den Krisensymptomen Einhalt zu gebieten. Besonders schwer wog der Vertrauensverlust seiner Mitgesellschafter.

Die Führungskrise spitzte sich im Frühjahr 1996 unerwartet weiter zu: Peter Hesse erlitt einen Herzinfarkt und musste nach einer schweren Operation seine Aufgaben als Geschäftsführer zunächst ruhen lassen. Das Geschäftsleitungsteam hatte vorher zu häufig gezeigt, dass es nicht handlungsfähig war, und bot offenkundig keine Gewähr für eine angemessene Unternehmensführung. Daher mussten andere Wege gefunden werden, um den Ausfall von Peter Hesse aufzufangen. Da unter den Prokuristen allein Josef Huster das notwendige Know-how mitbrachte, um die wirtschaftliche Situation präzise zu überblicken, entschieden Thomas Hesse und Wolfgang Roos, die langjährige, im Betrieb nicht unumstrittene Führungskraft wieder in ihre alte Funktion einzusetzen und bis Anfang 1997 an Schmincke zu binden.

Ein wichtiger Anstoß zu einem Wandel der Corporate Governance ging auch von Peter Hesse selbst aus. Die Erfahrung eines lebensbedrohlichen gesundheitlichen Schlags führte bei ihm dazu, die bisherige Leitungsstruktur zu überdenken. Um seine Gesundheit nicht weiter zu gefährden und den schwierigen zeitlichen Spagat zwischen seiner Arbeit als geschäftsführender Gesellschafter und seinem sozialen Engagement zu bewältigen, sprach er sich dafür aus, einen weiteren Geschäftsführer anzustellen. Da alle drei Gesellschafter ohne Nachkommen waren, kamen von Anfang an nur externe Kandidatinnen und Kandidaten in Betracht.

Damit stand Schmincke erneut eine diffizile Aufgabe ins Haus. Einen familienfremden Geschäftsführer zu engagieren, heißt immer, eine bis dato eingespielte Führungskultur zumindest partiell zu hinterfragen und neu zu justieren. Das war den Eigentümern nur zu gut bewusst, hatte doch in der jüngsten Vergangenheit der Konflikt zwischen Peter Hesse und Ulrich Hollmann gezeigt, wie schwierig es ist, die Interessen und Erwartungen zwischen Familienmitgliedern und einem familienfremden Geschäftsführer in der Unternehmensleitung auszutarieren. Die Suche nach einer externen Persönlichkeit stand zudem noch stärker als Mitte der 80er Jahre unter besonderen Vorzeichen, die potenziellen Kandidatinnen und Kandidaten von vornherein viel abverlangten. Das Unternehmen stand inmitten einer veritablen Krise, das Vertrauen der Belegschaft in das Management war schwer erschüttert, und die schwachen Erträge trübten weiter die Bilanz.

Bei der Suche nach einem weiteren Geschäftsführer versuchte Peter Hesse zunächst, seine eigene Vorstellung im Gesellschafterkreis durchzusetzen. Er wollte Wolfgang Ohm von den Handelsvertretungen CDH (Centralvereinigung Deutscher Wirtschaftsverbände für Handelsvermittlung und Vertrieb e.V.) für Schmincke gewinnen. Obwohl seine Mitgesellschafter darauf drängten, sensibel vorzugehen und erst einmal sorgfältig die kaufmännischen Fähigkeiten des Kandidaten auszuloten, fiel Peter Hesse bei Ohm mit der Tür ins Haus und handelte sich obendrein einen Korb ein.[150]

Bei der Auswahl eines externen Geschäftsführers griffen die Eigentümer schließlich auf die Hilfe der Personalberatung Eckart Flöther & Partner zurück, die Ende Mai 1996 empfahl, ein möglichst präzises Anforderungsprofil zu formulieren und geeignete Persönlichkeiten über ein Assessmentverfahren zu finden. Bewerberinnen und Bewerber sollten u.a. in einer »Postkorb-Fallstudie« konstruierte Schriftstücke ordnen, bearbeiten, entsprechende Anweisungen geben etc. Zu den Testverfahren gehörten darüber hinaus fiktive Aufgaben, die zur klassischen Tätigkeit eines Geschäftsführers gehören (Markteinführung einer neuen Produktlinie, Firmenpräsentation, Analyse von Organisationsstrukturen usw.).[151] Von den sechs Bewerbern, die nach einer Vorauswahl das Assessment absolvierten, setzte sich am Ende der jüngste Kandidat durch.

Die Wahl der Eigentümerfamilie fiel auf den 35-jährigen Nils Knappe, der zwar noch keine einschlägigen Branchenkenntnisse mitbrachte, sich dafür aber bereits mit der Reorganisation von mittelständischen Familienunternehmen in wirtschaftlicher Schieflage bestens auskannte. Das Heidelberger Familienunternehmen Gebrüder HEIN GmbH & Co. KG, das Industrieschilder und Etikettierungen produzierte, musste Anfang der 90er Jahre Insolvenz anmelden und wurde anschließend von einer Investorengruppe übernommen. Die erste Phase der Sanierung hatte er von 1993 bis 1996 in der Position eines Geschäftsführers aktiv mitgestaltet.[152]

Nils Knappe hatte mit der Eigentümerfamilie ursprünglich vereinbart, pünktlich zu Beginn des neuen Jahres 1997 die Arbeit bei Schmincke aufzunehmen. »Bis dahin wollte ich mit meiner Frau endlich einmal eine schöne Weltreise von drei bis vier Monaten unternehmen. Dafür reichte die Zeit dann aber doch nicht«, erinnert er sich.[153] Da das Unternehmen weit davon entfernt blieb, im unruhigen Fahrwasser Halt zu finden, und die Stimmung im Betrieb bei frostigen Temperaturen verharrte, baten ihn die Gesellschafter darum, bereits ab dem 1. November 1996 in Erkrath zu beginnen. Grund dafür war auch die im November anstehende jährliche Vertriebstagung aller Außendienstmitarbeiter, an der Nils Knappe vor dem Hintergrund des hohen Problemdrucks unbedingt teilnehmen sollte.

»Das habe ich dann auch gemacht. Damit fiel die Reise etwas kurzer aus. Ich sollte schnellstmöglich die kaufmännisch-organisatorische Sparte übernehmen, während die Verantwortung für das Marketing hauptsächlich bei Peter Hesse verbleiben sollte. Bei meinem Dienstantritt wusste ich zwar, dass ich bei einer Firma mit einer seit langem sehr gut eingeführten Marke anfange. Das genaue Beziehungsgeflecht unter den Gesellschaftern sowie zwischen Unternehmensspitze und Belegschaft waren mir im Detail natürlich nicht bekannt«, so Knappe, der nach einer rund sechsmonatigen Einarbeitungszeit von den Gesellschaftern am 30. Mai 1997 neben dem geschäftsführenden Gesellschafter Peter Hesse zum Geschäftsführer bestellt wurde.[154]

ERSTKLASSIGE PRODUKTE, HOCHWERTIGE DIENSTLEISTUNGEN, INTERNATIONALISIERUNG. STRATEGIEN

Am Anfang stand die gründliche Bestandsaufnahme. Unmittelbar nach seinem Dienstantritt im November 1996 fing Nils Knappe auf der Handelsvertretertagung Stimmen ein und nahm sich mehrere Wochen Zeit, um die Bilanzen der letzten Jahre zu studieren. Neben der mühseligen Arbeit mit den Papierbergen standen ausführliche Gespräche mit der Personalleitung und fast jeder Mitarbeiterin und jedem Mitarbeiter im Vordergrund. Es ergab sich ein stimmiges Bild, wie sich Nils Knappe erinnert: »Die wirtschaftliche Situation war, vorsichtig ausgedrückt, angespannt. Die Stimmung in der Belegschaft reichte von Unsicherheit bis Angst. Die Gespräche wiesen auf ein ökonomisches und emotionales Chaos hin. Dass manches im Argen lag, war ja durch-

Neuer Auftritt überzeugt

Die Künstlerfarbenfabrik Schmincke (Erkrath) präsentierte sich auf der Frankfurter PaperWorld mit einem überzeugenden neuen Auftritt, der, so das Unternehmen, seiner Stellung als Marktführer im Markt der Künstlerfarben entspricht. Ziel des neuen Konzeptes war, dem Kunden bestmögliche Information über die neuen Aktivitäten zu bieten und ein Forum für kompetenten Austausch zwischen den Schmincke-Mitarbeitern und -Handelsvertretern und dem Kunden zu schaffen. Das neue Konzept spiegelte sich in einem stark vergrößerten Messestand genau im Eingangsbereich der Halle 10.1 sowie in einer Neuordnung der Produktpräsentation nach Schwerpunkten der Hauptmarken wider. Ein weiteres Highlight war die künstlerische Darstellung der Aktionsfläche, auf der es der Maler Ulrich Lassek in gewohnter Weise verstand, die Kunden in den Bann zu ziehen.

Der Künstlerfarbenhersteller setzt mit dem Neuauftritt ein deutliches Zeichen im Hinblick auf verbesserten Kundenservice. Dies zeigen darüber hinaus auch die neuen, wiederverwendbaren Thekendisplays, die den Abverkauf der Aquarell-Einsteigerkästen fördern sollen. Begleitend wurde eine Anzeigenkampagne für Endverbraucher gestartet.

131 Schminke & Co. auf der »Paperworld«, 1998

aus bekannt. So etwas hatte ich allerdings nicht erwartet.«[155]

Wo also anfangen? Die Erwartungen in Branchenkreisen waren eindeutig: Ein junger Geschäftsführer wird das Unternehmen zügig sanieren und die bei größeren internationalen Konkurrenten »begehrte Braut« anschließend meistbietend verkaufen.[156] Die Wettbewerber und Branchenanalysten mussten ihre Prognose schon bald korrigieren. Mehrere Entscheidungen, z.B. in der Investitionspolitik, bei Messeauftritten etc., dokumentierten nach außen, dass Schmincke einen anderen Weg einschlug und doch wieder auf eine langfristige und unabhängige Entwicklung setzte.

Gemeinsam mit den Gesellschaftern traf Nils Knappe zunächst eine maßgebliche personalpolitische Entscheidung. Er bat die Eigentümer, den Kontrakt mit Josef Huster, der Anfang 1997 ausgelaufen wäre, um zwei Jahre (und später um zwei weitere Jahre bis 2001) zu verlängern, um sein Know-how noch für eine Übergangszeit zu nutzen. In erster Linie musste es nun darum gehen, die Profitabilität wieder zu erhöhen. Hier stand zu Beginn die grundsätzliche Entscheidung über das Tempo und den Zeithorizont der Restrukturierung an. Schmincke entschied sich gegen eine möglichst schnelle »radikale Rosskur« und gab einer eher mittelfristigen und vorsichtigen, auf rund drei Jahre angelegten, sozialverträglichen Reorganisation den Vorzug, die vor allem auch das tiefe Misstrauen der Belegschaft gegenüber der Geschäftsleitung langsam wieder abbauen sollte.

Zu den wichtigsten Maßnahmen gehörte die Reduzierung der überdimensionierten Personalkosten. Im Verhältnis zur Größe des Unternehmens hatte Schmincke in der jüngsten Vergangenheit zu viele Prokuren vergeben, die nun widerrufen und gelöscht wurden. Daneben führte kein Weg daran vorbei, die zu hohe Einstufung von Mitarbeitern zu korrigieren. »Das waren zum Teil schwierige Gespräche. Jeder Schritt wurde mit dem Betriebsrat abgesprochen und die Ziele der neuen Personalpolitik der Belegschaft genau erklärt. Hier war es zentral, Vertrauen zu schaffen. Es hat mehrere Jahre gedauert, bis die notwendigen Anpassungen umgesetzt waren. Dabei haben uns gerade Modelle der Altersteilzeit sehr geholfen«, erinnert sich Nils Knappe.[157] Um die Ertragssituation wieder zu verbessern, genügte es nicht, nur die Personalpolitik neu zu justieren. Die über Jahre ausgebliebene Modernisierung von Betrieb und Verwaltung hatte zu einem beträchtlichen Investitionsstau geführt, der ebenfalls für die geringe Profitabilität des Farbengeschäfts mitverantwortlich war. Schmincke investierte nun in modernere Produktionsanlagen, in die Gebäudeeffizienz und die Sanierung der Büros. Das kostete viel Geld, zahlte sich mittelfristig aber aus.[158]

Wichtige Impulse für die zukünftige Produktstrategie ging von einem Workshop der Gesellschafter und der Geschäftsführung unter der Leitung des Personalberaters Eckart Flöther Ende August 1998 aus. »Im Wesentlichen« musse es darauf ankommen, den »Mythos-Charakter der Schmincke-Premium-Produkte«, den das Unternehmen auf den Märkten und bei den Kunden gewonnen habe, »sorgfältig zu pflegen und, wo möglich, auszubauen«. Der »Mythos« sei über Jahrzehnte »durch die einmalige Qualität, durch die Tatsache, dass die ›alten Meister‹ zu den Kunden zählten, und durch den Effekt der Werbeaussage ›Farben für Profis‹ begründet worden, der vielen Endverbrauchern das Gefühl des Besonderen vermittelt«.[159]

Die Spezialisierung auf feine und feinste Künstlerfarben sollte mittel- und langfristig Kunden binden und die Zukunft auf einem Markt sichern, der sich auf der Angebotsseite immer stärker veränderte und mittelständische Anbieter mehr denn je herausforderte. Seit Anfang der 90er Jahre mussten sich kleinere Produzenten dem Expansionsdrang der kapitalkräftigen internationalen Wettbewerber stellen. Namhafte Produzenten verloren ihre Unabhängigkeit und wurden von großen Konzernen übernommen. Die britische ColArt Group, ein Tochterunternehmen der AB Wilh. Becker mit dem kunstbegeisterten schwedischen Multimillionär Ulf G. Lindén an der Spitze, erwarb bis zur Jahrtausendwende mit Lefranc & Bourgeois, Winsor & Newton sowie Liquitex gleich drei namhafte Wettbewerber. In den Jahren ab 2010 trieb vor allem die italienische F.I.L.A. Group mit dem Kauf mehrerer Mittelständler den Konzentrationsprozess in der Branche voran.[160]

Bei ihrer konkreten Marktanalyse nach der Konstituierung der neuen Geschäftsführung machten Eigentümer und Führungsspitze die Qualität der feinsten Aquarell-, Öl- und Pastellfarben als das Alleinstellungsmerkmal

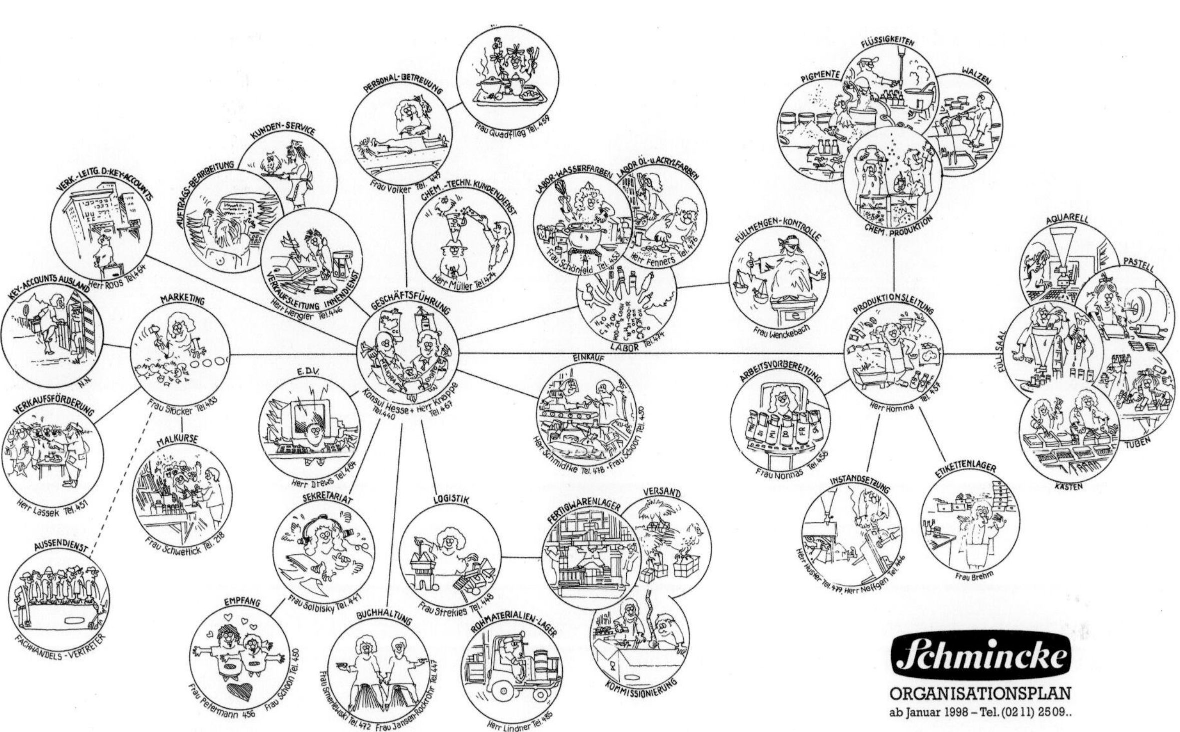

132 »Wer + Was?« Organisationsplan, 1988

des Unternehmens aus. Die Produktgruppe sicherte Schmincke im Premiumsegment die Marktführerschaft im deutschsprachigen Raum und war verantwortlich für die Reputation der Marke im internationalen Markt. Im Bereich der Acrylfarben war das Unternehmen hingegen, im Verhältnis zu anderen Spitzensorten, deutlich schwächer aufgestellt. »In den 70er und 80er Jahren hat Schmincke hier wichtige Trends verschlafen und Marktchancen liegen gelassen. Es fehlte ein klares Konzept. Es gab zwar eine Acrylfarbenserie im Programm, die aber nur halbherzig gepflegt wurde und im Unternehmen nicht als Kernprodukt galt. Überdies zog sich die damalige Geschäftsführung zu sehr auf das Argument ›Wir können das nicht‹ zurück«, führt Nils Knappe aus, der nun die Entwicklung von hochwertigen Acrylfarben besonders forcierte.[161] Die Entscheidung öffnete die Tür zu jüngeren Kunden, die Acrylfarben für moderner, weniger antiquiert und leichter in der praktischen Anwendung empfanden als Aquarell-, Öl- oder Pastellfarben, die eher von (Hobby-)Künstlern mit konservativeren Maltechniken bevorzugt wurden. Schritt für Schritt holte Schmincke den Rückstand auf. Das bestehende Angebot wurde überarbeitet und der Premium-Maxime entsprechend zeitgemäß aufbereitet. Die Produkteinführung der neuen Premium Acrylfarbe nach dreijähriger Entwicklungsphase erfolgte 2003. Schon Ende der 90er Jahre hatte Schmincke mit seiner Akademie Acrylfarbe zum ersten Mal eine Farbe im Studiensegment angeboten, die unterhalb der Premiumsorten angesiedelt war. Die Einführung einer solchen Sorte bzw. eines solchen Segmentes war nicht unumstritten im Unternehmen, lohnte sich unter dem Strich aber. Das jährliche Wachstum im Bereich der Acrylfarben erreichte schnell rund zehn Prozent. Heute macht ihr Anteil an der Gesamtproduktion der Künstlerfarben etwa 40 Prozent aus.[162]

Unter der Führung von Nils Knappe fielen in der Produktpolitik noch weitere richtungweisende Entscheidungen, die letztlich der Prämisse »Spezialisierung« geschuldet waren und ebenfalls dazu beitrugen, die Kräfte auf die Kernkompetenzen zu konzentrieren.

133 125-Jahr-Feier, 2006

134 Optimistischer Blick in die Zukunft: v.l.n.r. Uwe Petrow (kaufmännische Leitung), Nils Knappe (CF), Helmut Homma (Betriebsleitung), Dr. Wolfgang Müller (Labor), Markus Baumgart (Vertrieb) auf der 125-Jahr-Feier, 2006

So gab Schmincke die Grafik-Sparte und nach der Jahrtausendwende auch das lange durchaus lukrative Geschäft mit Handelswaren (Malzubehör, Staffeleien etc.) auf. »Spezialisierung« hieß gleichzeitig auch, neuen Trends, die ein gutes Geschäft versprachen, bewusst nicht nachzueifern. In den späten 90er Jahren erlebte die Hobbyfarbenbranche einen unerwarteten Boom mit sogenannten Window Colours, den die Kreativbranche in diesem Ausmaß so noch nicht gesehen hatte. Auch viele Künstlerfarbenhersteller, die eigentlich nicht im Hobbyfarbensegment unterwegs waren, wollten »ihr Stück vom großen Kuchen« abbekommen. Viele vernachlässigten hierfür ihr eigentliches Kerngeschäft. Nach etwa drei Jahren endete dieser Boom abrupt. Interessant war auch, dass er nahezu ausschließlich in Deutschland stattfand. Obwohl der Boom einigen Anbietern außergewöhnlich hohe Umsätze einbrachte, wurde der Trend bei Schmincke nie zu einem Thema.[163]

Mit der ständigen Anpassung des Produktportfolios gingen technische Innovationen einher, die die Effizienz der Produktion steigerten. Schmincke investierte allein zwischen 2006 und 2008 ca. zwei Mio. Euro in die Optimierung der Produktionsabläufe. Dazu gehörte vor allem der Aufbau einer vollautomatischen Tubenfüllstraße. Verbesserte Produktionsprozesse trugen auch dazu bei, preissensible Einsteigerartikel, die sich vorher nicht zu wettbewerbsfähigen Konditionen herstellen ließen, anzubieten.[164]

Zu einem wichtigen Eckpfeiler der Gesamtstrategie wurden nun auch die Internationalisierung und der Ausbau des Exportgeschäfts. »Die gesamte Branche war nicht nur in Deutschland hauptsächlich national ausgerichtet. Eine Ausnahme war allenfalls Großbritannien, die Geschäfte mit den Commonwealth-Ländern unterhielten. Das änderte sich in den 90er Jahren, spätestens mit der Einführung des Euro 1999 bzw. 2002«, blickt Nils Knappe auf eine wichtige Zäsur für Schmincke und die gesamte Branche zurück.[165] Gab es bis dahin gewissermaßen nationale Preisstrukturen, veränderten sich mit dem Übergang von der D-Mark zum Euro als Buchgeld am 1. Januar 1999 und schließlich zum Bargeld drei Jahre später die Märkte grundlegend. Der Wettbewerb nahm zu, die Verfügbarkeit der Produkte im Euroraum erhöhte sich, das Preisgefüge musste sich neu sortieren. Trotz des wachsenden Konkurrenzdrucks eröffnete die Währungsunion deutschen KMU auch neue Möglichkeiten. Die Märkte im Euroraum zu beurteilen und die eigenen Chancen in den Volkswirtschaften, die der Währungsunion angehörten, abzuschätzen, fiel nunmehr leichter. Ebenso erhöhte die gemeinsame Währung bei potenziellen Kunden im Ausland die Transparenz über die Angebote deutscher mittelständischer Anbieter.[166]

»Außerdem«, so Nils Knappe weiter, »ist nicht zu vergessen, dass uns die Nischenstrategie auf den inländischen Märkten zwar schöne Erfolge eingebracht hatte, damit aber gleichzeitig der Aufwand immer größer wurde, um hier weiter zu wachsen. Im Ausland gab es meiner Ansicht nach ein deutlich größeres Wachstumspotenzial«, beschreibt er die Marktsituation um die Jahrtausendwende.[167] Die Einschätzung wurde auch von Peter Hesse geteilt, nur fehlte bis dahin die geeignete Organisation zur Umsetzung. Zu sehr konzentrierte sich der Export bei Schmincke auf die Person Peter Hesse und dessen Vorlieben und Kapazitäten. In jenen Ländern, die er persönlich gerne besuchte, wie Frankreich, die USA oder Australien, bemühte er sich auch, geschäftliche Verbindungen aufzubauen. Nun wurden die notwendigen internen Organisationstrukturen eingerichtet und der Export u.a. in den asiatischen Raum systematisch ausgebaut. Maßgeblich an dieser Entwicklung war der 2001 eingestellte neue Leiter für Vertrieb und Marketing, Markus Baumgart, beteiligt, der 2008 gemeinsam mit dem kaufmännischen Leiter, Uwe Petrow, Prokura erhielt. Mittlerweile führt Schmincke Produkte in 56 Länder aus. Etwa 50 Prozent gehen jeweils in die europäischen Staaten und nach Übersee. Alles in allem erhöhte sich der Exportanteil von rund 20 Prozent in den 90er Jahren auf etwa 55 Prozent 2019.[168]

Das Selbstverständnis des Unternehmens durfte sich nach Auffassung von Nils Knappe nicht alleine aus den höchsten Qualitätsansprüchen an die eigenen, originären Produkte speisen. Nach seinem Dienstantritt verlegte er sich zügig darauf, das Set der Dienstleistungen auf ein neues Niveau zu heben. Hochwertige Produkte samt nicht minder hochwertigen Dienstleistungen (»Produkt plus Dienstleistung«[169]) sollten fortan gemeinsam den Markenkern ausmachen und zum unternehmenspolitischen Ziel »Kunden binden, Profitabilität sichern« beitragen.[170]

Hier lag der wichtigste Schwerpunkt der Investitionspolitik zunächst in dem Aufbau eines zeitgemäßen EDV-Systems. Es zeichnete sich bereits deutlich ab, dass die neuen Formen der Kommunikation im beginnenden Internet-Zeitalter auch die Geschäftsbedingungen der Farbenproduzenten auf Dauer erheblich verändern würden. Ein entscheidender Schritt war die Einführung eines neuen EDV-Systems 1998, das sukzessive für alle Bereiche des Unternehmens eingesetzt wurde. Da Nils Knappe die digitale Welt von Beginn an als Chance begriff, bereitete sich Schmincke seit 1997 auf den Sprung ins Internet

135 Logo zum 125-jährigen Jubiläum

vor. Zunächst wurde das System Electronic Data Interchange installiert, das den Austausch von Bestellungen und Rechnungen mit Großhändlern und Repräsentanten ermöglichte. In den nächsten Monaten führte Schmincke das »Warenwirtschafts- sowie Produktionsplanungs- und Steuerungssystem« ein und integrierte die E-Commerce-Plattform in die neue Warenwirtschaft. Im Sommer 1998 kommunizierten die Ein- und Verkäufer mit Kunden, Vertretern und Lieferanten erstmals über das neue System. Der Aufbau weiterer elektronischer Kanäle folgte, bis im Februar 2000 ein vollständiges Management-Informationssystem den Abruf betriebswirtschaftlicher Kennzahlen mit einem Tastendruck und das Controlling in Echtzeit ermöglichte. Im Juli 2000 vermeldete Schmincke schließlich den Sprung ins World Wide Web. Das komplette Produktportfolio mit rund 4.500 Artikeln war fortan auf der Homepage abgebildet. Informationen konnten so umfassend dargestellt werden und waren jederzeit abrufbar. In den Folgejahren wurde auch ein Bestellmodul für Fachhändler eingeführt.[171]

AKADEMIE®
Acryl color

Feine Künstler-Acrylfarben

PROMOTION Set

nur im Januar 2006

bzw. solange der Vorrat reicht

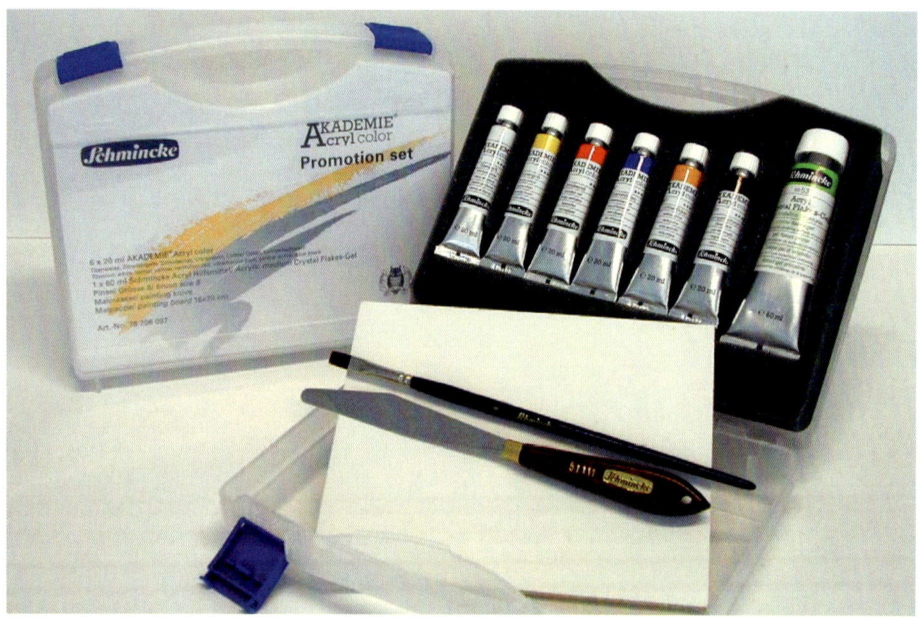

Ausprobieren und experimentieren - dazu lädt dieses Promotion Set geradezu ein.

Das Kunststoff-Set enthält:

- 6 Tuben 20 ml der **AKADEMIE® Acryl** color, feine Künstler-Acrylfarben: Titanweiss, Kadmiumgelbton, Krappkarmin, Phthaloblau, Lichter Ocker, Lampenschwarz,
- eine 60-ml-Tube Schmincke Acryl Hilfsmittel Crystal Flakes-Gel - ein Effekt-Gel für kristalline, funkelnde Oberflächenstrukturen - kann pur oder auch mit Farben gemischt angewendet werden.
- 1 Pinsel Gr. 8,
- 1 Palettmesser (Art.-Nr. 51 111 097, Länge 22,5 cm, Klinge 12 cm) und
- 1 Malpappe 16 x 20 cm

Bevorraten Sie sich jetzt und profitieren Sie von diesem attraktiven Angebot:

Artikelnr **76 706 097** € 9,95 Stück (netto)
EAN Code 4012380077318

136 AKADEMIE Acryl color Feine Künstler-Acrylfarben. Flyer zum Kunststoff-Set: 6 Tuben 20 ml + Hilfsmittel + Pinsel + Palettmesser + Malpappe, Januar 2006

125 Jahre

HORADAM® AQUARELL

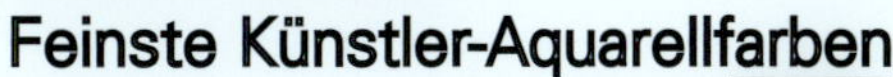

Jubiläums-Kasten

nur im Februar und März 2006

bzw. solange der Vorrat reicht

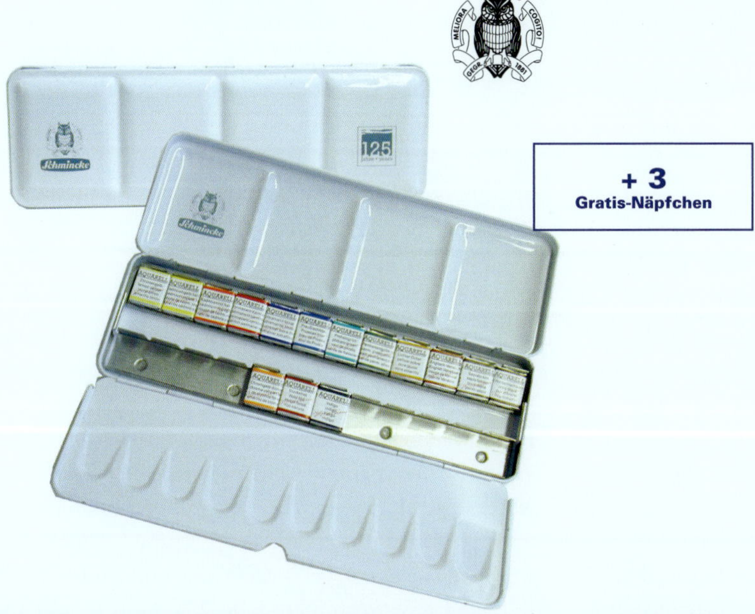

+ 3 Gratis-Näpfchen

HORADAM® AQUARELL-Malkasten 12 + 3 Näpfchen

Zum Anlaß des 125-jährigen Firmen-Jubiläums bietet Schmincke ab 1.2.2006 einen besonderen Aktionskasten in Weiß mit 12 halben Näpfchen (entspricht der Bestückung des 74 412) plus 3 halben Näpfchen gratis.

Die folgenden Farbtöne sind in diesem Kasten enthalten:

Bestellen Sie jetzt und bieten Sie Ihren Kunden den Vorteil dieser Jubiläums-Edition!

Artikelnr **74 015 097**
EAN Code 4012380087010

137 HORADAM AQUARELL Feinste Künstler-Aquarellfarben. Flyer zum Jubiläums-Kasten mit 12 halben Näpfchen + 3 halben Näpfchen gratis, Februar und März 2006

Weitere Schritte hin zum Qualitätsdienstleister folgten. Der Internetauftritt wurde fortwährend verbessert, im Frühjahr 2009 ein neues Media-Programm eingeführt, das über kurze Videosequenzen über die Produktionsabläufe und die Anwendung der Artikel informierte. Großen Zuspruch bei Fachhändlern und Endverbrauchern fand außerdem das Angebot, sich durch Mitarbeiterinnen und Mitarbeiter im Labor beraten zu lassen. Die Einlösung des Qualitätsversprechens und die schnelle und einwandfreie Lieferung an die Kunden setzte verlässliche Liefersysteme voraus. Um die gesamte Logistik von Erkrath aus abzuwickeln, erweiterte Schmincke 2008 das Fertigwarenlager und baute nahezu parallel ein neues Hochregallager auf.[172]

So einfach, wie es auf den ersten Blick erscheint, verliefen die Reorganisation und die partiell neue Ausrichtung der strategischen Ziele allerdings nicht. Der Grund: Die Idee einer harmonischen Doppelspitze in der Geschäftsführung stieß erneut an Grenzen. Abermals zeigte sich, dass die Kooperation zwischen einem geschäftsführenden Familienmitglied und einem neuen externen Geschäftsführer gerade zu Beginn für beide Seiten immer eine besondere Herausforderung und eine außergewöhnliche Belastungsprobe darstellt. Die Eigentümerfamilie verliert im operativen Geschäft ihre alleinige Entscheidungshoheit und muss lernen, Verantwortung und Macht zu teilen, gegebenenfalls mit neuen Geschäftsideen umzugehen und einer Person zu vertrauen, über die trotz einer gewissenhaften Personalauswahl anfangs nur wenig bekannt ist. Die traditionelle Unternehmenskultur erfährt letztlich einen tiefen Einschnitt, der das bisherige Selbstverständnis der Eigentümerfamilie berührt, von ihren Angehörigen bisweilen auch als Bedrohung wahrgenommen wird und in zähen Positionskämpfen mündet.

Der familienfremde Geschäftsführer befindet sich gleichfalls in keiner einfachen Position. Auch wenn ihm bei Dienstantritt Informationen zur Unternehmenskultur und der besonderen »DNA« des Betriebs vorliegen, zeigt erst der Geschäftsalltag, ob es ihm gelingt, sich auf die historisch gewachsenen Eigenarten eines Familienunternehmens einzulassen und sich auch gegenüber schwierigen Charakteren in der Eigentümerfamilie zu behaupten. Er muss sich in den Augen der Gesellschafter und auch der Belegschaft erst noch bewähren und zugleich den eigenen Standpunkt im Zweifelsfall auch energisch und mit der notwendigen Entschlossenheit vertreten.

Auch wenn die Suche nach einem externen Manager mit der Zustimmung Peter Hesses erfolgt war, fiel es ihm schwer, sich mit der neuen Struktur der Geschäftsführung zu arrangieren. In mancher Hinsicht erfuhren die Konflikte, die er mit Ulrich Hollmann ausgetragen hatte, nun in der Zusammenarbeit mit Nils Knappe eine Neuauflage. Wie bereits in der Vergangenheit erschwerte seine Neigung, von seinen geschäftlichen Ideen überzeugt zu sein, die Arbeit in der Geschäftsführung und die Abstimmung im Gesellschafterkreis. »Ich habe Peter Hesse als Person kennengelernt, der seine eigene Sicht auf Sachthemen hat und von alternativen Vorschlägen erst überzeugt werden muss. Da gab es die eine oder andere kontroverse Debatte«, beschreibt Nils Knappe die Anfänge der Zusammenarbeit.[173]

Nach Auffassung von Peter Hesse bot nur ein Verkauf Schminckes die Möglichkeit, länger zu überleben. 1997/98 versuchte er, einen Käufer für das Unternehmen zu finden und die Familie davon zu überzeugen, mit potenziellen Interessenten in ernsthafte Verkaufsverhandlungen einzutreten. Seine Absicht stieß bei den Mitgesellschaftern und bei Nils Knappe auf Widerstand, sorgte im Unternehmen für Unruhe, schürte in der Branche Gerüchte, gefährdete den Konsolidierungskurs und ließ eine vertrauensvolle Zusammenarbeit in der Geschäftsführung faktisch nicht mehr zu.

Der Dissens ließ Nils Knappe kaum noch eine andere Wahl: »Am Jahresende 1998 stand es wirklich Spitz auf Knopf. Da habe ich ernsthaft überlegt aufzuhören. Nun musste ich die grundlegende Frage aufwerfen: ›Er oder ich‹? Wer hat nun das Sagen?« Die uneingeschränkte Rückendeckung von Ursula, Ariane und Thomas Hesse hielt Nils Knappe an Bord, der in Zukunft im operativen Geschäft das letzte Wort haben sollte. Dass die Entscheidung wiederum Peter Hesse aufbrachte, war leicht vorauszusehen. Das Ende der gemeinsamen Zusammenarbeit ließ nicht mehr lange auf sich warten: Gemäß Gesellschafterbeschluss vom 19. April 1999 legte er sein Amt als Geschäftsführer nieder.[174]

Ruhe kehrte in der Familie und den Führungsgremien auch jetzt nicht ein. Wie Peter Hesse später einräumte, wurde sein Verhalten in den nächsten Monaten wesentlich von der »inneren Mühe« bestimmt, »Schmincke loszulassen«.[175] Auch als »einfacher« Gesellschafter stand ihm gewiss jedes Recht zu, die Unternehmenspolitik kritisch zu begleiten. In den Augen der Mitgesellschafter und der Geschäftsführung schoss er dabei aber bisweilen über das Ziel hinaus. An die gemeinsame Absprache, etwaige Kritik an der Geschäftsleitung unmittelbar an die Unternehmensspitze zu richten, hielt er sich nur bedingt. Da sich die Büroräume seiner Stiftung auf dem Firmengelände befanden, fiel der Umweg, über die Gesellschafterrolle an die Geschäftsführung heranzutreten, umso leichter. So kommentierte Peter Hesse etwa im Januar 2002 bei einem Betriebsbesuch Renovierungsarbeiten, für die er sich selbst im Gesellschafterkreis ausgesprochen hatte, gegenüber Handwerkern als Geldverschwendung und völlig unnötige Ausgaben. »Nachdem sich derartige Vorfälle häuften, blieb nur noch der Weg, klare Grenzen zu ziehen und Peter Hesse darauf hinzuweisen, dass es auch die Möglichkeit gäbe, ihn bei weiteren geschäftsschädigenden Aussagen als Gesellschafter zu belangen. Mehr Ruhe kehrte erst ein, als seine Stiftung das Gebäude verließ und er deutlich weniger Zeit in Erkrath verbrachte«, blickt Nils Knappe zurück.[176] Peter Hesse wies den Vorwurf, die Geschäftsführung gegenüber Dritten in Misskredit zu bringen, zurück und betrachtete dies als »böswillige verallgemeinernde Unterstellung«.[177]

Zum langen emotionalen Abschied aus der unmittelbaren operativen Verantwortung gehörte für Peter Hesse überdies die Erfahrung, auch auf Fachgebieten, die er als seine Steckenpferde betrachtete, nicht mehr

138 Peter Hesse (r.) und Nils Knappe, 1997

139 Nils Knappe, 1997

gehört zu werden. Dass Nils Knappe es abgelehnt habe, »wenigstens gelegentlich Marketingfragen« mit ihm zu erörtern, zeige, »wie unsicher« er sich in diesen Fragen immer noch fühle. Das sei »bedauerlich und nicht zum Wohl [der] Familienfirma«.[178] Die Geschäftsleitung habe ihn auch bei der Suche nach geeigneten Strategien in den USA nicht um Rat gefragt. Seine »Bereitschaft, in diesem Bereich für das Haus Schmincke Vertrauensbrücken zu bauen, [...] wurde leider von Herrn Knappe nie genutzt«. Auch hier hätte er sich von ihm »mehr Selbstsicherheit« gewünscht. Die »Management-Fehler« von Nils Knappe in den USA hätten dazu geführt, dass er »als einer der Familienbanker der Firma« seine »dort belassenen Mittel nicht gesichert sehe«.[179]

Seine Sicht der Dinge teilten die Mitgesellschafter nicht, die sich besonders gegen die Kritik an der Arbeit von Nils Knappe stemmten. Es sei geradezu, so Ursula Hesse, eine »Unverschämtheit«, Nils Knappe Unsicherheiten in der Art und Weise, das Unternehmen zu führen, zu unterstellen. Wenn Peter Hesse die von großem Engagement getragene Arbeit von Nils Knappe »immer auf unsachliche Art [...] in Frage« stelle, sei es kaum überraschend, wenn es zu keinem gemeinsamen Gespräch komme.[180]

Unter dem Strich war Peter Hesse rund sechs Jahre nach seinem Rückzug aus der Geschäftsführung bereit, den unternehmenspolitischen Kurs und seine Ergebnisse anzuerkennen. Im Februar 2005 wies er beispielsweise darauf hin, dass Nils Knappe »seine Stärken gut zum Wohl des Hauses eingesetzt« habe, bei der Auswahl seines jungen Führungsteams besonders erfolgreich gewesen sei und die Finanzergebnisse doch erfreulich ausfielen.[181]

In der Tat hatte das strategische Gesamtpaket mit seinen drei Säulen, erstklassige Produkte, hochwertige Dienstleistungen und beschleunigte Internationalisierung, die Marktposition Schminckes im In- und Ausland gestärkt und wesentlich dazu beigetragen, die Unabhängigkeit in einer Branche mit zuletzt ausgeprägten Konzentrationstendenzen zu bewahren. Daran änderte auch die tiefgreifende Finanz- und Wirtschaftskrise 2008 und 2009 nichts, die einen mehrjährigen Boom der Weltwirtschaft jäh beendete.[182] Eine ungezügelte expansive Geldpolitik, die leichtfertige Vergabe von Krediten und Versäumnisse bei der Regulierung der Finanzmärkte ließen in den USA die Immobilienblase platzen. Hohe Abschreibungen der Bankhäuser und Versicherungen, ein massiver Vertrauensverlust auf den Finanzmärkten und die Lähmung der Geldkreisläufe zwischen den Banken rissen die Weltwirtschaft im Spätsommer in eine tiefe Krise. Im Euroraum sank das Bruttoinlandsprodukt in den letzten drei Monaten des Jahres gegenüber dem dritten Quartal um 5,7 Prozent. Im vierten Quartal konnte sich auch die deutsche Volkswirtschaft dem Strudel der weltweiten Rezession nicht mehr entziehen. Da die Exporte einbrachen, hatte die Bundesrepublik den stärksten Rückgang der gesamtwirtschaftlichen Produktion seit vier Jahrzehnten zu verkraften.

Die Finanz- und Wirtschaftskrise, die seit Herbst 2008 von den USA ausgehend einen globalen ökonomischen Flächenbrand entfacht hatte, hielt die Weltwirtschaft auch 2009 in Atem. Einbrüche im internationalen Handel, nachlassende Investitionen der Unternehmen und eine schwache Nachfrage der zunehmend verunsicherten Konsumenten führten zur stärksten Rezession nach dem Zweiten Weltkrieg. Obwohl staatliche Konjunkturprogramme, Finanzspritzen für »systemrelevante« Banken und die Niedrigzinspolitik der Zentralbanken dazu beitrugen, die Finanzmärkte und die Konjunktur in der zweiten Jahreshälfte langsam zu stabilisieren, ging das weltweite reale Bruttoinlandsprodukt um 2,3 Prozent zurück. In der Bundesrepublik erlebten nahezu alle deutschen Schlüsselindustrien heftige Produktionseinbrüche. Im Maschinenbau gingen die Umsätze um 23,1 Prozent, bei den Kraftfahrzeugbauern um 20,5 Prozent, in der Elektroindustrie um 17,0 Prozent und in der chemischen Industrie um 17,7 Prozent zurück. »Das alles hat unser Geschäft fast überhaupt nicht berührt. Eine Kreditklemme wie bei manchen anderen Unternehmen gab es nicht, die Kundenbindung blieb eng, und unsere Endverbraucher waren unverändert bereit, in ihr Hobby zu investieren«, beschreibt Nils Knappe die Situation Schminckes in den gesamtwirtschaftlich sehr schwierigen Monaten.[183]

So schadlos hielten sich längst nicht alle deutschen Unternehmen in der Branche. Die Lycra Bleistift-Fabrik GmbH & Co. KG verlor ihre Eigenständigkeit und wurde 2008 von der F.I.L.A.-Unternehmensgruppe übernommen. Wenig später saß auch die traditionsreiche Düsseldorfer Firma Lukas Nerchau auf dem »Fusions-Karussell«, die freilich seit den späten 90er Jahren eine andere Strategie als Schmincke verfolgt hatte. Neben der Produktion von Farben verkaufte Lukas in Kaufhäusern und Baumärkten auch Handelswaren wie Pinsel, Keilrahmen und Staffeleien, die zu einem hohen Prozentsatz aus China importiert wurden. Das Geschäftsmodell erwies sich vorübergehend als durchaus erfolgreich. Zwischen 1996 und 2006 verdoppelte Lukas den Umsatz auf zwölf Mio. Euro. Zugleich erfuhr das Management um Geschäftsführer Hubert Heusgen im Tagesgeschäft regelmäßig, wie unberechenbar das Handelsgeschäft mit China blieb. Die Zahl der Lieferanten für Pigmente und Bindemittel war überschaubar, die Preise für Rohstoffe schwankten beträchtlich, bisweilen standen Grundstoffe, die von chinesischen Firmen benötigt wurden, von einem Tag auf den anderen für die Ausfuhr an ausländische Kunden nicht mehr zur Verfügung. Auf lange Sicht gelang es Lukas nicht, die Selbstständigkeit zu behaupten.[184] Der langjährige Konkurrent von Schmincke wurde zum 1. Januar 2013 von der britischen Daler Rowney Ltd. akquiriert, die wiederum 2016 von der F.I.L.A. Group aufgekauft wurde.

Die hohe Wettbewerbsfähigkeit, die starke Innovationskraft und die bemerkenswert gute Marktposition brachten Schmincke in jüngster Zeit verschiedene Auszeichnungen ein, die ihre große Reputation in Branchenkreisen sowie unter den deutschen Familien- und Markenunternehmen unterstreichen. Im Februar 2018 wurde das Unternehmen auf der Fachmesse »Creative World« mit dem »Creative Impulse Award« ausgezeichnet. Schmincke erreichte mit einem neu designten Horadam-Aquarellkasten in der Kategorie »Kreatives Produkt des Jahres« den ersten Platz. Das Josef Horadam

140 135 Jahre Schutz-Marke Schmincke

Watercolour Wheel, hergestellt von einem spezialisierten deutschen Metallverarbeiter, überzeugte mit einem in sich drehenden Aluminiumzylinder, aus dem sich die zwölf verschiedenen Aquarellnäpfchen herausdrehen lassen. Acht Monate später wurde Schmincke zum dritten Mal in den Kreis der »Marken des Jahrhunderts«, in eine Enzyklopädie der leistungsstärksten deutschen Markenunternehmen aufgenommen. Die 250 »Ikonen der Wirtschaft« zeichnen sich nach Ansicht der Initiatoren (eine namhafte Jury unter der Schirmherrschaft der ZEIT-Stiftung) durch qualitativ hochwertige Produkte und Dienstleistungen »Made in Germany«, »Verantwortungsgefühl und Charakter« sowie Marktführerschaft aus.[185]

IV / **SCHLUSSBETRACHTUNG UND AUSBLICK**

(JÖRG LESCZENSKI/ANDREA H. SCHNEIDER-BRAUNBERGER)

Das Unternehmen Schmincke behauptet unter den Produzenten von Künstlerfarben seit nunmehr fast 140 Jahren seinen Platz. Das ist keineswegs selbstverständlich und aus wenigstens zwei Gründen bemerkenswert. Trotz der großen Bedeutung von Familienbetrieben für die Unternehmensgeschichte im 19. und 20. Jahrhundert wurden (und werden) nur wenige eigentümergeführte Firmen älter als 100 Jahre. Überdies wurden die Balance und der Ausgleich von Familien- und Unternehmensinteressen, die zwingend nötig sind, um den Besitz an einem Unternehmen und seine Führung über mehrere Generationen in Familienhand zu halten, bei Schmincke immer wieder empfindlich gestört.

Es war gerade die NS-Zeit und ihre Folgen, die den Familienverband in mehrfacher Hinsicht herausforderte. Der Tod von Julius Hesse 1937 und die erneute Heirat seiner Ehefrau Gerta, die Rückkehr von Ernst O. Hesse und Ilse Hesse aus den USA, die Notwendigkeit, die Existenz Schminckes als »halbjüdisches« Unternehmen in der NS-Diktatur zu sichern, und ein Alltagsleben, das vielfältigen Sonderbedingungen unterlag, belasteten den Familienverband schwer. Die offensichtlich nie ausdiskutierte Ambivalenz zwischen der notwendigen Kooperation der Unternehmensführung mit den Nationalsozialisten, sei es rüstungstechnisch sowie kunstideologisch, und der Verfolgung des jüdischen Familienteils ist auffällig. Die Scheidung von Ernst O. und Ilse Hesse, ihre erneuten Eheschließungen und ihre juristischen Streitigkeiten in der Nachkriegszeit sorgten zusätzlich dafür, dass die Familie innerhalb von nur rund zehn bis zwölf Jahren außergewöhnliche Belastungen zu bewältigen hatte. Dass die unterschiedlichen Erfahrungen und Wahrnehmungen der Zwänge und Notwendigkeiten in der NS-Zeit Konflikte zwischen den Familienmitgliedern hervorriefen bzw. zusätzlich verschärften, ist aus den Unternehmensgeschichten anderer Familienunternehmen durchaus bekannt. Die lange »Halbwertszeit« der verschiedenen Interpretationen über die Familiengeschichte im Nationalsozialismus ist hingegen ungewöhnlich. Die Ursache für das schwierige Verhältnis zwischen Ernst O. Hesse und seinem Sohn Peter sowie für das latente Misstrauen zwischen den Familien lag gewiss nicht ausschließlich, aber doch zu einem beträchtlichen Teil in den konträren Auffassungen über das »richtige« Verhalten von Familienmitgliedern in der NS-Diktatur, die bis weit in die 70er Jahre hinein für emotionale Debatten sorgten.

Welche Faktoren begünstigten hingegen die lange Lebensdauer des Unternehmens? Ein Unternehmen, das über mehrere Generationen von Angehörigen der Gründerfamilie geleitet wird, musste sich in der Regel gleich mehrmals »neu erfinden«, sprich: diversifizieren, Produktstrategien tiefgreifend ändern, gegebenenfalls ganz neue Artikel produzieren. Das alles blieb Schmincke im Wesentlichen erspart. Auch wenn das Unternehmen mitunter seine produktionstechnische »Komfortzone« verließ und mit seinen Kernkompetenzen in neue Sparten vorstieß (Entwicklung des HKS-Systems), lag der Schwerpunkt durchweg auf der Herstellung feinster und feiner Künstlerfarben von höchster Qualität. Diese jedoch immer wieder zu verbessern und für die und mit den Künstlern zu bearbeiten, lag schon in der Gründungs-DNA von H. Schmincke & Co.

Auf den Nischenmärkten blieb die Nachfrage nach hochwertigen Farben seit dem späten 19. Jahrhundert hoch; Schmincke war zudem auf dem internationalen Parkett vertreten und genoss höchste Reputation. Das Interesse an Kunst und Kultur gehörte zu den wichtigsten Fixpunkten des bürgerlichen Wertekanons und galt als ein wesentliches Element der Persönlichkeitsbildung. Gut situierte bildungs- und wirtschaftsbürgerliche Familien hatten während der wirtschaftlichen Krisenzeiten in der Zwischenkriegs- und Nachkriegszeit zwar auch finanzielle und materielle Einbußen zu verkraften; die Teilhabe an Kunst und Kultur sowie die Bereitschaft, in hochwertige Künstlermaterialien zu investieren, blieb jedoch ein Anker ihres Selbstverständnisses. In der Bundesrepublik kamen manche gesellschaftliche Trends Schmincke zugute, die gerade Malen und Zeichnen einen hohen Status verliehen. Die Ausdifferenzierung und Individualisierung von Lebensformen seit den 70er Jahren, die individuelle Suche nach einem sinnerfüllten Leben und die hohe Wertschätzung einer kreativen Freizeitgestaltung als Quelle der Persönlichkeitsentfaltung in einkommensstärkeren Haushalten hielten die Nachfrage nach besten Künstlerfarben hoch. Anders gewendet: Schmincke erlebte zu keiner Zeit eine marktbedingte, existenzgefährdende Krise.

Mut zum Risiko samt »Glück und Spucke« benötigt fast jedes Familienunternehmen, um langfristig zu überleben. Der erste mutige Schritt der Unternehmerfamilie – noch mitgetragen von Julius Hesse und ausgeführt von Ernst O. Hesse –, in den 30er Jahren eine Kooperation auf dem US-Markt zur Herstellung von Farben einzugehen, war ein Erfolg. Allein die besonderen Umstände des Unternehmens innerhalb Deutschlands und der Ausbruch des Zweiten Weltkrieges beendeten den eingeschlagenen Weg in den USA. Die Entscheidung von Ernst O. Hesse, sich in den Wirren der Nachkriegszeit auf den Import von Recordern und Außenbordmotoren einzulassen, der zu mehr als nur einem lukrativen Nebengeschäft wurde, lässt sich ebenso zu den mutigen Schritten zählen wie die Konzentration auf Spitzensorten und die Courage, zu Beginn der hausgemachten Krise Mitte der 90er Jahre auf eine konsequente Reorganisation zu setzen. In der jüngeren Vergangenheit erwies sich der kluge Mix aus Traditionsbewusstsein (Pflege des Marken-Mythos), Offenheit gegenüber neuen technischen Basisprozessen (Internet, Aufbau neuer Vertriebskanäle) und produktpolitischer Konsequenz (Produkte und Dienstleistungen von hoher Qualität) als ein wesentlicher Schlüssel für wirtschaftliche Profitabilität und Unabhängigkeit.

141 Ernst O. Hesse vor dem Otto-Dix-Porträt von Julius Hesse

Wie bei nahezu allen deutschen Unternehmen standen Fragen zur Gesamtstrategie des Unternehmens seit dem März 2020 im Schatten völlig unerwarteter aktueller Herausforderungen. Im Dezember 2019 trat in der

142 Farbtafel »Schmincke-Tempera«, 1930

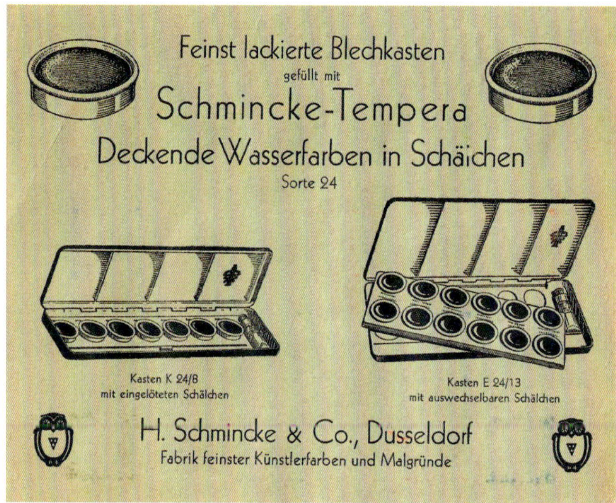

143 Werbung für Schmincke-Tempera im Blechkasten, 1930

zentralchinesischen Millionenstadt Wuhan eine bis dahin unbekannte Lungenerkrankung auf. Binnen weniger Wochen verbreitete sich das neuartige Corona-Virus Sars-CoV-2 über die Kontinente. Im Januar 2020 meldete zunächst Thailand, anschließend die USA, Frankreich und schließlich auch der bayerische Landkreis Starnberg (27. Januar) die ersten Infizierten. Drei Tage später sprach die Weltgesundheitsorganisation WHO von einer »gesundheitlichen Notlage von internationaler Tragweite«.

»Die Meldungen seit Jahresbeginn habe ich natürlich verfolgt, den Ausbruch der Krankheit aber zunächst quasi als ein chinesisches Problem betrachtet. Eine so schnelle Ausbreitung auf Europa und Deutschland war für mich anfangs nicht vorstellbar. Das änderte sich aber schnell, als die ersten verheerenden Meldungen aus Italien eintrafen«, blickt Schmincke-Geschäftsführer Nils Knappe auf die ersten Vorboten der Pandemie zurück.[1] Im Februar vermeldete Italien von Tag zu Tag steigende Infektionszahlen und schließlich die ersten Todesfälle. Drastische politische Maßnahmen wie die Abriegelung von rund einem Dutzend Städte in der Lombardei und in Venetien am 23. Februar konnten nicht mehr verhindern, dass die Zahl der an COVID-19 Erkrankten weiter sprunghaft zunahm.

Im März spitzte sich schließlich auch in Deutschland die Situation zu. Die »Corona-Krise« und die weitreichenden politischen Beschlüsse des Bundes, der Länder und der Kommunen zur Eindämmung des Virus samt ihrer konkreten Folgen kamen einem flächendeckenden gesamtgesellschaftlichen Ausnahmezustand gleich. Das öffentliche Leben unterlag bis zum 19. April strengen Auflagen, die Verfügungen schränkten private Kontakte erheblich ein, Reisen ins Ausland wurden quasi untersagt. Unter der Last der weltweiten Maßnahmenkataloge brach die globale Arbeitsteilung nahezu in sich zusammen. Die Erosion der Lieferketten traf die deutsche Industrie schwer. Unternehmen mussten ihre Produktion drosseln, Kurzarbeit anmelden und nahmen staatliche Rettungspakete in Anspruch. »Seit Anfang März stand das Thema Corona bei uns ganz oben auf der Tagesordnung. Die Frage, was da auf uns zukommt, hat uns von Stunde zu Stunde mehr beschäftigt. Eine befriedigende Antwort war kaum zu finden, da sich ein Unternehmen auf einen Lockdown nicht vernünftig vorbereiten kann«, erinnert sich Nils Knappe, der gegenüber der Belegschaft die Situation Schminckes und die einzelnen Schritte der internen Krisenpolitik offen kommunizierte.[2]

Am 22./23. März schloss der Betrieb für zwei Wochen, der Vertrieb wurde faktisch eingestellt, die Kunden entsprechend informiert. Schmincke meldete Kurzarbeit an und fing die Gehaltseinbußen der Mitarbeiterinnen und Mitarbeiter gleichzeitig auf. Die Gesellschafter kamen rasch überein, das Kurzarbeitergeld auf 100 Prozent der ursprünglichen Bezüge aufzustocken. Schneller als erwartet zeigte sich allerdings, dass die düsteren Prognosen zur Zukunft der deutschen Industrie auf Schmincke allenfalls bedingt zutrafen. Am 1. April nahm der Versand mit reduzierter Belegschaft die Arbeit wieder auf. »Die Online-Händler haben sich zu Beginn der Krise mit unseren Produkten ordentlich eingedeckt. Einmal mehr hat sich gezeigt, dass unser Geschäft in wirtschaftlich schwierigen Zeiten nicht viel schlechter läuft. Unsere Endabnehmer mussten notgedrungen mehr Zeit zu Hause verbringen und investierten während der nun größeren häuslichen Zeitfenster in ihr Hobby«, führt Nils Knappe aus, der hinzufügt: »Daneben kam uns zugute, dass unsere Lieferketten anders als in anderen Branchen nicht zusammengebrochen sind und die Lieferfähigkeit Schminckes nicht infrage stand. Auch die gute wirtschaftliche Situation vor der Corona-Krise hat gewiss dazu beigetragen, dass die Kennziffern im zweiten Quartal 2020 nicht so schlimm ausfielen wie befürchtet.«[3]

Auch in den nächsten Monaten wurden die Geschäfte durch die Corona-Krise nicht wesentlich beeinträchtigt. Die Produktionsabteilungen blieben vielmehr gut ausgelastet. Bis in das Frühjahr 2021 hinein erlebte das Unternehmen, so Nils Knappe, quasi eine »kleine Sonderkonjunktur«: »Auch wenn es schwieriger wurde, Rohstoffe zu beschaffen und Logistikketten aufrechtzuerhalten, sind wir gut durch die Krise gekommen. Dank unserer guten Vorratshaltung ließ sich die ordentliche Nachfrage im In- und Ausland schnell befriedigen«. Letztlich bestätigte sich der Trend, der sich im Frühjahr 2020 abgezeichnet hatte. »Die Auseinandersetzung mit der eigenen Kreativität bot unseren Kunden und Kundinnen eine willkommene Möglichkeit, sich gewissermaßen einer anderen Welt hinzugeben und Corona vorübergehend zu vergessen«, führt Nils Knappe aus.

Ansonsten hat der enge Zusammenhalt zwischen Geschäftsführung und Belegschaft dazu beigetragen, mögliche Folgen der Pandemie aufzufangen. Das Hygienekonzept, zu dem u.a. zwei Selbsttests in der Woche gehören, und die Regelungen für das Homeoffice trugen alle Mitarbeiterinnen und Mitarbeiter mit. »Die hohe Solidarität untereinander ist für mich überhaupt eine wichtige Ressource, um Krisenzeiten durchzustehen. Hier hat uns gewiss auch die besondere Unternehmenskultur eines Familienunternehmens mit einer noch übersichtlichen Zahl von Beschäftigten geholfen«, erklärt Nils Knappe.[4]

Für Schmincke boten die Erfahrungen im Umgang mit dem Corona-Virus keinen Anlass, die Investitionsplanung und die längerfristige strategische Ausrichtung zu korrigieren. »Wir werden unsere Organisation und die Vertriebskanäle weiter konsequent auf das Zeitalter der Digitalisierung hin ausrichten. Hier hat die Corona-Krise bereits wirksame Trends noch einmal beschleunigt«, blickt Nils Knappe nach vorne, um zu ergänzen: »Darüber hinaus bleibt es eine der größten Aufgaben, dem immer schnelleren Bedürfniswandel gerecht zu werden. Wir stehen letztlich im Wettbewerb um die Zeit des Kunden, müssen Künstlerfarben als ein begehrenswertes Gut herausstellen und ihn davon überzeugen, dass er mit Produkten, denen er vertrauen kann, seine Freizeit sinnvoller ausfüllen kann als mit Laufen, Surfen oder Kochen.«[5] Demgemäß sollen die Tradition und der Mythos der Marke weiter aufmerksam gepflegt und die Professionalität, die hohen Qualitätsstandards sowie die Profitabilität des Unternehmens immer wieder bestätigt werden, um die wirtschaftliche Unabhängigkeit auf Dauer zu bewahren. »Es muss Schmincke gelingen, bewährte Traditionen mit den neuen technischen Chancen zu verbinden. Unsere Produkte werden immer einen Markt haben, nur die Instrumente, die Märkte zu bedienen, werden sich weiter mit hoher Geschwindigkeit verändern«, prognostiziert Nils Knappe.[6]

Zu guter Letzt müssen Gesellschafter und Geschäftsführung abermals die wohl größte Herausforderung für ein Familienunternehmen bewältigen: die Frage der Nachfolge. Seit jeher standen Nachfolgeregelungen bei Schmincke unter besonderen Vorzeichen. Außergewöhnlich häufig blieben die Familienmitglieder kinderlos. Ein Trend, der sich bis in die unmittelbare Gegenwart hinein fortsetzt. Nachdem im operativen Geschäft bereits seit 1999 kein Familienmitglied mehr vertreten ist, wird in Zukunft auch im Gesellschafterkreis kein Familienangehöriger unmittelbar vertreten sein.

Seit dem Tod von Ursula Hesse 2007 standen nun Ariane, Thomas und Peter Hesse in der Verantwortung, für Schmincke eine auf Dauer tragfähige Corporate Governance zu finden.[7] Im Laufe ihrer Überlegungen rückten vor allem drei Ziele in den Mittelpunkt: Erstens sollten die Marke Schmincke und ihre Künstlerfarben, insbesondere die hochwertigen Spezialitäten Mussini und Horadam, unbedingt erhalten bleiben. Daneben sollten, zweitens, die Arbeitsplätze auch zukünftig gesichert sein und das fachliche und technische Know-how am bisherigen Standort in Erkrath verbleiben. Sind die beiden Voraussetzungen erfüllt, sollen, drittens, Finanzmittel, die nicht reinvestiert oder thesauriert werden müssen, für gemeinnützige Zwecke freigestellt werden.

Nach Ansicht der Gesellschafter wäre ein Verkauf, auch an eine andere Familie, keine Garantie, die gesteckten Ziele zu erreichen. Da überdies gerade die jüngere Unternehmensgeschichte gezeigt hat, wie sehr Familienkonflikte die Leitung eines Unternehmens erschweren können, wollten die Gesellschafter Schmincke nicht noch einmal den unberechenbaren Dynamiken in einer Unternehmerfamilie aussetzen. Gleichwohl bleiben unternehmerische Kompetenz und Bewegungsfreiheit im Markt wichtige Voraussetzungen für eine erfolgreiche Zukunft. Ariane, Thomas und Peter Hesse prüften nun das in Deutschland oft genutzte Modell der Doppelstiftung, das sich freilich auf ein mittelständisches Unternehmen von überschaubarer Größe nur mit viel Aufwand übertragen lässt. Außerdem ist die Entscheidungsfindung in einer Stiftung, gerade wenn es um ra-

Schmincke

Pressemitteilung Erkrath, 15.11.2018

**Marken des Jahrhunderts 2019 –
Erkrather Künstlerfarben-Hersteller zum dritten Mal ausgezeichnet!**

H. Schmincke & Co. wurde zum bereits dritten Mal als „Marke des Jahrhunderts" ausgezeichnet.

Der Hersteller feinster Künstlerfarben H. Schmincke & Co. ist damit erneut in den Kreis der stärksten Marken Deutschlands gewählt worden. Dies dokumentiert die Entscheidung eines hochrangigen Beirats, die Marke „Schmincke" in das bekannte Kompendium „Deutsche Standards - Marken des Jahrhunderts 2019" aufzunehmen und ihr den „Markenpreis der Deutschen Standards" zu verleihen. Die Marken wurden in einem umfangreichen Auswahlverfahren durch einen kompetent besetzten Beirat unter der Schirmherrschaft der ZEIT Verlagsgruppe nominiert.

Dieser ganz besondere Preis wurde Herrn Nils Knappe, Geschäftsführer sowie Herrn Markus Baumgart, Leiter Vertrieb/ Marketing und Uwe Petrow Kaufmännischer Leiter von H. Schmincke & Co. im Rahmen der großen Markengala am 14. November 2018 im Palais Frankfurt vom Herausgeber des Markenkompendiums, Dr. Florian Langenscheidt, persönlich überreicht.

Das Buch vereint die Königsklasse der deutschen Marken und wird somit zur Gesamtschau der Leistungskraft der deutschen Wirtschaft. Die aktuelle Ausgabe des alle drei Jahre publizierten Markenkompendiums präsentiert die am stärksten eingeschätzten deutschen Marken unterschiedlicher Produktsegmente, wie zum Beispiel auch Ritter Sport, Tempo oder Tesa. Diese 250 Marken sind in ihrer Branche Marktführer und stehen zudem für eine ganze Produktgattung.

Das Werk mit rund 250 Marken weist auf die Funktion starker Marken als Fixpunkte hin und rückt die spannenden Geschichten hinter den Marken in den Fokus. Es sind Geschichten, die Marken mit Leben, mit Identität aufladen, sich dadurch ins Gedächtnis der Verbraucher einprägen und ihnen Orientierung im vielfältigen Produktangebot geben. Sie gehören zur Positionierung einer Marke ebenso wie die beständige Arbeit an der Produktqualität, an Innovationen und Werbung.

Die Preisträger freuen sich sehr über diese besondere Auszeichnung: „Wir sehen dies als Ansporn, auch zukünftig unser Bestes zu geben, gemäß unserem Gründerwahlspruch von 1881 „Meliora cogito", so Markus Baumgart. „Mit sinnvollen Verbesserungen und Weiterentwicklungen bei unseren hochwertigen Künstlerfarben made in Germany möchten wir natürlich auch in Zukunft das Vertrauen in die Marke Schmincke erhalten und weiter ausbauen."

H. Schmincke & Co. GmbH & Co. KG · Otto-Hahn-Str. 2 · D-40699 Erkrath ·
Tel.: +49-211-2509-0 · www.schmincke.de · info@schmincke.de

144 Pressemitteilung »Marken des Jahrhunderts«

145 Nils Knappe, 2020

sche Antworten auf wirtschaftliche Krisen oder Veränderungen auf den Märkten geht, eher schwerfällig und langatmig.

Bei der Suche nach Alternativen stießen die Gesellschafter auf Unternehmen, die sich mit einer vergleichbaren Herausforderung schon länger beschäftigten und einschlägige Erfahrungen bei der Suche nach angemessenen Lösungen gesammelt haben. Gegenwärtig befinden sich die Eigentümer in einem Prozess, der einerseits im Rahmen der bestehenden Gesetzgebung einen Weg entwickelt, die grundsätzlichen Vorstellungen umzusetzen. Andererseits unterstützen die Gesellschafter die Stiftung Verantwortungseigentum, die sich für eine Erweiterung der Gesetzgebung im obigen Sinn einsetzt.

146 Die Gesellschafter Ariane und Thomas Hesse, 2019

147 Firmensitz H. Schmincke & Co., 2019

V / ANHANG

ÜBERSICHT DER INHABER, KOMMANDIDISTEN, GESCHÄFTSFÜHRER UND PROKURISTEN

Jahr	Inhaber/PhG	Kommandidist
1890	Hermann Schmincke, Josef Horadam	Dr. Wiliam Kusenberg (6.500 Mark), Ludwig von Lilienthal (6.500 Mark)
1893/1895		Tod Ludwig von Lilienthals, Erben von Ludwig von Lilienthal scheiden nach zwei Jahren aus
1989/1902		Tod von Kusenberg, Erben scheiden aus
1907	Dr. Julius Hesse tritt ein	
1910/1911	Tod Hermann Schmincke	Erbin tritt ein und scheidet wieder aus
1917/1918	Tod Josef Horadam	Elfried Horadam tritt ein und wieder aus (50.000 Mark)
1918		Gerta Hesse tritt ein (50.000 Mark)
1931		Ernst Oswald Hesse tritt ein (50.000 RM), Gerta Hesse erhöht ihr Gesellschaftskapital (100.000 RM)
1936		Gerta Hesse scheidet aus, Erich Zettler tritt ein (5.000 RM)
1937	Tod Julius Hesse, Ernst O. Hesse (250.000 RM)	
1942	Ernst O. Hesse (100.000 RM)	Peter Hesse tritt ein (150.000 RM), Dr. Franz Josef Schneider-Neuenburg tritt ein (5.000 RM)
1946	Gertrud Aeschbach-Hesse (300.000 RM)	Tod Schneider-Neuenburg, Peter Hesse scheidet aus
1961	Tod Gertrud Aeschbach-Hesse, Ernst O. Hesse (207.000 DM)	Ursula, Peter, Thomas und Ariane Hesse (je 20.000 DM)
1974	Umfirmierung in Schmincke-Farben Unternehmensverwaltung GmbH, Ernst O. Hesse (12.000 DM), Peter Hesse (3.000 DM)	Ursula, Thomas, Ariane Hesse (je 3.000 DM)
1992	Tod Ernst O. Hesse	
1994	Peter Hesse (533.333 DM)	Ursula (586.668 DM), Ariane und Thomas Hesse (je 240.000 DM)
1999	Peter Hesse scheidet aus der GF aus	

Jahr	Geschäftsführer	Prokurist
1918	Dr. Julius Hesse	Dr. Ing. Gustav Schliephacke
1925		Walter Weskott
1937	Ernst O. Hesse	Alfred Opderbecke
1944		Alfred Opderbecke erloschen, Franz Josef Schneider-Neuenburg
1946		Tod Franz Josef Schneider-Neuenburg, Franz Josef Schneider-Neuenburg erloschen
1961		Ursula Hesse, Gunter Raffegerst
1967		Peter Hesse
1974	Peter Hesse	Peter Hesse erloschen
1979		Josef Drews, Josef Huster
1983		Thomas Alfred Reutter eingetreten, Gunter Raffegerst erloschen
1987		Ulrich Hollmann, Hugo Müller
1988		Josef Drews und Thomas Alfred Reutter erloschen
1991	Ulrich Hollmann	Michael Roos
1993	Ulrich Hollmann scheidet aus	Ulrich Hollmann erloschen, Rolf Glöckler eingetreten
1994		Karin Strekies eingetreten, Rolf Glöckler erloschen
1997	Nils Knappe	Karin Strekies erloschen, Josef Huster erloschen
1998		Michael Roos erloschen
1999	Peter Hesse scheidet aus	
2006		Uwe Petrow, Markus Baumgart

STAMMBAUM DER FAMILIEN HESSE, SCHMINCKE UND HORADAM

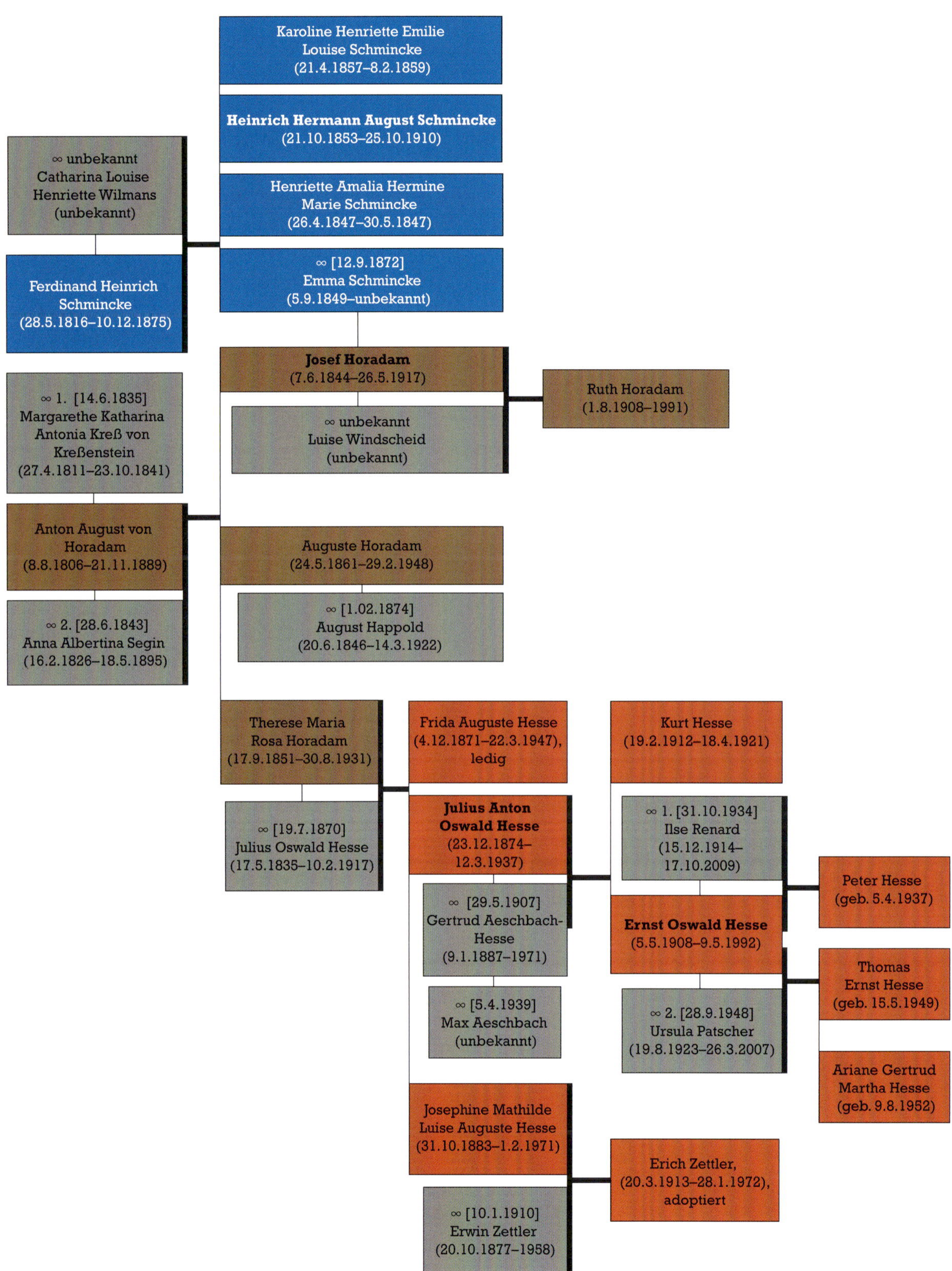

ANMERKUNGEN

Einleitung

1 Wollte man den Eintrag in das Handelsregister als Gründungsdatum nehmen – wie es häufig üblich ist –, so ist 1890 der formaljuristisch richtige Zeitpunkt. Bei den Verkaufsverträgen des Vorläuferunternehmens zeichnete dieses jedoch schon 1889 mit »H. Schmincke & Co.«.

2 Jüngst zur NS-Zeit allerdings: Annemone Christians, *Tinte und Blech. Eine Pilotstudie zu Fritz Beindorff (1860–1944) und den Günther Wagner Pelikan-Werken im Nationalsozialismus*, Hannover 2018.

3 Siehe exemplarisch: Andrea Hausmann (Hg.), *Handbuch Kunstmarkt. Akteure, Management und Vermittlung*, Bielefeld 2014; Gerhard Panzer u.a. (Hg.), *Beziehungsanalysen. Bildende Künste in Westdeutschland nach 1945. Akteure, Institutionen, Ausstellungen und Kontexte*, Wiesbaden 2015.

Vom Blau des Ultramarins in das Grau der Zerstörung

1 H. Schmincke & Co. (Hg.), *Malen macht Freude. 75 Jahre Schmincke*, Düsseldorf 1959.

2 Er nannte seine Farben seit 1899 »Rembrandt Ölfarbe & Aquarellfarbe«.

3 Vgl. auch www.daler-rowney.com [letzter Zugriff 20.6.2019].

4 Das Werk verlegte er wenige Jahre später auf den Kahlberg nach Wiesdorf, wo er die neu entstehende Siedlung »Leverkusen« nannte.

5 Zeltners Patentanmeldung eines »rothen Ultramarins« vom 1. Juli 1887 war sogar die erste Patenturkunde des Kaiserlichen Patentamtes.

6 Vgl. Karin Lutzenberger, *Künstlerfarben im Wandel*, München 2009.

7 Vgl. Geschichte Carl Kreul GmbH, https://www.c-kreul.de/kreul/unternehmen/familienunternehmen/historie [letzter Zugriff April 2019].

8 Der kinderlose Kreul verkaufte sein Unternehmen vor seinem Tod im Jahr 1867 an den Nürnberger Kaufmann Christian Demmler, der es im Oktober 1900 an den Chemiker Dr. Kleemann veräußerte, später übernahm es der Berliner Farbenfabrikant Heyl-Behringer, bis schließlich 1922 die heutige Eigentümerfamilie mit Franz Schmidt den Farbenhersteller übernahm. Vgl. https://www.c-kreul.de/kreul/unternehmen/familienunternehmen/historie [letzter Zugriff April 2019].

9 Geboren am 8.8.1806 in Regensburg, gestorben am 21.11.1889 in Stuttgart.

10 In erster Ehe (16.6.1835) war Anton August von Horadam mit der am 27.12.1811 geborenen Margarethe Katharina Barbara *Antonia* Kreß von Kreßenstein verheiratet. Aus dieser Ehe gingen fünf Kinder hervor – Barbara Antonia Emist (17.1.1837 – 2.11.1915), Eduard (31.8.1838 – 1914), Karl Wilhelm (1838 – 14.10.1841), Josephine Maria Johanna (geb. 22.4.1840) und Maria Magdalena Antonia (geb. 9.6.1841).

11 Anna Segin wurde geboren am 16.2.1826 in Nürnberg und starb am 18.5.1895 in Stuttgart-Feuerbach. Vgl. auch Grete Ronge, »Hesse, Oswald«, in: Neue Deutsche Bio-

graphie 9 (1972), S. 20f. [Online-Version]: https://www.deutsche-biographie.de/pnd130596558.html#ndbcontent [letzter Zugriff 21.2.2021].

12 Sein Großvater väterlicherseits war der bayerische Generalmajor Anton von Horadam (1769–1830).

13 Vgl. Dr. Ernst Meyer-Camberg, *Matrikel des Corps Onoldia 1798–1898*, o.J., Nr. 654.

14 Brief Ruth Horadam-Bene (Tochter von Josef Horadam) an Ernst O. Hesse vom 30. August 1977, in: Privatarchiv Hesse, P0001.

15 Eintragung im Einzeichnungsbogen für Heimathsberechtigte der Gemeinde Forchheim für Horadam, Josef, der dort als Chemiker wohnhaft in Düsseldorf geführt wurde, anläßlich der Verehelichung am 12. September 1872, in: Stadtarchiv Forchheim, Familienbögen. Die Angabe in seinem Lebenslauf, dass er erst 1876 nach Düsseldorf gezogen sei, scheint falsch. Vgl. Unterlagen anläßlich der Ordensverleihung von 1902 und 1914, in: Stadtarchiv Düsseldorf, 0-1-3-3812 und 0-1-3-3829.

16 Vgl. Staats- und Adreß-Handbuch der Freien Stadt Frankfurt (1859), in: http://opacplus.bsb-muenchen.de/title/6302384/ft/bsb10021520?page=73 [letzter Zugriff 29.11.2020]. Ferdinand Heinrich (28.5.1816 – 10.12.1875) war gebürtig in Kassel.

17 Die beiden Schwestern Hermann Schminckes, Karoline Henriette Emilie Louise (21.4.1857 – 8.2.1859) und Henriette Amalie Hermine Marie (26.4.1847 – 30.5.1847), starben früh.

18 Brief Ruth Horadam-Bene (Tochter von Josef Horadam) an Ernst O. Hesse vom 30. August 1977, in: Privatarchiv Hesse, P0001. Vgl. auch Schreiben Erich Bollacher an Ernst O. Hesse vom 31. Januar 1985: »Die Ehe wurde wegen ihrer Geistes-Krankheit später geschieden«, in: Privatarchiv Hesse.

19 Die Scheidung lässt sich nicht aktenkundig nachweisen. Auch fehlt der Todeszeitpunkt Emma Schminckes in den Unterlagen. Aufgrund der Äußerungen Ruth Horadams, sie habe ihren Vater noch in die Wohnung von Emma begleitet, muss diese noch mindestens bis in die 10er Jahre gelebt haben, da Ruth erst 1908 geboren wurde.

20 Vgl. Unterlagen anläßlich der Ordensverleihung von 1902 und 1914, in: Stadtarchiv Düsseldorf, 0-1-3-3812 und 0-1-3-3829.

21 Ruth Horadam-Bene studierte an der Düsseldorfer Kunstakademie bei Walter Kaesbach. Vgl. Westdeutsche Zeitung (26.6.2015).

22 Auch sein Großvater Johann Christof Hesse (25.1.1770 – 18.2.1852) war bereits Fleischhauer und Gastwirt. Sein Vater war Johann Gotthelf Hesse in Obereula (29.5.1801 – 8.6.1848).

23 Handschriftlicher Text von Julius Oswald Hesse, in: Privatarchiv Hesse, P0002; Selbstverfasster Lebenslauf Julius Oswald Hesse, in: Privatarchiv Hesse P0001.

24 Oswald Hesse, *Die Geschichte von Feuerbach*, Selbstverlag der Stadtgemeinde, Feuerbach 1909.

25 H. Schmincke & Co. (Hg.), *Malen macht Freude*.

26 Vgl. Dr. Ernst Meyer-Camberg, *Matrikel des Corps Onoldia 1798–1898*, o.J., Nr. 654.

27 Vgl. Baugesuch von 1876, in: Stadtarchiv Düsseldorf, 0-1-2-1563.000, Piedboeuf.

28 Vgl. Schreiben Dr. von Böttinger an Oberbürgermeister vom 6. Mai 1914, in: Stadtarchiv Düsseldorf, 0-1-3-3829.0.

29 Vgl. Bauanträge vom 4.7.1883, 3.12.1883 und 21.9.1883., in: Stadtarchiv Düsseldorf, 0-1-2-1563.000, Piedboeuf.

30 Bernhard Schmauderer, *Die Entwicklung der Ultramarin-Fabrikation im 19. Jahrhundert*, in: Zeitschrift für Unternehmensgeschichte 3/4 (1969), S. 127–152, hier S. 152.

31 Vgl. Eintrag unter »Neue Firmen«, in: Handelsblatt der Chemiker-Zeitung vom 20. Mai 1885, Handelsregister, S. 733.

32 So im Adressbuch der Oberbürgermeisterei Düsseldorf für das Jahr 1890 sowie auf einer Einkaufsliste des Unternehmens selbst. Auch wenn Horadam anlässlich einer Ordensverleihung als »Teilhaber« beschrieben wurde, war er in diesen letzten Jahren vermutlich Alleininhaber der Ultramarinfabrik. Vgl. Unterlagen anläßlich der Ordensverleihung von 1902 und 1914, in: Stadtarchiv Düsseldorf, 0-1-3-3812 und 0-1-3-3829.

33 Schmauderer, *Die Entwicklung der Ultramarin-Fabrikation*, S. 147.

34 Die Hannoverische Ultramarinfabrik (vormals August Egestorff) in Linden, die Schweinfurter vormals Heidelberger Ultramarinfabrik in Oberndorf, die Actiengesellschaft Blaufarbenwerk Marienberg, die Actiengesellschaft Sophienau in Eisfeld, Jordan & Hecht in Oker, die Andernacher Ultramarinfabrik J. Nuppeney & Co. sowie die Gebr. Bahl in Montabaur traten dem neuen Unternehmen bei.

35 Nach Georg Egestorffs Tod im Jahr 1868 wurde sein Unternehmen in die »AG Georg Egestorff Salzwerke und Chemische Fabriken« und die »Hannoversche Ultramarinfabrik vormals August Egestorff« gegliedert.

36 Die bisherige Annahme, dass die beiden späteren Firmeninhaber von Schmincke &. Co. gemeinsam die Ultramarinfabrik gründeten, lässt sich nicht erhärten, eben-

so wenig wie die Annahme, dass Josef Horadam bereits in den 1880er Jahren an der Künstlerfarbenproduktion von Hermann Schmincke beteiligt war.

37 http://www.albert-gieseler.de/dampf_de/firmen0/firmadet537.shtml [letzter Zugriff April 2020].

38 Für die Farbe »Holzapfel-Blau« erhielt das Unternehmen auf der Weltausstellung 1873 eine Verdienstmedaille für besondere Qualität; Holzapfel produzierte seit ca. 1850 grünes und blaues Ultramarin. Stefan Jacob, *Chemische Vor- und Frühgeschichte in Franken. Die industrielle Produktion wichtiger Chemikalien und die Anfänge der chemischen Industrie in fränkischen Territorien des 17., 18. und frühen 19. Jahrhunderts*, Würzburg 1968, S. 219. Text des Bayerischen Wirtschaftsarchivs, in: http://www.familie-vohl.de/die-familie-holtzapfel [letzter Zugriff April 2019].

39 Ebd.

40 Die angebliche Produktionseinstellung 1885 ist durch eine Produktliste, welche die Herstellung von Ultramarin nach 1885 belegt, widerlegt. Vgl. Schmauderer, *Die Entwicklung der Ultramarin-Fabrikation*, S. 152.

41 Kaufvertrag Hermann Schmincke und Emil Hennig vom April 1889, in: Archiv Schmincke, 1 0356, zur Geschichte, 4_Kaufvertrag 1898, H. Schmincke & Co. (Hg.), *Malen macht Freude.*

42 Vgl. http://www.treccani.it/enciclopedia/cesare-mussini_(Dizionario-Biografico) [letzter Zugriff Juni 2019].

43 Im Jahr 1875 begann Hermann van der Moolen ein Unternehmer aus Geldern, die Herstellung von Farben, sie ging nach kurzer Zeit an Schmincke, die noch heute die berühmten Tuben unter der Marke »Mussini« produziert und handelt. [Übersetzung d.Verf.]. http://www.treccani.it/enciclopedia/cesare-mussini_(Dizionario-Biografico) [letzter Zugriff Juni 2019]. Die Online-Biografie spricht von einem Hermann van der Moblen. Dies scheint ein Tipp- oder Lesefehler zu sein. Der Gelderner Fabrikant und Kaufmann Hermann van der Moolen hingegen lässt sich im Kreisarchiv Kleve nachweisen, Familienarchiv der Familie van der Moolen, in: Kreisarchiv Kleve, Nichtamtliches Schriftgut, H03, KA Kle H3, 14.

44 Aufgrund seiner Talente, seiner Sprachgewandtheit und Erfolge bekam er Zugang zu vornehmsten Kreisen in Rom. Mussini war ein vielfach begabter Künstler, Maler und Musiker. Allerdings hatte er kein glückliches Händchen, eine feste Anstellung zu bekommen, um seine Familie zu ernähren. »Er war ein glücklicher Finder von besonderen Farben, seine Werke sind in der Akademie von Florenz, wo er alle Preise auf allen Gebieten errungen hatte«, zu sehen. Übersetzung einer Aufzeichnung von Elisa Mussini, Hesse anlässlich seiner Reise nach Florenz (ca. 1988), S. 3, in: Privatarchiv Hesse, P0002.

45 Beerdigt wurde Cesare Mussini in Berga. Dr. Guy Leclerc, Blois (Frankreich), verfasste zum Jubiläum von H. Schmincke & Co. einen Text für Schmincke anlässlich des 200-jährigen Geburtstags von Mussini.

46 Vgl. Patent No. 2,252, dated September 11, 1841.

47 In der Farbenwelt wurde dieses günstigere Material allerdings erst ab den 1920er Jahren verstärkt eingesetzt, auch wenn die industrielle Aluminiumtubenfertigung schon Ende des 19. Jahrhunderts begann. Karl Richter (Hg.), *Zink, Zinn und Blei. Eine ausführliche Darstellung der Eigenschaften dieser Metalle, ihrer Legierungen untereinander und mit anderen Metallen sowie ihrer Verarbeitung auf physikalischem und chemischem Wege. Für Metallarbeiter und Kunst-Industrielle.* (= Chemisch-technische Bibliothek, Bd. 109), Wien [3]1927.

48 Josef Horadam, *Künstlerfarbe der Neuzeit*, 1893.

49 Julius Schmidt, *Zur Kenntnis der Künstlerölfarben*, Dissertation TU München, Forchheim 1935, S. 19 bzw. 1885 die »Deutsche Gesellschaft zur Beförderung rationeller Malverfahren«. Vgl. Lutzenberger, *Künstlerfarben im Wandel.*

50 Vgl. Prof. Alexander Eibner von der Künstlerischen Versuchsanstalt an der TU München.

51 Vgl. Anke Schäning, *Synthetisch organische Farbmittel*, Wien 2010, S. 199.

52 Vgl. ebd., S. 198.

53 In den 1920er Jahren wurde ein 12-bändiges Farbenbuch ediert. Vgl. Heinrich Trillich, *Die Deutsche Gesellschaft für rationale Malverfahren, ihre Geschichte, Einrichtungen, Ziele und Erfolge*, München 1928 (siehe Rezension dazu in: Zeitschrift für angew. Chemie (1929), S. 413).

54 Auch Julius Hesse gehörte dem Verein mindestens bis 1932 an. Archiv Künstlerverein Malkasten, Auskunft Sabine Schroyen M.A. vom 4.5.2019.

55 H. Schmincke & Co. (Hg.), *Malen macht Freude.*

56 Firmiert heute unter dem Namen »Lukas«. Schoenfeld nutzte seit ca. 1900 den Namen des Schutzpatrons der Maler – Sankt Lukas – für seine Produkte.

57 Vgl. Schäning, *Synthetisch organische Farbmittel*, S. 191.

58 Vgl. www.lukas.eu [letzter Zugriff 20.6.2019].

59 1881 schließlich wurde die Winsor & Newton Ltd. gegründet.

60 Vgl. Vertrag vom 26. Juli 1889, in: Archiv Schmincke, Akte 1 0356, Zur Geschichte, 4_Kaufvertrag 1898.

61 H. Schmincke & Co. (Hg.), *Malen macht Freude.*

62 HRA1460, Handelsregister und Grundbuchamt, Düsseldorf. In einem für die Ordensverleihung angefertigten Lebenslauf ist der Einstieg Josef Horadams allerdings auf 1891 datiert. Vgl. Unterlagen anläßlich der Ordensverleihung von 1902 und 1914, in: Stadtarchiv Düsseldorf, 0-1-3-3812 und 0-1-3-3829. Dagegen wurde in den Amtsmitteilungen des 20. Jahrhunderts dieser Tag als Eintrittstag Josef Horadams bestätigt: Wirtschafts-Bericht Nr. 1 vom Januar 1942, in: Stadtarchiv Düsseldorf, 0-1-24-1780-0000.

63 Eintragung im Handelsregister Nr. 1460, Handelsregister und Grundbuchamt, Düsseldorf.

64 Patentschrift Nr. 68426 vom 27. August 1892 für Josef Horadam in Düsseldorf-Grafenberg.

65 Patentschrift Nr. 183596 vom 19. Mai 1906 für H. Schmincke & Co. in Düsseldorf-Grafenberg.

66 Vgl. Patentschriften.

67 Vgl. H. Schmincke & Co. (Hg.), *Malen macht Freude.*

68 Vgl. Chronik eines Familienunternehmens anläßlich 125 Jahre H. Schmincke & Co., in: Privatarchiv Hesse, P010.

69 Vgl. Horadam, *Künstlerfarben der Neuzeit.*

70 Vgl. ebd.

71 Dafür hatte er die Bredicker-Medaille erhalten.

72 Vgl. Anzeige, in: The Daytona Daily News., 1.12.1910, Image 8, in: Library of Congress, https://chroniclingamerica.loc.gov. [letzter Zugriff 17.11.2019].

73 Vgl. Anzeige, z.B. in: The San Francisco Call., 20.10.1910 und 1.12.1912, S. 36; Evening Star (Washington), 3.12.1922; Evening Star, 23.12.1923 und 21.12.1924, in: Library of Congress, https://chroniclingamerica.loc.gov. [letzter Zugriff 17.11.2019].

74 Vgl. Preisliste B für Österreich-Ungarn, 1910, in: Archiv-Schmincke, 1 0001; Preisliste A nur für Verkäufer 1911, in: Archiv Schmincke, Akte 1 0002.

75 Vgl. Amtsgericht Düsseldorf, Handelsregister und Grundbuchamt, Einträge HRA 1640 und HRA 863.

76 Fragebogen der Vizekonsulin der USA, Dorothea Lampe vom 16. Februar 1951, in: Privatarchiv Hesse, P0004.

77 Wie hoch dabei die Kapitaleinlage war und ob diese – so wie in der Familie tradiert wird – aus dem Hause Hanau stammte, ist nicht überliefert, jedoch anzunehmen.

78 Der 1902 verstorbene Gustav Hanau, dessen Bankhaus in der Bahnstraße in Mülheim lag, gehörte 40 Jahre lang dem Mülheimer Stadtparlament an. Vgl. *Biographien berühmter Mitarbeiter*, in: Mülheimer Nachrichten (31.7.1982).

79 Gerald D. Feldman/Manfred Rasch, *August Thyssen und Hugo Stinnes: ein Briefwechsel 1898–1922,* München 2002, S. 86f.

80 Leo Hanau war seit 1882 verheiratet mit Antonie Goldschmidt (1863–1933), der Tochter des Bankiers Joseph Goldschmidt (16.2.1838 – 26.6.1903) und Jenny Goldschmidt (geb. Katz, 15.3.1841 – 26.6.1903).

81 Vgl. Feldman/Rasch, *August Thyssen und Hugo Stinnes*, S. 86f.

82 Vgl. ebd.

83 Vgl. Aufzeichnung zur Familie Hanau, in: Privatarchiv Hesse, P0001. Leo Hanau war danach Vorsitzender des Aufsichtsrates der Wittener Stahlwerke.

84 Vgl. Vertrag vom 30.7.1901, in: Historisches Archiv Commerzbank, HAC-500/121438.

85 Vgl. Feldman/Rasch, *August Thyssen und Hugo Stinnes*, S. 86f.

86 Stinnes wurde ab 1902 bis 1915 Thyssens Stellvertreter im Aufsichtsrat der Bank. Thyssen und Stinnes nutzten die Bank für die Finanzierung ihrer regionalen Aktivitäten. Vgl. ebd.

87 Vgl. ebd.

88 Vgl. ebd. Die übernommenen Liegenschaften der Bank wurden 1915 mit über zwei Mio. Mark bewertet. Vgl. Geschäftsbericht Disconto-Gesellschaft von 1915, in: www.bankgeschichte.de/de/docs/DG_1915.pdf [letzter Zugriff 1.8.2019].

89 Vgl. Aufzeichnung zur Familie Hanau, in: Privatarchiv Schmincke, P0001.

90 Die Familienaufzeichnung notiert, dass er zwischen den Jahren 1905 und 1910 das Bankhaus an eine Großbank veräußert habe. Dies jedenfalls ist nicht zutreffend, da der Verkauf für 1915 belegt ist. Vgl. Aufzeichnung zur Familie Hanau, in: Privatarchiv Schmincke, P0001. Walther Goldschmidt selbst hatte ein eigenes Bankgeschäft, das er jedoch vor der Jahrhundertwende an die Bergisch-Märkische Bank veräußert hatte, sich dann vorübergehend als Privatier aus allen Geschäften zurückzog, um 1920 in Bonn das »Bankgeschäft Walther Goldschmidt & Co., Inh. Walther Goldschmidt und Karl Weber« zu eröffnen. Vgl. Bundesarchiv Berlin, R 8127/5641.

91 Vgl. Unterlagen anläßlich der Ordensverleihung von 1902 und 1914, in: Stadtarchiv Düsseldorf, 0-1-3-3812 und 0-1-3-3829.

92 Vgl. Handelsregisterauszüge.

93 Vgl. Brief Ruth Horadam-Bene (Tochter von Josef Horadam) an Ernst O. Hesse vom 30. August 1977, in: Privatarchiv Hesse, P0001.

94 Handschriftliche Urkunde 1907–1918, in: Privatarchiv Schmincke, P0002. Nach ihrem Ableben stifteten die Gründer noch jeweils 5.000 Mark aus ihrem Erbe zu.

95 Vgl. Schäning, *Synthetische organische Farbmittel*, S. 215.

96 Vgl. *Die neuen Teerfarblacke und die »Eilidio«-Farben*, in: Münchner Kunsttechnische Blätter 17 (1910/11), S. 71.

97 Vgl. Schäning, *Synthetische organische Farbmittel*, S. 233.

98 Vgl. Schreiben Doerner-Institut an Fa. Schmincke & Co., vom 31. März 1937, in: BArch Berlin, R56-VII Nr. 16.

99 Vgl. Unterlagen anläßlich der Ordensverleihung von 1902 und 1914, in: Stadtarchiv Düsseldorf, 0-1-3-3812 und 0-1-3-3829.

100 Vgl. ebd.

101 Dies war Luise Horadam geb. Windscheid und deren zehnjährige Tochter Ruth.

102 Ob Julius Hesse von seinem Onkel Josef Horadam und seinem Großschwager Hermann Schmincke Kapitalanteile am Unternehmen erbte, ist nicht überliefert.

103 Vgl. H. Schmincke & Co. (Hg.), *Malen macht Freude*.

104 Aufzeichnung Ruth Horadam für E.O. Hesse vom 30. August 1977, in: Privatarchiv Hesse, P0001.

105 Hypothek von 1927 in Höhe von 18.750 Goldmark, später um weitere 6.250 Goldmark ergänzt. Vgl. Grundbuch Düsseldorf-Dingen, Grundbuch-Tabelle, Band V, Artikel 2/3, Nro. 894, Eigentümer Firma H. Schmincke & Co. zu Düsseldorf, in: Amtsgericht Düsseldorf, Grundbuchamt.

106 Kopie des Schreibens Prof. Hermann Urban an Firma H. Schmincke & Co. vom 27. Mai 1927, in: Archiv Schmincke, P0002. Hermann Urban bildete gemeinsam mit Max Doerner und weiteren Künstlern den Kern der Malerkolonie Törwang.

107 Schäning, *Synthetische organische Farbmittel*, S. 38f.

108 Vgl. Anmeldebuch der Universität Köln, in: Privatarchiv Hesse, P0001.

109 Vgl. Lebenslauf vom 3.2.1988, in: Privatarchiv Hesse, P0004.

110 http://www.dr-andreas-schwarz.de/front_content.php?idcat=23&idart=41 [letzter Zugriff 24. April 2020].

111 Vgl. ebd.

112 Ebd.

113 Die Einträge auf der Homepage von der Firma Grumbacher, die von Chartpak Inc. übernommen wurde, überspringen den Zwischenschritt des Joint Ventures. Vgl. http://www.maxgrumbachergallery.com/static_pages/about [letzter Zugriff Juli 2019] und http://grumbacher.chartpak.com/about/ [letzter Zugriff 17.11.2019].

114 Conservation and Art Material Encyclopedia Online (CAMEO) verweist auf eine Grumbacher-Homepage aus dem Jahr 2000 mit diesem Hinweis. http://cameo.mfa.org/wiki/CEL_colors [letzter Zugriff 17.11.2019].

115 Vgl. Ernst O. Hesse, [Erinnerungen], Februar 1988, in: Privatarchiv Hesse, P0002.

116 Vgl. Schreiben an das Amtsgericht Düsseldorf vom 24. November 1948, in: Privatarchiv Hesse, P0006.

117 »Als im Januar 1932 Hitler im Industrieclub Düsseldorf einen Vortrag gehalten hat vor den Mitgliedern des Industrieclubs und anderen interessierten Kreisen, kam mein Vater nach Hause, setzte sich auf die Kante des Bettes von meiner Mutter und sagte: ›Gerta, wir müssen die Fabrik verkaufen, wir müssen auswandern, es gibt Krieg.‹« Ernst O. Hesse, [Erinnerungen], Februar 1988, in: Privatarchiv Hesse, P0002.

118 So Peter Hesse im Interview mit der Autorin am 3.1.2019.

119 Vgl. Eidesstattliche Erklärung von Ernst O. Hesse, State of New York, Abschrift ohne Datum, in: Privatarchiv Hesse.

120 Auch legt seine Mitgliedschaft im Rotary Club New York nahe, dass er in leitender Tätigkeit eines Unternehmens aktiv war. Vgl. Fragebogen Military Government, Ernst O. Hesse, in: Landesarchiv NRW, Abt. Rheinland, NWO Nr. 31851.

121 Vgl. ebd.

122 Ebd. Anlässlich seines 80. Geburtstags wurde seine Tätigkeit in den USA erneut beschrieben: »Ernst O. Hesse hat nach dem Studium der Chemie und Physik eine Künstlerfarbenfabrik in New York aufgebaut und geleitet.« Niederschrift, H. Schmincke & Co., vom April 1988, in: Privatarchiv Hesse, P0001.

123 Ernst O. Hesse, [Erinnerungen], Februar 1988, in: Privatarchiv Hesse, P0002. Das Unternehmen Permanent Pigments war 1933 von Henry Levinson in Cincinnati gegründet worden und konnte mit dem Fokus auf Acrylfarben der neuen Ölfarben-Fertigung auf US-amerikanischem Boden nur bedingt Konkurrenz machen. 1955 wurde es in Liquitex umfirmiert. Anfang des 21. Jahrhunderts gehört Liquitex zu der in London ansässigen ColArt Group, die auch den Hersteller Winsor & Newton übernommen hat. https://www. liquitex.com/us/our-story/since-1955/ [letzter Zugriff 17.11.2019].

124 Vgl. Abb. Werbung Pre-tested.

125 In welcher Rechtsform die Kooperation durchgeführt wurde, lässt sich nicht klären. Eine zeitgenössische Bro-

schüre belegt jedoch, dass Schmincke gemeinsam mit Grumbacher arbeitete, denn hier wurden die »Pre-tested«-Farben angekündigt und mitgeteilt, dass diese in den USA von Schmincke produziert worden sind.

126 Die Erinnerung eines ehemaligen Mitarbeiters von Grumbacher, dass Grumbacher bereits in den 20er Jahren Schmincke-Farben in Lizenz und ab 1938 die Namensrechte übernommen habe, überspringt die Phase des Aufbaus der Produktion.

127 Vgl. Eidesstaatliche Erklärung von Ernst O. Hesse, New York State, Abschrift, in: Privatarchiv Hesse.

128 Er reiste über Japan und Russland nach Deutschland zurück. Angeblich lief die US-Fabrik gut weiter, aber offiziell wussten die Eigentümer in Deutschland nichts. Vgl. Ernst O. Hesse, [Erinnerungen], Februar 1988, S. 4, in: Privatarchiv Hesse, P0002.

129 Ebd., S. 5

130 Vgl. ebd.

131 Gegenüberstellung der Betriebsverhältnisse in den Jahren 1934 + 1948 vom 30.1.1950, in: Privatarchiv Hesse, P0002.

132 Vgl. ebd., S. 1.

133 Ebd., S. 2.

134 Vgl. ebd., S. 3.

135 Vgl. ebd.

136 Auskunft über H. Schmincke von 1933, in: Privatarchiv Hesse, P0002.

137 Ebd.

138 Schreiben H. Schmincke & Co. an Dr. Jacobi (Doerner-Institut) vom 29. September 1938, in: BArch, R56-VII Nr. 16.

139 Vgl. Andreas Burmester, *Der Kampf um die Kunst. Max Doerner und sein Reichsinstitut für Maltechnik*, Köln 2016, S. 263f.

140 So in einem Schreiben von Doerner an Kromer vom 12.11.1927, in: Vgl. ebd.

141 Vgl. Wirtschafts-Berichte Nr. 1 vom Januar 1942, in: Stadtarchiv Düsseldorf, 0-1-24-1780-0000. Ob es sich hierbei um die 1864 gegründete Carl Wilhelm Schmidt Lack- und Lackfarbenfabrik in Düsseldorf, die 1889 eine Auszeichnung auf der Pariser Weltausstellung erhalten hatte, handelte, ließ sich im Rahmen dieser Studie nicht prüfen. Die eigene Darstellung von CWS heute lässt die fragliche Zeit aus. Vgl. http://cws-powder.de/unternehmen/historie [letzter Zugriff 17.11.2019].

142 Jürgen Kaube, *Das Nichts nach Nolde*, in: FAZ (28.8.2019), S. 9.

143 Schreiben Emil Nolde vom 14. Februar 1947 an Herrn Hoffmann endet: »Wenn es Ihnen möglich sein sollte, Farben zu besorgen, wäre ich Ihnen dankbar. Wenn möglich Schminckefarben.« Vgl. Antiquariat AEGIS, Briefwechsel mit FA. Schmincke, Kopie des Nolde-Briefes, in: Privatarchiv Hesse, P0002.

144 Vgl. Birgit Neumann-Dietzsch/Rainer B. Schossig, *Adolf Ziegler. Maler und Paladin. Präsident der Reichskammer der bildenden Künste von 1946–1943*, in: dies./Hans-Joachim Manske, »Entartet« – beschlagnahmt. Bremer Künstler im Nationalsozialismus, Bremen 2009.

145 Vgl. Burmester, *Der Kampf um die Kunst*, S. 138ff.

146 Ebd., S. 380, S. 448.

147 Ebd., S. 29ff.

148 Ebd. S. 40.

149 Ebd., S. 142.

150 Ebd., S. 145.

151 Vgl. ebd.

152 Vgl. ebd., S. 169.

153 Schreiben an Firma Schmincke & Co. vom 31.3.1937, in: BArch, R56-VII Nr. 16.

154 Schreiben Doerner-Institut an Fa. Schmincke & Co. vom 31.3.1937, in: BArch Berlin, R56-VII Nr. 16.

155 Ebd.

156 Schreiben Ernst O. Hesse an Prof. Max Doerner vom 21. Juni 1938, in: BArch, R56-VII Nr. 16.

157 Schreiben H. Schmincke & Co. an Prof. Max Doerner vom 8. Juni 1937, in: BArch Berlin, R56-VII Nr. 16.

158 Vgl. Schreiben H. Schmincke & Co. an Dr. Jacobi vom 24.9.1938, in: BArch Berlin, R56-VII Nr. 16.

159 Vgl. Burmester, *Der Kampf um die Kunst*, S. 346.

160 Vgl. ebd., S. 347.

161 Vgl. ebd., S. 181.

162 Vgl. Schreiben Doerner-Institut an Firma H. Schmincke & Co. vom 22. September 1938, in: BArch, R56-VII Nr. 16.

163 Vgl. Schreiben H. Schmincke & Co. an Dr. Jacobi (Doerner-Institut) vom 24.9.1938, in: BArch, R56-VII Nr. 16.

164 Vgl. Schreiben H. Schmincke & Co. an Dr. Jacobi (Doerner-Institut) vom 29.9.1938, in: BArch, R56-VII Nr. 16. Das Doerner-Institut bezahlte für die Übersendung der Farbproben.

165 Vgl. Schäning, *Synthetische organische Farbmittel*, S. 200.

166 Vgl. Lutzenberger, *Künstlerfarben im Wandel*, S. 10.

167 Vgl. Burmester, *Der Kampf um die Kunst*, S.107ff.

168 Schreiben Verlag Heller, München an Fa. Talens & Zoon, Apeldoorn/Holland vom 31.8.1931, in: BArch Berlin, R56-VII Nr. 16.

169 Vgl. Burmester, *Der Kampf um die Kunst*, S. 345 und Schmincke an RDI vom 17.10. 1938, in: BArch Berlin, R56-VII Nr. 311.

170 Vgl. Burmester, *Der Kampf um die Kunst*, S. 345. Der Chromgrünpigmentmangel sollte sich aber mit Kriegsausbruch noch dramatisch verschärfen.

171 Vgl. ebd., S. 346.

172 Ebd., S. 351.

173 Ebd., S. 439.

174 Ebd., S. 505.

175 Ebd., S. 507.

176 Vgl. ebd., S. 507.

177 Schreiben H. Schmincke & Co. an Doerner-Institut vom 17. Oktober 1939, in: BArch Berlin, R 56-VII Nr. 16.

178 Ebd.

179 Das Wort »Künstler« war dabei gesetzlich zu schützen, »soweit dieses als Markenanpreisung den jeweils handelsüblichen Künstlerwerkstofferzeugnissen als Aufschrift und Bezeichnung aufgedruckt wird«.

180 Schreiben Doerner-Institut an Präsident Reichskammer der bildenden Künste vom 20. März 1942, in: BArch Berlin, R 56-VII Nr. 9.

181 Burmester, *Der Kampf um die Kunst*, S. 513.

182 Ebd., S. 515.

183 Ebd.; Schriftwechsel, in: BArch Berlin, R 56-VII.

184 Schreiben H. Schmincke & Co. an Doerner-Institut vom 20. November 1941, in: BArch Berlin, R 56-VII Nr. 311.

185 Vgl. Burmester, *Der Kampf um die Kunst*, S. 516f. und BArch Berlin, R 56-VII.

186 Kremserweiß (Kammerbleiweiß), Zinkweiß (Weiß- oder Grünsiegel), Kadmiumgelb (hellst, hell, dunkel), Kadmiumorange, Kadmiumrot (hellst, hell, dunkel), Neapelgelb (hell, dunkel), Ocker (lichter Ocker, Goldocker, Dunkelocker), Gebrannter lichter Ocker, Terra di Siena (natur, gebrannt), Eisenoxyd – Rot (Englischrot hell, Englischrot dunkel, Caput mortuum hell, Caput mortuum dunkel), Grüne Erde (Böhmisch, Veroneser), Umbra (natur grünstichig, gebrannt), Chromoxydgrün (feurig, stumpf), Ultramarinblau (hell, dunkel), Kobaltblau (hell, dunkel), Kobaltviolett (hell, dunkel), Coelinblau, Pariserblau, Beinschwarz, Krapplack (Wurzelkrapplack mittel, Wurzelkrapplack dunkel, Alizarinkrapplack mittel, Alizarinkrapplack dunkel), Hansagelb 10 G, Indischgelb Ers., Permanentrot (hell, dunkel), Mischtöne (Bleiweiß/Zinkweiß, Königsblau hell, Königsblau dunkel, Kadmiumgrün hell, Kadmiumgrün dunkel). Schmincke sollte sich dabei auf fünf Mischfarben angesichts der Rohstofflage festlegen, wogegen sich der Farbenhersteller verwahrte und neben den vier unverzichtbaren Tönen (gebr. lichter Ocker, Terra pozzuoli, gebr. Grüne Erde und Kobaltviolett) noch Kobaltgrün und Alizarinkrapplack hell aufgenommen wissen wollte.

187 Vgl. Briefwechsel Schmincke und Doerner-Institut vom 6. Januar und 30. Januar 1942 sowie 4. Februar 1942, in: BArch Berlin R 56-VII Nr. 311.

188 Schreiben Reichsbeauftragter Reichsstelle Chemie an den Präsidenten der Reichskammer der bildenden Künste vom 12. Februar 1942, in: BArch, R56-VII Nr. 9.

189 Schreiben Präsident der Reichskammer der bildenden Künste an die Reichsstelle Chemie vom 30. Januar 1942, in: BArch, R56-VII Nr. 9.

190 Zitiert nach Burmester, *Der Kampf um die Kunst*, S. 519.

191 Andreas Burmester schreibt fälschlicherweise, dies sei die Firma Schmincke. Die Originaldenkschrift ist jedoch von der Firma Schoenfeld. Vgl. Burmester, *Der Kampf um die Kunst*, S. 352 und »Fa. Schoenfeld & Co., Denkschrift über die Möglichkeit der Verwendung von Aluminiumtuben für Künstlerfarben nach dem Stande der heutigen Erfahrungen« vom 7. Januar 1939, in: BArch Berlin, R 56-VII, Nr. 305.

192 Vgl. Burmester, *Der Kampf um die Kunst*, S. 352.

193 Obwohl das Doerner-Institut das Abfüllen der Künstlerölfarbe in Aluminiumtuben nun grundsätzlich gewährte, lehnte es jedoch gleichzeitig jedwede Verantwortung für diese Maßnahme ab. Auch schien es für manchen Hersteller schlicht nicht möglich: Ende 1944 endete die Versorgung mit Eitemperafarben der Firma Neisch, die zu 85 % an die Wehrmacht geliefert wurden, da die Farbe nicht mehr in Bleituben vertrieben werden durfte. Der Versuch der Reichskammer, hier Kompromisse zu finden und zumindest vorübergehend minderwertigen Tubenersatz zuzulassen, blieb weitgehend auf der Strecke. Vgl. ebd., S. 518f.

194 Ebd., S. 512.

195 Vgl. ebd., S. 509.

196 Vgl. ebd.

197 Vgl. ebd., S. 510. Die Studie von Annemone Christians legt jedoch nahe, dass sich die Pelikan-Werke bald auf die in den angeschlossenen Gebieten aufgebaute Blechverpackung stützten. Vgl. Christians, *Tinte und Blech.*

198 Vgl. Schreiben H. Schmincke & Co. an Doerner-Institut vom 31. Oktober 1939 und vom 7. Dezember 1939, in: BArch Berlin R 56-VIII Nr. 16.

199 Der Kopaivabalsam – das Öl bestimmter Johannesbrotgewächse in Übersee – wurde zur Herstellung von Firnissen verwendet.
200 Schreiben Doerner-Institut an H. Schmincke & Co. vom 2. Dezember 1939, in: BArch Berlin R 56-VIII Nr. 16.
201 Das Hydroterpin – ein Gemisch aus Tetralin (80 %) und hydriertem Terpentinöl (20 %) – verdunstet etwas langsamer als das Balsamterpentinöl und wirkt daher günstig auf den Verlauf von Öl- und Lackfarben.
202 Schreiben H. Schmincke & Co. an Doerner-Institut vom 12. Dezember 1939, in: BArch Berlin R 56-VIII Nr. 16; vgl. auch Burmester, *Der Kampf um die Kunst*, S. 353.
203 Ebd.
204 Schreiben H. Schmincke & Co. an Doerner-Institut vom 30. September 1940, in: BArch Berlin R 56-VII Nr. 16.
205 Schreiben Doerner-Institut an H. Schmincke & Co. vom 17. Oktober 1940, in: BArch Berlin R 56-VII Nr. 16.
206 Vgl. Schreiben Maltechnische Abteilung Doerner-Institut an Schmincke & Co. vom 8. Dezember 1941 und Antwortschreiben vom 17. Dezember 1941, in: BArch Berlin R 56-VII Nr. 311.
207 Schreiben Reichskammer der bildenden Künste an H. Schmincke & Co. vom 10. März 1941, in: BArch Berlin R 56-VII Nr. 16.
208 »Streng Vertrauliches« Schreiben H. Schmincke & Co. an das Reichsernährungsministerium vom 19. November 1941, in: BArch, R56-VII Nr. 9.
209 Ebd.
210 Schreiben Ernst Hesse an Präsidenten der Reichskammer der bildenden Künste vom 6.12.1941, in: BArch, R56-VII, Nr. 9.
211 Entwurf: Schreiben Leiter der maltechnischen Abteilung an Präsidenten der Reichskammer der bildenden Künste wegen Eingabe der Firma Schmincke & Co. auf Zuteilung von 54 Eiern zur Herstellung von Eitempera vom 23. Dezember 1041, in: BArch, R56-VII Nr. 9.
212 Vgl. Schreiben Ernst Hesse an Prof. Ziegler, Präsident der Reichskammer der bildenden Künste vom 5. Februar 1942, in: BArch, R56-VII Nr. 9.
213 Ebd.
214 Schreiben Reichskammer der bildenden Künste an Doerner-Institut vom 24. Februar 1942, in: BArch, R56-VII Nr. 9.
215 Schreiben an Präsidenten der Reichskammer vom 23. März 1942, in: BArch, R56-VII Nr. 9.
216 Schreiben Fritz Haeberlein, Doerner-Institut an H. Schmincke & Co. vom 5. November 1941, in: BArch Berlin R 56-VII Nr. 16.
217 Vgl. Burmester, *Der Kampf um die Kunst*, S. 512.
218 Vgl. H. Schmincke & Co. an Doerner-Institut vom 21. November 1941, in: BArch Berlin, R 56-VII Nr. 311.
219 Schreiben H. Schmincke & Co. an Doerner-Institut vom 17. Juni 1942, in: BArch Berlin R 56-VII Nr. 311.
220 Vgl. S.-W. Staps, *Conrad Hommel*, in: Allgemeines Künstlerlexikon. *Die Bildenden Künstler aller Zeiten und Völker* (AKL), Bd. 74, Berlin 2012, S. 370f.
221 Schreiben Prof. Conrad Hommel vom 27. November 1943 an Ernst Oswald Hesse, in: Privatarchiv Hesse, P0004.
222 Schreiben Hesse an Prof. Conrad Hommel, vom 8.12.1943, in: Privatarchiv Hesse, P0004.
223 Schreiben Staatsminister und Chef der Präsidialkanzlei des Führers und Reichskanzlers an Landesleiter der Reichskammer der bildenden Künste, München vom 27. Januar 1943, in: Bayerische Staatsbibliothek, Nachlass Troost/Gerdy Troost, Ana 325.B, Schachtel: »Anfertigung von Ehrenurkunden und Ehrengeschenken«.
224 Schreiben an Doktor Doehls, Präsidialkanzlei des Führers vom 28. Januar 1943, in: Bayerische Staatsbibliothek, Nachlass Troost/Gerdy Troost, Ana 325.B, Schachtel: »Anfertigung von Ehrenurkunden und Ehrengeschenken«.
225 Schreiben Ernst Hesse an Prof. Hommel vom 8.12.1944, in: Privatarchiv Hesse, P0004.
226 Schreiben Leiter der Technischen Akademie der Luftwaffe Berlin an den Landesleiter der Reichskammer der bildenden Künste vom 19. März 1943, in: BArch, R9361-V/100939.
227 Ob dies im Falle von diesen Farben hier geschehen ist, wurde nicht am konkreten Beispiel überprüft.
228 Anlage zum Schreiben Leiter der Technischen Akademie der Luftwaffe Berlin an den Landesleiter der Reichskammer der bildenden Künste vom 19. März 1943, in: BArch, R9361-V/100939.
229 Fragebogen Military Government, Ernst Oswald Hesse, in: Landesarchiv NRW, Abt. Rheinland, NWO Nr. 31851.
230 Gegenüberstellung der Betriebsverhältnisse in den Jahren 1934 + 1948 vom 30.1.1950, in: Privatarchiv Hesse, P0002, S. 3. Während des Krieges, so eine handschriftliche Ergänzungsnotiz auf der Gegenüberstellung der Betriebsverhältnisse, »durch Wehrmacht« bis zu 400 Personen Belegschaft. Diese Aussage wiederholte Peter Hesse auch im Interview mit der Verf., allerdings in Bezug auf das Jahr 1937. Dafür lassen sich jedoch keine Belege finden. Auch ist nicht klar, wann die Notiz auf die Gegenüberstellung gelangte.

231 Vgl. Rede anläßlich des 50jährigen Dienstjubiläums von Herrn Drews, in: Privatarchiv Hesse, P0002.
232 Bericht vom 1. Mai 1950, in: Privatarchiv Hesse, P0002, S. 1.
233 Vgl. ebd.
234 Christians, *Tinte und Blech*.
235 Vgl. Bericht vom 1. Mai 1950, in: Privatarchiv Hesse, P0002, S. 2.
236 Laut Peter Hesse sei die »Weißölfarbe« der Fa. H. Schmincke & Co. während des Krieges als Rostschutz genutzt worden. Interview mit Peter Hesse vom 3.1.2019.
237 Bericht vom 1. Mai 1950, in: Privatarchiv Hesse, P0002, S. 1.
238 Ebd.
239 Vgl. Burmester, *Der Kampf um die Kunst*, S. 354, sowie Schmincke an RDI, vertrauliches Schreiben vom 12. Dezember 1939, in: BArch Berlin, R 56-VII Nr. 311; RJ an Schmincke vom 2.12.1939 und vom 27. November 1939, in: BArch Berlin, R 56-VII Nr. 311; Fa. Schmincke Co (Düsseldorf) an AZ (RDBK) vom 7. Februar 1940, in: BArch Berlin, R 56-VII Nr. 305.
240 Vgl. Auskunft 1933, Simonswerk GmbH, in: Privatarchiv Hesse, P0002.
241 Grundbuch-Tabelle, Band V, Artikel 2/3, Nro. 894, Eigentümer Firma H. Schmincke & Co. zu Düsseldorf und Notarielle Urkunde Registernr. 642 für 1936, in: Amtsgericht Düsseldorf, Grundbuchamt.
242 Vgl. Schreiben Erwin Zettler an Ernst O. Hesse vom 18. März 1937, in: Privatarchiv Hesse.
243 Vgl. Handelsregister, HRA10882, IHK Düsseldorf (umgeschrieben von HRA863).
244 Vgl. Wirtschafts-Berichte Nr. 1 vom Januar 1942, in: Stadtarchiv Düsseldorf, 0-1-24-1780-0000.
245 Erich Zettler wurde am 20.3.1913 in München als Sohn von Ernst Marquardt und Franziska Kremser geboren.
246 Geboren am 15.12.1914 in Essen, gestorben am 17.10.2009.
247 Vgl. Schreiben Gerta Hesse an Ernst O. Hesse vom 19. Juni 1937, in: Privatarchiv Hesse.
248 Schreiben Gerta Hesse an Ernst O. Hesse vom 18. März 1937, in: Privatarchiv Hesse.
249 Vgl. Einschreiben Anwälte Potthast/Weinmann an Zentralamt für Vermögensverwaltung vom 22. Dezember 1949, in: Landesarchiv NRW, Abt. Rheinland, Gerichte Rep. 200 Nr. 259.
250 Vgl. ebd.
251 Hierfür spricht, dass ein weiterer Vertrag 1941 regelte, dass Gerta auf das Nacherbe verzichtete und im Gegenzug ihr mittlerweile geborener Enkelsohn Peter Hesse als Kommanditist eingetragen wurde.
252 Eidesstattliche Erklärung von Ernst Hesse vom 28. März 1947, in: Privatarchiv Ariane Hesse. Ernst Hesse erbrachte diese Erklärung, um seinem Schwiegervater diese als Anlage zu seinem Entnazifizierungsbogen mitzugeben. Vgl. Schreiben Walter Renard an Ernst Hesse vom 21. März 1947, in: Privatarchiv Ariane Hesse.
253 Ernst Oswald Hesse gab in seinem Entnazifizierungsbogen an, dass er »glaube, daß mein Schwiegervater eine zeitlang Blockleiter gewesen ist«. Fragebogen Military Government, Ernst Oswald Hesse, in: Landesarchiv NRW, Abt. Rheinland, NWO Nr. 31851.
254 Vgl. NSDAP-Mitgliederkartei, Mitgliedsnr. 2488227, in: BArch R 9361-IX Kartei / 34431412.
255 Steuer-Nr. 58/152, Düsseldorf. Veranlagung der 5. Rate erfolgte durch das Finanzamt Köln.
256 Schreiben Anwälte Potthast/Weimann an Wiedergutmachungsamt beim Landgericht Düsseldorf vom 12. Januar 1953 und Eidesstattliche Erklärung der Anna Josten vom 12.12.1952, in: Landesarchiv NRW, Abt. Rheinland, Gerichte Rep. 200 Nr. 2719.
257 Vgl. Schreiben Bruno Potthast/Paul Weimann an Wiedergutmachungsamt vom 18.6.1952, in: Landesarchiv NRW, Abt. Rheinland, Gerichte Rep. 200 Nr. 2719. Der Schuldschein wurde zum Aktenzeichen 57/142 übergeben, die Kopie des Originalempfangsbescheids vom 16.12.1938 wurde dem Gericht als Anlage 1952 übergeben. Der Schuldschein wurde Ernst Oswald Hesse, nachdem die Reichsfluchtsteuer gezahlt war, 1944 wieder übergeben. Vgl. ebd., S. 2.
258 Die vermutlich aus Schutzgründen geschlossene Ehe mit dem über wenig finanzielle Mittel verfügenden Max Aeschbach, zu dem Gerta und die Familie Hesse auch nach dem Zweiten Weltkrieg ein respektvolles Verhältnis behielt, ist historisch auf der persönlichen Ebene nicht zu fassen. Max Aeschbach war aber wohl ein Bekannter von Julius Hesse aus Studienzeiten.
259 Nach dem Zweiten Weltkrieg nannte sich Gerta Aeschbach geb. Hanau konsequent »Gertrud« und ließ sich auch so in alle offiziellen Dokumente eintragen. Wir verwenden auch weiterhin den Namen Gerta Hesse – auch wenn sie ab 1939 Gerta Aeschbach hieß und sich später Gertrud Aeschbach-Hesse nannte.

260 Vgl. Original Ausfertigung der Ur.R.Nr. 389 für 1939 vom 5. April 1939, in: Archiv Schmincke, P0004.

261 Vgl. Grundbuch Flingern Kreis Düsseldorf, Band 21, Blatt Nr. 1268 – Betrag Goethestraße 21: Ehefrau des Fabrikanten Dr. Julius Hesse, Gerta geborene Hanau, ohne Beruf, in Düsseldorf. »Das auf dem geschlossenen Blatt von Flingern Band 31 Blatt 1268 eingetragene Eigentum bei Umschreibung in das Lose-Blatt-Grundbuch hier eingetragen am 16. Mai 1939.«

262 Vgl. Claim for Restitution of Property which has been subject to Transfer in Accordance with Paragraph 1 of General Order 10, in: Landesarchiv NRW, Abt. Rheinland, BR336 Nr. 8/35/462. Gegen Vereinigung deutscher Verzinkereien, Düsseldorf.

263 Anliegend Verkaufsvertrag vom 28. Juli 1939 zwischen Ehefrau Max Aeschbach, Gerta geb. Hanau und Hans Späth, Kaufmann zu Düsseldorf und Bernhard Brockhaus, Kaufmann zu Düsseldorf, handelnd als rechtliche Vertreter der Firma Geschäftsstelle Deutscher Verzinkereien GmbH, Düsseldorf. Verkaufsvertrag vom 28. Juli 1939, U.R. Nr. 942/1939, in: Amtsgericht Düsseldorf, Grundbuchamt.

264 Schreiben Bruno Potthast/Paul Weimann an Wiedergutmachungsamt vom 2. Februar 1950, S. 2, in: Landesarchiv NRW, Abt. Rheinland, BR336 Nr. 8/35/462. Gegen Vereinigung deutscher Verzinkereien, Düsseldorf.

265 Vgl. Eckart Conze u.a., *Das Amt und die Vergangenheit. Deutsche Diplomaten im Dritten Reich und in der Bundesrepublik*, München 2010, S. 287ff.

266 Vgl. Otto Dov Kulka/Eberhard Jäckel (Hg.), *Die Juden in den geheimen NS-Stimmungsberichten 1933–1945*, Schriftenreihe des Bundesarchivs 62, Düsseldorf 2004, S. 676.

267 Vgl. Trude Maurer, *Ausländische Juden in Deutschland, 1933–1939,* in: Arnold Paucker (Hg.), *Juden im Nationalsozialistischen Deutschland*, Tübingen 1986, S. 189–210, hier S. 194.

268 Vgl. Helmut Genschel, *Die Verdrängung der Juden aus der Wirtschaft im Dritten Reich*, Göttingen 1966, S. 265.

269 Vgl. Trude Maurer, *Ausländische Juden in Deutschland, 1933–1939,* S. 189–210.

270 Vgl. Christopher Browning, *The Final Solution and the German Foreign Office: A Study of Referat D II of Abteilung Deutschland 1940–43*, New York 1978, S. 15.

271 Vgl. H.G. Adler, *Der verwaltete Mensch. Studien zur Deportation der Juden in Deutschland*, Tübingen 1974, S. 257.

272 Vgl. Georg Kreis, *Die Schweiz im Zweiten Weltkrieg*, Innsbruck 2011, S. 118f. Insgesamt kehrten 68.000 Schweizer aus dem Ausland in die Schweiz während des Zweiten Weltkrieges zurück, während 250.000 Schweizer im Ausland lebten. Dies betrifft jedoch das gesamte Ausland, sodass keine validen Zahlen für Deutschland vorliegen.

273 Vgl. Schreiben Bruno Potthast/Paul Weimann an Wiedergutmachungsamt vom 2. Februar 1950, in: Landesarchiv NRW, Abt. Rheinland, BR336 Nr. 8/35/462. Gegen Vereinigung deutscher Verzinkereien, Düsseldorf.

274 Vgl. ebd.

275 Vgl. Schreiben Ernst Oswald Hesse an Erwin Zettler vom 18. Dezember 1941, in: Privatarchiv Ariane Hesse.

276 Vgl. Schreiben Bruno Potthast/Paul Weimann an Wiedergutmachungsamt vom 18.6.1952, in: Landesarchiv NRW, Abt. Rheinland, Gerichte Rep. 200 Nr. 2719.

277 Vgl. Hermann Graml, *Die Behandlung von Juden fremder Staatsangehörigkeit in Deutschland*, in: Gutachten des Instituts für Zeitgeschichte, München 1958, S. 85–87.

278 Vgl. Adler, *Der verwaltete Mensch*, S. 257.

279 Vgl. ebd.

280 Vgl. Christopher Browning, *The Origins of the Final Solution: The Evolution of Nazi Jewish Policy, September 1939–March 1942*, Lincoln 2002, S. 155.

281 Vgl. Schreiben Bruno Potthast/Paul Weimann an Central Claims Registry vom 8. Juli 1948, in: Landesarchiv NRW, Abt. Rheinland, BR336 Nr. 8/35/462. Gegen Vereinigung deutscher Verzinkereien, Düsseldorf.

282 Diesen Verzicht widerriefen die Parteien bereits im Dezember 1945. Vgl. Verzichtserklärung vom 20. Dezember 1949, in: Landesarchiv NRW, Abt. Rheinland, BR336 Nr. 8/35/462. Gegen Vereinigung deutscher Verzinkereien, Düsseldorf.

283 Vgl. Brief Peter Hesse an Dr. Manfred Schneider, Präsident des VCI vom 14. September 2000, in: Privatarchiv Hesse, P0002.

284 Dr. Schneider-Neuenburg war Geschäftsführer der Chemischen Fabrik Gebrüder Vossen & Co. GmbH in Neuss, deren Kapital über 120.000 Reichsmark wiederum hielt Gustav Vossen, seinerseits phG der Gebr. Vossen & Co. KG in Aachen.

285 Vgl. Handelsregister, HRA10882, IHK Düsseldorf (umgeschrieben von HRA863).

286 Vgl. Wirtschafts-Bericht vom 1. Januar 1942, zu H. Schmincke & Co. Künstlerfarbenfabrik, in: Stadtarchiv Düsseldorf, 01-24-1780.0000.

287 Vgl. Handelsregister, HRA10882, IHK Düsseldorf (umgeschrieben von HRA863).

288 Vgl. ebd.

289 Vgl. Beglaubigte Verzichtserklärung von Gertrud Aeschbach vom 20. Dezember 1949, in: Landesarchiv NRW, Abt. Rheinland, Gerichte Rep. 200 Nr. 259.

290 Vgl. Einschreiben Anwälte Potthast/Weimann an Zentralamt für Vermögensverwaltung vom 22. Dezember 1949, in: Landesarchiv NRW, Abt. Rheinland, Gerichte Rep. 200 Nr. 259. Da der Enkel minderjährig war, wurden die Behörden hinzugezogen (Vormundschaftsgericht, Akte 46 VIII II 9471) sowie die Zustimmung der Militärbehörden eingeholt.

291 Gerta Hesse wendete sich 1949 auch scharf gegen ihre ehemalige Schwiegertochter Ilse Merrick geb. Renard und widerrief verschiedene Schenkungen von Familienerbstücken – neben den wertvollen Schmuckstücken u.a. wohl zwei eher ideelle Wappengläser aus der Familie Horadam. Vgl. Schreiben Gertrud Aeschbach an Ilse Merrick vom 21. Mai 1949, in: Privatarchiv Hesse, P0006.

292 Vgl. Schreiben Ernst Oswald Hesse an Dr. Fuchs vom 5.6.1942, in: Privatarchiv Ariane Hesse.

293 Vgl. Schreiben Bruno Potthast/Paul Weimann an Wiedergutmachungsamt vom 18.6.1952, in: Landesarchiv NRW, Abt. Rheinland, Gerichte Rep. 200 Nr. 2719.

294 Vgl. Ernst O. Hesse, [Erinnerungen], Februar 1988, S. 5, in: Privatarchiv Hesse, P0002.

295 Schreiben Bruno Potthast/Paul Weimann an Wiedergutmachungsamt vom 2. Februar 1950, in: Landesarchiv NRW, Abt. Rheinland, BR336 Nr. 8/35/462. Gegen Vereinigung deutscher Verzinkereien, Düsseldorf.

296 Vgl. Eidesstattliche Erklärung von Paul Reuchter vom 3. August 1948, in: Landesarchiv NRW, Abt. Rheinland, Gerichte Rep. 200 Nr. 933.

297 Die Familie Liesenfeld wurde nach dem Zweiten Weltkrieg nochmals in den Privatauseinandersetzungen der Familie Hesse wichtig, insofern Herbert Liesenfeld eine Bürgschaft für Ernst Oswald übernahm, um ihm 5.000 D-Mark zur Auszahlung an seine Frau Ilse zu ermöglichen. Vgl. Schreiben Ernst Oswald Hesse an Peter Hesse vom 17. Dezember 1979, in: Privatarchiv Hesse, P0006.

298 Vgl. Schreiben Ernst Oswald Hesse an Otto Liesenfeld vom 1. April 1943, in: Privatarchiv Ariane Hesse.

299 Ebd.

300 Ebd.

301 Ebd.

302 Vgl. Interview von Andrea Schneider-Braunberger und Jörg Lesczenski mit Ariane und Thomas Hesse, Düsseldorf, 27.8.2018.

303 Fragebogen Military Government, Ernst Oswald Hesse, in: Landesarchiv NRW, Abt. Rheinland, NWO Nr. 31851.

304 Schreiben Ernst Oswald Hesse an Otto Liesenfeld vom 1. April 1943, in: Privatarchiv Ariane Hesse.

305 Fragebogen Military Government, Ernst Oswald Hesse, in: Landesarchiv NRW, Abt. Rheinland, NWO Nr. 31851. Als Zeugen benannte er Frau Hesse, Frl. Steffi Feige, Wilhelm Glauerdt und Karl Losch.

306 Vgl. Interview von Andrea Schneider-Braunberger und Jörg Lesczenski mit Ariane und Thomas Hesse, Düsseldorf, 27.8.2018.

307 Im Restitutionsverfahren bezüglich des Hauses Goethestraße 21 schlugen die Richter im Februar 1950 einen Vergleich dergestalt vor, dass die Erwerber das Haus rückerstatteten und Gerta Hesse auf alle weiteren Ansprüche verzichtete. Die Sache verkomplizierte sich dann noch einmal, insofern der Käufer mittlerweile einen Teil des Grundstücks weiterveräußert hatte an eine Firma Bagel. Die Parteien verglichen sich entsprechend. Die Rückerstattungsansprüche Gerta Hesses gegenüber dem Deutschen Reich resp. der Bundesrepublik Deutschland als Rechtsnachfolgerin entpuppten sich als langwieriger, insbesondere da die Steuerunterlagen des zuständigen Finanzamtes Köln vernichtet waren und die Behörden den Überweisungsnachweis der Steuerzahlung nicht als hinreichend anerkannten. Die entzogenen Wertpapiere wurden Gerta Hesse hingegen erstattet, die Klage auf Erstattung der Judenabgabe und Reichsfluchtsteuer wurde mit Blick auf das bevorstehende Entschädigungsgesetz fallen gelassen. Das Bundesentschädigungsgesetz vom 29. Juni 1956 war dabei hochkomplex und auch nicht unproblematisch. Vgl. Constantin Goschler/Ludolf Herbst (Hg.), *Wiedergutmachung in der Bundesrepublik Deutschland*, Oldenburg/München 1989.

308 Vgl. Schreiben Bruno Potthast/Paul Weimann an das Wiedergutmachungsamt Düsseldorf vom 2. Februar 1950, in: Gericht Rep. 200 Nr. 933.

309 Vgl. Vertrauliche Zwischenmeldung an den Polizeipräsidenten vom 18. Juni 1943, in: Stadtarchiv Düsseldorf, 0-1-23-577.

310 Bericht Polizeipräsident vom 12.6.1943, in: Stadtarchiv Düsseldorf, 0-1-23-577.

311 Schreiben Ernst Hesse an Prof. Hommel vom 8.12.1944, in: Privatarchiv Hesse, P0004.

312 Ebd.

313 Schreiben Prof. Hommel an Hesse vom 16.12.1944, in: Privatarchiv Hesse, P0004.

314 Vgl. Bericht vom 1. Mai 1950, in: Privatarchiv Hesse, P0002, S. 2.

315 Schreiben Ernst Hesse an Prof. Hommel vom 8.12.1944, in: Privatarchiv Hesse, P0004.

316 Vgl. Bericht vom 1. Mai 1950, in: Privatarchiv Hesse, P0002, S. 2.

317 Schreiben RA Oberloskamp/Brandt an Amtsgericht Düsseldorf vom 6. Februar 1948, in: Privatarchiv Hesse, P0006.

318 Vereinbarung zwischen der Firma H. Schmincke & Co. und Frau Ernst Hesse, Ilse, geb. Renard vom 29. September 1947, in: Privatarchiv Hesse, P0006.

319 Schreiben an das Amtsgericht Düsseldorf vom 24. November 1948, in: Privatarchiv Hesse, P0006.

320 Fragebogen Military Government, Ernst Oswald Hesse, in: Landesarchiv NRW, Abt. Rheinland, NWO Nr. 31851. 1933 war er nach Spanien, Frankreich und in die Schweiz zu Kundenbesuchen gereist.

321 Vgl. Schreiben an das Amtsgericht Düsseldorf vom 24. November 1948, in: Privatarchiv Hesse, P0006.

322 Vgl. Schreiben Neufang, Leiter maltechnische Abteilung an Schmincke & Co. vom 5. Januar 1944 sowie Antwortschreiben vom 17. Januar 1944, in: BArch Berlin R 56-VII Nr. 311.

323 Vgl. Schreiben Fritz Haeberlein, Doerner-Institut, an Schmincke & Co. vom 25. Januar 1944 und Antwortschreiben vom 31. Januar 1944, in: BArch Berlin R 56-VII Nr. 311.

324 Schreiben H. Schmincke & Co. an Doerner-Institut vom 8. März 1944, in: BArch Berlin R 56-VII Nr. 311.

325 Vgl. Schreiben Doerner-Institut an H. Schmincke & Co. vom 4. April 1944 und 11. Mai 1944, in: BArch Berlin R 56-VII Nr. 311. Im August wurden Leinöl, Terpentinöl und Gummi-Dammar aus München mit Bezugsschein angefordert.

326 Schreiben H. Schmincke & Co. an Doerner-Institut vom 17. Mai 1944, in: BArch Berlin R 56-VII Nr. 311.

327 Schreiben Doerner-Institut an H. Schmincke & Co. vom 3. Mai 1944, in: BArch Berlin R 56-VII Nr. 311.

328 H. Schmincke & Co. (Hg.), *Malen macht Freude*.

329 Vgl. Schreiben Schmid an Herrn Hesse, H. Schmincke & Co. vom 23.12.1944, in: Privatarchiv Hesse, P0004 Schmincke- und Familien-Historie (Hesse).

330 Schreiben an das Amtsgericht Düsseldorf vom 24. November 1948, S. 2, in: Privatarchiv Hesse, P0006.

331 Schreiben Ernst Oswald Hesse an Peter Hesse vom 17. Dezember 1979, in: Privatarchiv Hesse, P0006.

332 Schreiben RA Oberloskamp/Brandt an Amtsgericht Düsseldorf vom 6. Februar 1948, in: Privatarchiv Hesse, P0006.

333 Vgl. ebd. So schrieb Ernst Oswald im Juli 1947 einem Freund über seine bevorstehende Scheidung: »[...] eine Tatsache, die Dich wahrscheinlich nicht überraschen wird, da Du unser bisheriges Leben ziemlich kennst und weißt, dass wir etwas frei nebeneinander her lebten.« Schreiben Ernst Oswald Hesse an Karl Freiherr von Karaisl, München, vom 18.7.1947, in: Privatarchiv Hesse, P0004.

334 Schreiben RA Oberloskamp/Brandt an Amtsgericht Düsseldorf vom 6. Februar 1948, S. 2, in: Privatarchiv Hesse, P0006.

335 Vgl. ebd.

336 Vgl. Fragebogen, Military Government, Ernst Hesse, in: Landesarchiv NRW, Abt. Rheinland, Bestand NW 1002-DN, Signatur 31851 und Fragebogen der Vizekonsulin der USA, Dorothea Lampe vom 16. Februar 1951, in: Privatarchiv Hesse, P0004.

337 So zeigt Annemone Christians die Fälle für die Pelikan-Werke auf. Vgl. Christians, *Tinte und Blech*.

338 Fragebogen Military Government, Ernst Oswald Hesse, in: Landesarchiv NRW, Abt. Rheinland, NWO Nr. 31851.

339 Ebd.

Von der Nachkriegszeit bis in das Zeitalter der Globalisierung

1 So die plakative Charakterisierung der Farbenfabrik von Ernst O. Hesse im Oktober 1946. Siehe Schreiben von Ernst O. Hesse an »Ma«, Düsseldorf, 28. Oktober 1946, in: Schmincke-Archiv, Ordner 10365.

2 Peter Hüttenberger, *Düsseldorf. Geschichte von den Anfängen bis ins 20. Jahrhundert*, Bd. 3: Die Industrie- und Verwaltungsstadt (20. Jahrhundert), Düsseldorf 1989, S. 660.

3 Zur Situation Düsseldorfs bei Kriegsende vgl. ebd., S. 660–678; Zahlen nach: Antja Mahn u.a., *175 Jahre IHK Düsseldorf. Handeln für Unternehmen*, Köln 2006, S. 32.

4 Ernst O. Hesse, [Erinnerungen], Februar 1988, S. 2, in: Privatarchiv Hesse, P0002.

5 Ebd.; das Dokument mit dem genauen Datum der Betriebserlaubnis liegt nicht vor.

6 Vgl. ebd.

7 Die Produktionsbedingungen nach Kriegsende geben wieder: o.A. [Ernst O. Hesse], Gegenüberstellung der

Betriebsverhältnisse in den Jahren 1934 und 1948, o.O. [Düsseldorf], 30. Januar 1950, in: Privatarchiv Hesse, P0002; o.A. [Ernst O. Hesse], ohne Titel [Bericht über die Produktionsverhältnisse ca. 1940 bis ca. 1948], o.O. [Düsseldorf], 1. Mai 1950, in: Privatarchiv Hesse, P0002.

8 Zur Rohstofffrage vgl. o.A. [Ernst O. Hesse], ohne Titel [Bericht über die Produktionsverhältnisse ca. 1940 bis ca. 1948], o.O. [Düsseldorf], 1. Mai 1950, S. 2, in: Privatarchiv Hesse, P0002; Schreiben von Ernst O. Hesse an »Ma«, Düsseldorf, 28. Oktober 1946, in: Schmincke-Archiv, Ordner 10365; Ernst O. Hesse, [Erinnerungen], Februar 1988, S. 2, in: Privatarchiv Hesse, P0002.

9 Ernst O. Hesse, [Erinnerungen], Februar 1988, S. 1f., in: Privatarchiv Hesse, P0002.

10 Ernst O. Hesse, [Erinnerungen], Februar 1988, in: Privatarchiv Hesse, P0002.

11 Wiedergutmachungsamt beim Landgericht Düsseldorf, Berechtigter: Aeschbach, Gertrud, Rückerstattungspflichtiger: Firma Schmincke & Co. KG in Düsseldorf, wg. Geschäftsanteil, 1950, Az: 202/50, in: Landesarchiv NRW, Abt. Rheinland, Duisburg, Gerichte Rep. 200, Akte 259.

12 Vgl. Ernst O. Hesse, [Erinnerungen], Februar 1988, S. 2, in: Privatarchiv Hesse, P0002.

13 Entnazifizierungsakte zu Ernst Hesse, geb. 06.05.1908 Düsseldorf, Kaufmann, in: Landesarchiv NRW, Abt. Rheinland, Duisburg, NW 1002-DN.

14 Werner Plumpe, *Alltag bei Kriegsende*, in: Jan-Pieter Barbian/Ludger Heid (Hg.), Zwischen Gestern und Morgen. Kriegsende und Wiederaufbau im Ruhrgebiet, Essen 1995, S. 159.

15 Kaspar Maase, *Freizeit*, in: Wolfgang Benz (Hg.), Die Geschichte der Bundesrepublik Deutschland, Bd. 3: Gesellschaft, Frankfurt a.M. 1989, S. 345.

16 Hüttenberger, *Industrie- und Verwaltungsstadt*, S. 671.

17 Zum Freizeitverhalten zwischen Kriegsende und Währungsreform siehe zusammenfassend Harald Jähner, *Wolfszeit. Deutschland und die Deutschen 1945–1955*, Berlin [7]2019, S. 31–60, S. 121–148; Christian Kleinschmidt, *Konsumgesellschaft*, Göttingen 2008, S. 131–135; Maase, *Freizeit*, S. 345–348; Axel Schildt/Detlef Siegfried, *Deutsche Kulturgeschichte. Die Bundesrepublik von 1945 bis zur Gegenwart*, München 2009, S. 23–42.

18 Schreiben von Ernst O. Hesse an Ilse Merrick, o.O., 9. Juli 1948, in: Privatarchiv Hesse, P0006.

19 Ernst O. Hesse, [Erinnerungen], Februar 1988, S. 7, in: Privatarchiv Hesse, P0002.

20 Vgl. ebd.

21 Elisabeth Zimmermann, [Erinnerungen], Aschau, 28. Juni 1992, in: Privatarchiv Hesse, P0006.

22 Vgl. Ernst O. Hesse, [Erinnerungen], Februar 1988, S. 7, in: Privatarchiv Hesse, P0002; Handelsregisterakte, in: Landesarchiv NRW, Abt. Rheinland, Gerichte Rep. 0587, Nr. 227; die Angaben zur Höhe der Marshall-Plan-Hilfe werden von Ernst O. Hesse unterschiedlich wiedergegeben. In seinen Erinnerungen ist von 75.000 DM die Rede, im November 1953 sprach er gegenüber Journalisten von 100.000 DM. Vgl. Journal of Commerce (16.11.1953).

23 Ernst O. Hesse, [Erinnerungen], Februar 1988, S. 7, in: Privatarchiv Hesse, P0002.

24 Der Markenname »Evinrude« geht auf den Pionier im Bau von Außenbaumotoren Ole Evinrude zurück, ein norwegischer Ingenieur, der 1907 sein erstes Unternehmen Evinrude Motor Company gründete. Zur Geschichte der Unternehmen siehe Jeffrey L. Rodengen, *Evinrude, Johnson and The Legend of OMC*, Fort Lauderdale 1992.

25 Ernst O. Hesse, [Erinnerungen], Februar 1988, S. 8, in: Privatarchiv Hesse, P0002.

26 Handelsregisterakte, in: Landesarchiv NRW, Abt. Rheinland, Gerichte Rep. 0587, Nr. 227.

27 Ernst O. Hesse, [Erinnerungen], Februar 1988, S. 8, in: Privatarchiv Hesse, P0002.

28 Vgl. Ernst O. Hesse, Düsseldorf, Malkastenstraße 19, Bilanz zum 31. Dezember 1950 sowie Gewinn- und Verlustrechnung 1959; Ernst O. Hesse, Düsseldorf, Rohgewinn und Verlustrechnung per 31. August 1958, in: Privatarchiv Hesse, P0003.

29 Journal of Commerce (16.11.1953).

30 Zahlen nach Rudolf Morsey, *Die Bundesrepublik Deutschland. Entstehung und Entwicklung bis 1969*, 4. überarbeitete und erweiterte Auflage, München 2000, S. 320. Zum wirtschaftlichen Aufschwung seit den frühen 1950er Jahren siehe u.a. Werner Abelshauser, *Deutsche Wirtschaftsgeschichte seit 1945*, Bonn 2005, S. 200ff., 282ff.; Philipp Heldmann, *Das »Wirtschaftswunder« in Westdeutschland. Überlegungen zu Periodisierung und Ursachen*, in: Archiv für Sozialgeschichte 36 (1996), S. 323–344; Ludger Lindlar, *Das missverstandene Wirtschaftswunder. Westdeutschland und die westeuropäische Nachkriegsprosperität*, Tübingen 1997.

31 Vgl. Frankfurter Allgemeine Zeitung (11.7.1950); detaillierte Zahlen zum Außenhandel einzelner Unternehmen werden nicht erwähnt.

32 Vgl. Christoph Kleßmann, *Zwei Staaten, eine Nation. Deutsche Geschichte 1955–1970*, Bonn 1988, S. 37.

33 Michael Wildt, *Vom kleinen Wohlstand. Eine Konsumgeschichte der fünfziger Jahre*, Frankfurt a.M. 1996.

34 Axel Schildt, *Moderne Zeiten. Freizeit, Massenmedien und »Zeitgeist« in der Bundesrepublik der 50er-Jahre*, Hamburg 1995, S. 110–121; Ders., *Die Sozialgeschichte der Bundesrepublik Deutschland bis 1989/90*, München 2007, S. 25–28.

35 Vgl. Schildt, *Moderne* Zeiten, S. 111.

36 Vgl. Journal of Commerce (16. 11.1953).

37 Vgl. ebd.

38 Vgl. Wirtschaftsprüfer Leo Scholich, Düsseldorf, H. Schmincke & Co. Düsseldorf-Grafenberg, Vorläufige Gewinn- und Verlustrechnung, 1. Januar – 31. Dezember 1955 sowie vom 1. Januar 1956 - 31. Dezember 1956, in: Schmincke-Archiv, Akte 10389.

39 Vgl. ebd.

40 Zur IHK Düsseldorf nach 1945 vgl. Mahn u.a., *IHK Düsseldorf*, S. 32–39.

41 Siehe diverse Schreiben in: Landesarchiv NRW, Abt. Rheinland, Gerichte Rep. 200, Nr. 933.

42 [Wiedergutmachungskammer bei dem Landgericht Düsseldorf], Beschluss. In der Rückerstattungssache der Frau Gertrud Aeschbach, Antragstellerin, gegen das Deutsche Reich, für diese handelnd die Bundesrepublik Deutschland, vertreten durch die Oberfinanzdirektion Düsseldorf, Bundesvermögensabteilung, Antragsgegner, 18. Juni 1953.

43 Vereinbarung zwischen der Firma Schmincke & Co., Düsseldorf-Grafenberg, und Frau Ernst Hesse, Ilse, geb. Renard, Düsseldorf, Cecilienallee 25, Düsseldorf, 29. September 1947, in: Privatarchiv Hesse, P0003.

44 Schreiben von Ernst O. Hesse an Ilse Merrick, o.O., 9. Juli 1948, in: Privatarchiv Hesse, P0006.

45 Zum Folgenden siehe: Schreiben der Rechtsanwälte Dr. Oberloskamp und Dr. Brandt an das Amtsgericht Düsseldorf, Abteilung I 8, Düsseldorf, 6. November 1948, in: Privatarchiv Hesse, P0006.

46 Zum Folgenden siehe: Schreiben der Rechtsanwälte Dr. Cüppers u.a. an das Amtsgericht Düsseldorf, Düsseldorf, 24. November 1948, in: Privatarchiv Hesse, P0006.

47 Schreiben von Gertrud Aeschbach an Frau Ilse Merrick, Düsseldorf, 21. Mai 1949, in: Privatarchiv Hesse, P0006.

48 Vergleich, auf Antrag der Frau Ilse Merrick, geb. Renard, mit der Firma H. Schmincke & Co., Düsseldorf den 24. Dezember 1951, in: Privatarchiv Hesse, P0006.

49 Vgl. Ernst O. Hesse, [Erinnerungen], Februar 1988, S. 8, in: Privatarchiv Hesse, P0002.

50 Bodo W. Jaxtheimer, *Aus der Geschichte der Maltechnik*, in: Maltechnische Mitteilungen, 1965/1, o.S.

51 Zahlen nach Kleßmann, *Zwei Staaten, eine Nation*, S. 21ff., S. 37.

52 Vgl. Gerhard Schildt, *Das Sinken des Arbeitsvolumens im Industriezeitalter*, in: Geschichte und Gesellschaft 32 (2006), S. 134; Arne Andersen, *Der Traum vom guten Leben. Alltags- und Konsumgeschichte vom Wirtschaftswunder bis heute*, Frankfurt a.M. 1999, S. 210.

53 Vgl. Mahn u.a., *IHK Düsseldorf*, S. 42–44.

54 Heinrich-Heine-Universität (Hg.), *1865. Die Düsseldorfer Kunstszene vor 50 Jahren. Ein Teamprojekt des Instituts für Kunstgeschichte*, Düsseldorf 2015, S. 3. Die Studie bietet eine komprimierte Schau über die vielfältigen künstlerischen Initiativen im Düsseldorf der 60er Jahre.

55 Vgl. Alfred Reckendrees, *Konsummuster im Wandel. Haushaltsbudgets und Privater Verbrauch in der Bundesrepublik Deutschland, 1952–98*, in: Jahrbuch für Wirtschaftsgeschichte 47 (2007), S. 29–61, hier S. 59.

56 iw-trends, Nr. 3/84: Dokumentation: Entwicklung und Struktur der Freizeitausgaben (31.8.1984), S. 45ff.

57 Ebd., S. 48.

58 Joseph Goebel, *PRIMAcryl PATEPEINTURE, eine neue Technik für Hobby-Maler*, in: Maltechnische Mitteilungen, 1967/1, o.S.

59 Vgl. Peter J. Hesse, *Verbund in Farbe*, in: Die Absatzwirtschaft, 2. Juniausgabe 1968, in: Schmincke-Archiv, Akte 10389.

60 Interview von Jörg Lesczenski mit Peter Hesse, Düsseldorf, 5.8.2020.

61 Vgl. Amtsgericht Mettmann, Handelsregistereintrag 1687, H. Schmincke & Co., Düsseldorf, 2. Oktober 1961, in: Schmincke-Archiv, Akte 10397, Teil 1.

62 Interview von Andrea Schneider-Braunberger und Jörg Lesczenski mit Ariane und Thomas Hesse, Düsseldorf, 27.8.2018.

63 Ebd.

64 Ebd.

65 Thomas Hesse, Angaben bezüglich des Kontaktes mit Herrn Lothar F.W. Sparberg, in: Privatarchiv Hesse, P 001.

66 Peter Hesse, *Von der Vision zur Wirklichkeit. Von Lernwegen zum Erfolg. Von der Möglichkeit, SINNvoll zu leben*, Düsseldorf 1999, S. 15.

67 Ebd.

68 Interview von Jörg Lesczenski mit Peter Hesse, Düsseldorf, 5.8.2020.

69 Hesse, *Vision*, S. 15f.

70 Ebd., S. 17.

71 Ebd., S. 28.

72 Interview von Jörg Lesczenski mit Peter Hesse, Düsseldorf, 5.8.2020.

73 Ebd.

74 Hesse, *Vision*, S. 17, 28.

75 Interview von Jörg Lesczenski mit Peter Hesse, Düsseldorf, 5.8.2020.

76 Ebd.

77 Vgl. Hesse, *Vision*, S. 22f.; Ursula Hansen/Matthias Bode, *Entwicklungsphasen der deutschen Marketingwissenschaft seit dem Zweiten Weltkrieg*, in: Hartmut Berghoff (Hg.), Marketing-Geschichte. Die Genese einer modernen Sozialtechnik, Frankfurt a.M. 2007, S. 189.

78 Hesse, *Vision*, S. 19f.

79 Interview von Jörg Lesczenski mit Peter Hesse, Düsseldorf, 5.8.2020.

80 Vgl. Curriculum Vitae – Dipl. Kfm. Peter J. Hesse, Hon. Konsul von Island, in: Privatarchiv Hesse, P0001.

81 Ernst O. Hesse, [Erinnerungen], Februar 1988, S. 9, in: Privatarchiv Hesse, P0002.

82 Vgl. Elisabeth Zimmermann, [Erinnerungen], Aschau, 28. Juni 1992, in: Privatarchiv Hesse, P0006.

83 Vgl. Ernst O. Hesse, [Erinnerungen], Februar 1988, S. 9, in: Privatarchiv Hesse, P0002.

84 Angaben nach Handelsblatt (12.12.1974).

85 Ebd.

86 Ernst O. Hesse, [Erinnerungen], Februar 1988, S. 9, in: Privatarchiv Hesse, P0002.

87 Dazu führte Ernst O. Hesse aus: Eine Trennung der Firmen »war aber leider nicht möglich, da aus dem Erlös des Grundstücks Schmincke – Grafenberger Allee (DM 6,3 Mio.) nicht der ganze Betrag benötigt worden wäre, um Schmincke neu aufzubauen, sondern es wären erhebliche Summen dabei als nicht neu investiert, steuerpflichtig geworden. [...] Aus diesem Grunde wurden dann Gebäude errichtet, die aber gemeinsam mehr als DM 6,3 Mio. gekostet haben. Für den Restbetrag wurde eine Hypothek aufgenommen.« Vgl. ebd., S. 9.

88 Firmengruppe Schmincke/Hesse. Neues Domizil richtungsweisend für modernes Bauen, Tüffers Wirtschaftsauskunftei, 2/75, S. 6, in: Schmincke-Archiv, Akte 10389.

89 Vgl. Ernst O. Hesse, [Erinnerungen], Februar 1988, S. 10, in: Privatarchiv Hesse, P0002.

90 Ebd.

91 Peter J. Hesse, *Die Unternehmensphilosophie im Hause H. Schmincke & Co. GmbH & Co. KG*, in: Literatur-Berater Wirtschaft 6/78, S. 157.

92 Angaben nach: pbs-Report, 100 Jahre Qualität, Februar 1981, S. 22, in: Schmincke-Archiv, Akte 10389.

93 Zahlen nach: Hesse, *Unternehmensphilosophie*, S. 157; Handelsblatt (25.3.1981); FAZ (24.4.1990).

94 Vgl. iw-trends, Nr. 3/84: Dokumentation: Entwicklung und Struktur der Freizeitausgaben (31.8.1984), S. 46.

95 Gerhard Schulze, *Die Erlebnisgesellschaft. Kultursoziologie der Gegenwart*, Frankfurt a.M. 1992; Thomas Müller-Schneider, *Freizeit und Erholung*, in: Bernhard Schäfers/Wolfgang Zapf (Hg.), Handwörterbuch zur Gesellschaft Deutschlands, Opladen 1998, S. 233.

96 Maase, *Freizeit*, S. 367.

97 Andreas Reckwitz, *Die Erfindung der Kreativität. Zum Prozess gesellschaftlicher Ästhetisierung*, Berlin 2012, S. 9.

98 o.A., *Gut drauf mit Pinsel und Farbe: Wellnessfaktor Kreativität*, in: go long life! Das Magazin für ein glückliches langes Leben, Ausgabe 1/06, o.S., in: Schmincke-Archiv, Akte 10393.

99 Vgl. H. Schmincke & Co., Presse-Mitteilung: Kreative Freizeitaktivitäten. Ferienmalkurse 1989 im Lipperland, Erkrath, o.D. [1989].

100 Die Verteilung auf die Altersgruppen und die Schulabschlüsse fiel folgendermaßen aus: 18–25 Jahre: 21,4 %, 26–40 Jahre: 18,3 %, 41–55 Jahre: 17,2 %, 56–70 Jahre: 13,8 %, über 70 Jahre: 10,4 %; Hauptschlussabschluss: 9,7 %, Mittlere Reife: 17,9 %, Abitur: 28,6 %. Siehe Müller-Schneider, *Freizeit und Erholung*, S. 227. Zu den wachsenden Ansprüchen der Hobbykünstler vgl. FAZ (24. 4.1990).

101 So die Terminologie in: Schulz, *Erlebnisgesellschaft*.

102 Zur Marktsituation im Ausland siehe u.a. H. Schmincke GmbH & Co. KG, Protokoll der Sitzung von Gesellschafterversammlung und Beirat am 30. März 1990, Duisburg, 17. April 1990, S. 10ff., in: Privatarchiv Hesse, P0003.

103 Peter Hesse, Schmincke nun noch »feinster«! [Pressemitteilung], Ende August 1994, in: Schmincke-Archiv, Akte 10391, Teil 1.

104 H. Schmincke & Co., Information für die Tagespresse. Markenartikel »Made in Germany« weiterhin führend: Die Qualitätsphilosophie der Künstlerfarbenfabrik Schmincke, 30. August 1996, in: Schmincke-Archiv, Akte 10391, Teil 1.

105 Vgl. H. Schmincke & Co., PRIMAcryl Fluid – neue Farbsorte von Schmincke, Erkrath, im Januar 1994, in: Schmincke-Archiv, Akte 10391, Teil 1.

106 Peter Hesse, *Traditionelle Künstlerfarben bewähren sich*, PR-Artikel, 15. September 1993, in: Schmincke-Archiv, Akte 10391, Teil 1.

107 H. Schmincke & Co., PR-Artikel für PBS Report, Erkrath, 3. März 1993, in: Schmincke-Archiv, Akte 10391, Teil 1.

108 Peter J. Hesse, *Management-System*, in: Management-Enzyklopädie, Bd. 7, Ergänzungsband, München 1973, S. 536–538.

109 Hesse, *Unternehmensphilosophie*, S. 157.

110 Ebd.

111 Vgl. ebd.

112 Interview von Jörg Lesczenski mit Peter Hesse, Düsseldorf, 5.8.2020.

113 Schreiben von Ernst O. Hesse an Peter Hesse, Düsseldorf, 17. Dezember 1979, in: Privatarchiv Hesse, P0003.

114 Ebd.

115 Zum Folgenden siehe: ebd.

116 Interview von Jörg Lesczenski mit Peter Hesse, Düsseldorf, 5.8.2020.

117 Schreiben von Ernst O. Hesse an Peter Hesse, Düsseldorf, 17. Dezember 1979, in: Privatarchiv Hesse, P0003.

118 Schreiben von Ernst O. Hesse an Peter Hesse, o.O. [Erkrath], 30. Januar 1978, Schreiben von Ernst O. Hesse an Peter Hesse, Düsseldorf, 11. November 1979, sowie: Wirtschaftsprüfer Dr. Fasselt, Dr. Metter & Partner, Aktenvermerk, Betr. Schmincke-Farben, Duisburg, 19. April 1988, in: Privatarchiv Hesse, P0003.

119 Schreiben von Peter J. Hesse an Ernst O. Hesse, Erkrath-Unterfeldhaus, 19. November 1979, sowie: Wirtschaftsprüfer Dr. Fasselt, Dr. Metter & Partner, Aktenvermerk, Betr. Schmincke-Farben, Duisburg, 19. April 1988, in: Privatarchiv Hesse, P0003.

120 Hesse, *Vision*, S. 35.

121 Ebd.

122 Ebd., S. 36.

123 Wirtschaftsprüfer Dr. Fasselt, Dr. Metter & Partner, Aktenvermerk, Betr. Schmincke-Farben, Duisburg, 19. April 1988, in: Privatarchiv Hesse, P0003.

124 Interview Jörg Lesczenski mit Peter Hesse, Düsseldorf, 5.8.2020.

125 Interview Jörg Lesczenski mit Nils Knappe, Erkrath, 16.8.2019.

126 Schreiben von Ernst O. Hesse an die Mitgesellschafter der Fa. H. Schmincke & Co., Düsseldorf, 22. Juni 1980, in: Privatarchiv Hesse, P0003.

127 Beschluss der Gesellschafter der Kommanditgesellschaft unter der Firma H. Schmincke & Co – GmbH & Co. KG, Düsseldorf, 25. März 1982, in: Privatarchiv Hesse, P0003.

128 Wirtschaftsprüfer Fasselt-Mette & Partner, Aktenvermerk, Betr. Schmincke-Farben, Duisburg, 7. Februar 1995, S. 10, in: Privatarchiv Hesse, P0003.

129 Schreiben von Ulrich Hollmann an Peter Hesse, o.O., 7. September 1990, in: Privatarchiv Hesse, P0003.

130 Freundliche telefonische Auskunft von Ariane Hesse an Jörg Lesczenski, 2020.

131 Interview von Jörg Lesczenski mit Brunhilde Solbisky-Thiel, Erkrath, 23.9.2019.

132 Ebd.

133 [Telefonisches] Interview von Jörg Lesczenski mit Thomas Hesse, Bottrop, 5.2.2020.

134 Schreiben von Peter Hesse und Ulrich Hollmann »an unsere Geschäftspartner«, o.O. [Erkrath], [im] November 1992, in: Privatarchiv Hesse, P0003.

135 [Telefonisches] Interview von Jörg Lesczenski mit Thomas Hesse, Bottrop, 5.2.2020.

136 H. Schmincke GmbH & Co. KG, Protokoll der Sitzung von Gesellschafterversammlung und Beirat am 30. März 1990, Duisburg, 17. April 1990, S. 6, in: Privatarchiv Hesse, P0003; [Telefonisches] Interview von Jörg Lesczenski mit Thomas Hesse, Bottrop, 5.2.2020.

137 Zahlen nach: Wirtschaftsprüfer Fasselt-Mette & Partner, Aktenvermerk, Betr. Schmincke-Farben, Duisburg, 7. Februar 1995, S. 10, in: Privatarchiv Hesse, P0003.

138 Schreiben von Peter Hesse an die Gesellschafter und den Beirat der Firma H. Schmincke & Co. – GmbH & Co. KG – und Herrn Skuballa, o.O. [Erkrath], 5. Mai 1994, in: Privatarchiv Hesse, P0002.

139 Vgl. Schreiben von Peter J. Hesse an die Mitgesellschafter und an den Beirat der Firma H. Schmincke & Co., 10. August 1994, in: Privatarchiv Hesse, P0002.

140 Protokoll der Gesellschafterversammlung vom 15. Mai 1995 der Firma H. Schmincke im Industrieclub Düsseldorf, [o.O.], S. 3, in: Privatarchiv Hesse, P0002.

141 Schreiben von Ariane Hesse an Ursula Hesse, Düsseldorf, 23. September 1995, in: Privatarchiv Hesse, P0002.

142 Protokoll der Gesellschafterversammlung vom 15. Mai 1995 der Firma H. Schmincke im Industrieclub Düsseldorf, [o.O.], S. 3, in: Privatarchiv Hesse, P0002.

143 Schreiben von Ariane Hesse an Ursula Hesse, Düsseldorf, 23. September 1995, in: Privatarchiv Hesse, P0002.
144 Interview von Jörg Lesczenski mit Peter Hesse, Düsseldorf, 5.8.2020.
145 [Telefonisches] Interview von Jörg Lesczenski mit Thomas Hesse, Bottrop, 5.2.2020.
146 Ariane und Thomas Hesse, H. Schmincke & Co. Grundsätzliches zur Zukunft von Schmincke, 14. Mai 1996, S. 1, in: Privatarchiv Hesse, P0002; Schreiben von Ariane Hesse an Ursula Hesse, Düsseldorf, 23. September 1995, in: Privatarchiv Hesse, P0002.
147 Stellungnahme VK [Verkauf] zu Umsatzbericht 1-4/95. Schlußfolgerung/Vorschläge für taktisch/ strategische Maßnahmen, o.O., o.D. [April/Mai 1995], o.S., in: Privatarchiv Hesse, P0002.
148 Ebd.
149 Ebd.
150 Vgl. Ariane und Thomas Hesse, H. Schmincke & Co. Grundsätzliches zur Zukunft von Schmincke, 14. Mai 1996, S. 1, in: Privatarchiv Hesse, P0002.
151 Schreiben von Eckart Flöther an Peter Hesse, Geschäftsführender Gesellschafter Fa. Schmincke, Berg am Starnberger See, 28. Mai 1996, in: Schmincke-Archiv, Akte 10365, Teil 2.
152 Interview Jörg Lesczenski mit Nils Knappe, Erkrath, 16.8.2019.
153 Ebd.
154 Ebd.; [H. Schmincke & Co.], Information für die Fachpresse, Schmincke regelt frühzeitig Nachfolge, Juli 1997, in: Schmincke-Archiv, Akte 10391.
155 Interview Jörg Lesczenski mit Nils Knappe, Erkrath, 16.8.2019.
156 Ebd.
157 Ebd.
158 Ebd.
159 Strategie der Firma Schmincke & Co. GmbH & Co. KG. »Wir gestalten unsere Zukunft gemeinsam«. Ergebnisse des Workshops der Gesellschafter und [der] Geschäftsführung am 28. und 29. August 1998, Erkrath, 7. September 1998, in: Schmincke-Archiv, Akte 10397, Teil 1.
160 Vgl. Wirtschaftswoche (31. Juli 2006), S. 69f., in: Schmincke-Archiv, Akte 10391, Teil 1; Interview Jörg Lesczenski mit Nils Knappe, Erkrath, 16.8.2019.
161 Interview Jörg Lesczenski mit Nils Knappe, Erkrath, 16.8.2019.
162 Ebd.; »Ich trachte nach dem Besseren«, PBS Report, 1/2006, S. 50, in: Schmincke-Archiv, Akte 10394.
163 [H. Schmincke & Co.], Nils Knappe: Mehrfachspezialisierung als entscheidender Faktor der Zukunftssicherung, Manuskript, [Erkrath], 11. Februar 2000.
164 Vgl. HobbyArt. Magazin für den Hobby-, Künstler- und Handarbeitsbedarfshandel, Juli 4/2008, S. 30, in: Schmincke-Archiv, Akte 10393.
165 Interview Jörg Lesczenski mit Nils Knappe, Erkrath, 16.8.2019.
166 Dazu u.a.: E. Ulrich Cichy, *Euro und KMU. Chancen und Risiken einer einheitlichen Währung für die mittelständische Wirtschaft*, Bonn 1998; André von Moos, *Die Herausforderungen für Familienunternehmen zur Jahrausendwende*, in: Mark Miller (Hg.), Familienunternehmer heute. Herausforderungen, Strategien, Erfahrungen, Wiesbaden 1998, S. 167–174.
167 Interview Jörg Lesczenski mit Nils Knappe, Erkrath, 16.8.2019.
168 Ebd.
169 [H. Schmincke & Co.], Nils Knappe: Mehrfachspezialisierung als entscheidender Faktor der Zukunftssicherung, Manuskript, [Erkrath], 11. Februar 2000.
170 Interview Jörg Lesczenski mit Nils Knappe, Erkrath, 16.8.2019.
171 Zur Einführung moderner EDV-Systeme bei Schmincke ausführlich: Konrad Buck: *E-Commerce: Tagebuch eines Web-Einsteigers*, in: impulse, März 2000, S. 110–112.
172 Vgl. HobbyArt. Magazin für den Hobby-, Künstler- und Handarbeitsbedarfshandel, Juli 4/2008, S. 30, in: Schmincke-Archiv, Akte 10393.
173 Interview Jörg Lesczenski mit Nils Knappe, Erkrath, 16.8.2019.
174 Beschluss der Gesellschafter der Schmincke-Farben Unternehmensverwaltung Gesellschaft mit beschränkter Haftung, Erkrath, den 19. April 1999, in: Schmincke-Archiv, Akte 10397, Teil 1.
175 Schreiben von Peter Hesse an die Schmincke-Mitgesellschafter/innen und Herren Beiräte, o.O., 23. Februar 2005, in: Schmincke-Archiv, Akte 10365, Teil 2.
176 Interview Jörg Lesczenski mit Nils Knappe, Erkrath, 16.8.2019.
177 Schreiben von Peter Hesse an die Schmincke-Mitgesellschafter und Herren Beiräte, Kaarst-Büttgen, 17. Januar 2002, in: Schmincke-Archiv, Akte 10365, Teil 2.
178 Ebd.
179 Schreiben von Peter Hesse an die Schmincke-Mitgesellschafter/innen und Herren Beiräte, o.O., 23. Februar 2005, in: Schmincke-Archiv, Akte 10365, Teil 2.

180 Schreiben, Entwurf, von Ursula Hesse an Peter Hesse, Düsseldorf, o.D. [im Februar 2002], in: Schmincke-Archiv, Akte 10365, Teil 2.

181 Schreiben von Peter Hesse an die Schmincke-Mitgesellschafter/innen und Herren Beiräte, o.O., 23. Februar 2005, in: Schmincke-Archiv, Akte 10365, Teil 2.

182 Zu Ursachen und Verlauf der Finanz- und Wirtschaftskrise 2008/09 siehe u.a.: Johannes Bähr/ Bernd Rudolph: *1931 – Finanzkrisen – 2008,* München 2011, S. 180ff.; Hanno Beck/Helmut Wienert, *Anatomie der Weltwirtschaftskrise: Ursachen und Schuldige,* in: Aus Politik und Zeitgeschichte 20/2009, S. 7ff.; Hans-Werner Sinn, *Kasino-Kapitalismus. Wie es zur Finanzkrise kam, und was jetzt zu tun ist*, Berlin [2]2009, S. 33ff., 61ff.

183 [Telefonisches] Interview von Jörg Lesczenski mit Nils Knappe, 10.6.2020.

184 Wirtschaftswoche, Nr. 31 (31. Juli 2006), S. 70, in: Schmincke-Archiv, Akte 10391, Teil 1.

185 Florian Langenscheidt, *Vorwort*, in: Ders. (Hg.), Deutsche Standards. Marken des Jahrhunderts. Die Spitzengruppe herausragender Produkte und Dienstleistungen Made in Germany – Von A bis Z, Hamburg 2018, S. 6f.

Schlussbetrachtung und Ausblick

1 [Telefonisches] Interview von Jörg Lesczenski mit Nils Knappe, 10.6.2020.

2 Ebd.

3 Ebd.

4 [Telefonisches] Interview von Jörg Lesczenski mit Nils Knappe, 27. April 2021.

5 Interview Jörg Lesczenski mit Nils Knappe, Erkrath, 16.8.2019.

6 [Telefonisches] Interview von Jörg Lesczenski mit Nils Knappe, 10.6.2020.

7 Zum Folgenden siehe: Aussicht für Schmincke aus der Sicht der Gesellschafter Ariane und Peter Hesse, schriftliche Ausführungen für die Autoren, 8.6.2020.

ARCHIV- UND LITERATURVERZEICHNIS

Archive

Archiv Künstlerverein Malkasten

Archiv Schmincke

1 0001
1 0002
1 0020
1 0044
1 0105
1 0121
1 0122
1 0134
1 0139
1 0195
1 0197
1 0254
1 0348
1 0356
1 0363
1 0365
1 0384
1 0389
1 0391
1 0393
1 0394
1 0397
1 0082
2 0002
2 0003
2 0004
2 0010
2 0011

Bayerische Staatsbibliothek

Nachlass Troost/Gerdy Troost,
Ana 325.B

Bundesarchiv Berlin

R56-VII
R 8127/5641
R 9361-V/100939
R 9361-IX Kartei / 34431412

Historisches Archiv der Commerzbank

HAC-500/121438

Kreisarchiv Kleve

KA Kle H3

Landesarchiv Nordrhein-Westfalen (NRW), Abt. Rheinland

BR336 Nr. 8/35/462
Gerichte Rep. 200
Gerichte Rep. 0587
NW 1002-DN
NWO Nr. 31851

Privatarchiv Dr. Ariane Hesse

Privatarchiv Hesse
P0001
P0002
P0003
P0004
P0006
P0010

Stadtarchiv Forchheim
Familienbögen

Stadtarchiv Düsseldorf
0-1-2-1563
0-1-3-3812
0-1-3-3829
0-1-23-577
0-1-24-1780

Zeitungen
Frankfurter Allgemeine Zeitung
Handelsblatt
Handelsblatt der Chemiker-Zeitung
Journal of Commerce
Mülheimer Nachrichten
The Daytona Daily News
The San Francisco Call
Westdeutsche Zeitung

Literatur

Werner Abelshauser, *Deutsche Wirtschaftsgeschichte seit 1945*, Bonn 2005.

Hans Günther Adler, *Der verwaltete Mensch. Studien zur Deportation der Juden in Deutschland*, Tübingen 1974.

Arne Andersen, *Der Traum vom guten Leben. Alltags- und Konsumgeschichte vom Wirtschaftswunder bis heute*, Frankfurt am Main/New York 1999.

Johannes Bähr/Bernd Rudolph, *1931 – Finanzkrisen – 2008*, München 2011.

Hanno Beck/Helmut Wienert, *Anatomie der Weltwirtschaftskrise: Ursachen und Schuldige*, in: Aus Politik und Zeitgeschichte 20/2009, S. 7–12.

Christopher Browning, *The Final Solution and the German Foreign Office: A Study of Referat D II of Abteilung Deutschland 1940–43*, New York 1978.

Christopher Browning, *The Origins of the Final Solution: The Evolution of Nazi Jewish Policy, September 1939–March 1942*, Lincoln 2002.

Konrad Buck, *E-Commerce: Tagebuch eines Web-Einsteigers*, in: impulse März 2000, S. 110–112.

Andreas Burmester, *Der Kampf um die Kunst. Max Doerner und sein Reichsinstitut für Maltechnik*, Köln 2016.

Annemone Christians, *Tinte und Blech. Eine Pilotstudie zu Fritz Beindorff (1860–1944) und den Günther Wagner Pelikan-Werken im Nationalsozialismus*, Hannover 2018.

E. Ulrich Cichy, *Euro und KMU. Chancen und Risiken einer einheitlichen Währung für die mittelständische Wirtschaft*, Bonn 1998.

Eckart Conze/Norbert Frei/Peter Hayes/Moshe Zimmermann, *Das Amt und die Vergangenheit. Deutsche Diplomaten im Dritten Reich und in der Bundesrepublik*, München 2010.

Disconto-Gesellschaft (Hg.), *Geschäftsbericht Disconto-Gesellschaft von 1915*, in: www.bankgeschichte.de/de/docs/DG_1915.pdf [letzter Zugriff 1. August 2019].

Gerald D. Feldman/Manfred Rasch, *August Thyssen und Hugo Stinnes: ein Briefwechsel 1898–1922*, München 2002.

Helmut Genschel, *Die Verdrängung der Juden aus der Wirtschaft im Dritten Reich*, Göttingen 1966.

Joseph Goebel, *PRIMAcryl PATEPEINTURE, eine neue Technik für Hobby-Maler*, in: Maltechnische Mitteilungen, 1967/ Heft 1, o.S.

Constantin Goschler/Ludolf Herbst (Hg.), *Wiedergutmachung in der Bundesrepublik Deutschland*, Oldenburg/München 1989.

Hermann Graml, *Die Behandlung von Juden fremder Staatsangehörigkeit in Deutschland*, in: Gutachten des Instituts für Zeitgeschichte, München 1958.

Ursula Hansen/Matthias Bode, *Entwicklungsphasen der deutschen Marketingwissenschaft seit dem Zweiten Weltkrieg*, in: Hartmut Berghoff (Hg.), Marketing-Geschichte. Die Genese einer modernen Sozialtechnik, Frankfurt am Main/New York 2007, S. 179–204.

Andrea Hausmann (Hg.), *Handbuch Kunstmarkt. Akteure, Management und Vermittlung*, Bielefeld 2014.

Heinrich-Heine-Universität (Hg.), *1865. Die Düsseldorfer Kunstszene vor 50 Jahren. Ein Teamprojekt des Instituts für Kunstgeschichte*, Düsseldorf 2015.

Philipp Heldmann, *Das „Wirtschaftswunder" in Westdeutschland. Überlegungen zu Periodisierung und Ursachen*, in: Archiv für Sozialgeschichte 36 (1996), S. 323–344.

Oswald Hesse, *Die Geschichte von Feuerbach*, Selbstverlag der Stadtgemeinde, Feuerbach 1909.

Peter J. Hesse, *Die Unternehmensphilosophie im Hause H. Schmincke & Co. GmbH & Co. KG*, in: Literatur-Berater Wirtschaft 1978, Heft 6, S. 157.

Peter J. Hesse, *Management-System*, in: Management-Enzyklopädie, Bd. 7, Ergänzungsband, München 1973, S. 536–538.

Peter J. Hesse, *Von der Vision zur Wirklichkeit. Von Lernwegen zum Erfolg. Von der Möglichkeit, SINNvoll zu leben*, Düsseldorf 1999.

Susanne Hilger, *„Amerikanisierung" deutscher Unternehmen. Wettbewerbsstrategien und Unternehmenspolitik bei Henke, Siemens und Daimler-Benz (1945/49–1975)*, Stuttgart 2004.

Josef Horadam, *Künstlerfarbe der Neuzeit*, o.O. 1893.

Peter Hüttenberger, *Düsseldorf. Geschichte von den Anfängen bis ins 20. Jahrhundert*, Bd. 3: *Die Industrie- und Verwaltungsstadt (20. Jahrhundert)*, Düsseldorf 1989.

iw-trends, 1984/Heft 3: *Dokumentation: Entwicklung und Struktur der Freizeitausgaben*, 31. August 1984.

Stefan Jacob, *Chemische Vor- und Frühgeschichte in Franken. Die industrielle Produktion wichtiger Chemikalien und die Anfänge der chemischen Industrie in fränkischen Territorien des 17., 18. und frühen 19. Jahrhunderts*, Würzburg 1968.

Harald Jähner, *Wolfszeit. Deutschland und die Deutschen 1945–1955*, Berlin [7]2019.

Bodo W. Jaxtheimer, *Aus der Geschichte der Maltechnik*, in: Maltechnische Mitteilungen, 1965/1, o.S.

Christian Kleinschmidt, *Der produktive Blick. Wahrnehmung amerikanischer und japanischer Management- und Produktionsmethoden durch deutsche Unternehmer 1959–1985*, Berlin 2002.

Christian Kleinschmidt, *Konsumgesellschaft*, Göttingen 2008.

Christoph Kleßmann, *Zwei Staaten, eine Nation. Deutsche Geschichte 1955–1970*, Bonn 1988.

Georg Kreis, *Die Schweiz im Zweiten Weltkrieg*, Innsbruck 2011.

Otto Dov Kulka/Eberhard Jäckel (Hg.), *Die Juden in den geheimen NS-Stimmungsberichten 1933–1945*, Schriftenreihe des Bundesarchivs 62, Düsseldorf 2004.

Florian Langenscheidt, *Vorwort*, in: Ders. (Hg.), Deutsche Standards. Marken des Jahrhunderts. Die Spitzengruppe herausragender Produkte und Dienstleistungen Made in Germany – Von A bis Z, Hamburg 2018, S. 6f.

Ludger Lindlar, *Das missverstandene Wirtschaftswunder. Westdeutschland und die westeuropäische Nachkriegsprosperität*, Tübingen 1997.

Karin Lutzenberger, *Künstlerfarben im Wandel*, München 2009.

Kaspar Maase, *Freizeit*, in: Wolfgang Benz (Hg.), Die Geschichte der Bundesrepublik Deutschland, Bd. 3: Gesellschaft, Frankfurt am Main 1989, S. 345–383.

Antja Mahn/Udo Siepmann/Ulrich S. Soénius, *175 Jahre IHK Düsseldorf. Handeln für Unternehmen*, Köln 2006.

Trude Maurer, *Ausländische Juden in Deutschland, 1933–1939*, in: Arnold Paucker (Hg.), Juden im Nationalsozialistischen Deutschland, Tübingen 1986, S. 189–210.

André von Moos, *Die Herausforderungen für Familienunternehmen zur Jahrtausendwende*, in: Mark Miller (Hg.), Familienunternehmer heute. Herausforderungen, Strategien, Erfahrungen, Wiesbaden 1998, S. 167–174.

Rudolf Morsey, *Die Bundesrepublik Deutschland. Entstehung und Entwicklung bis 1969*, 4. überarbeitete und erweiterte Auflage, München 2000.

Thomas Müller-Schneider, *Freizeit und Erholung*, in: Bernhard Schäfers/Wolfgang Zapf (Hg.), Handwörterbuch zur Gesellschaft Deutschlands, Opladen 1998, S. 233.

Birgit Neumann-Dietzsch/Rainer B. Schossig, *Adolf Ziegler. Maler und Paladin. Präsident der Reichskammer der bildenden Künste von 1936–1943*, in: Dies./Hans-Joachim Manske, „Entartet" – beschlagnahmt. Bremer Künstler im Nationalsozialismus, Bremen 2009, S. 146–156.

O.V., *Die neuen Teerfarblacke und die „Eilidio"-Farben*, in: Münchner Kunsttechnische Blätter 17 (1910/11), S. 71.

Gerhard Panzer u.a. (Hg.), *Beziehungsanalysen. Bildende Künste in Westdeutschland nach 1945. Akteure, Institutionen, Ausstellungen und Kontexte*, Wiesbaden 2015.

Werner Plumpe, *Alltag bei Kriegsende*, in: Lan-Pieter Barbian/Ludger Heid (Hg.), Zwischen Gestern und Morgen. Kriegsende und Wiederaufbau im Ruhrgebiet, Essen 1995, S. 158–171.

Alfred Reckendrees, *Konsummuster im Wandel. Haushaltsbudgets und Privater Verbrauch in der Bundesrepublik Deutschland, 1952–98*, in: Jahrbuch für Wirtschaftsgeschichte 2 (2007), S. 29–61.

Andreas Reckwitz, *Die Erfindung der Kreativität. Zum Prozess gesellschaftlicher Ästhetisierung*, Berlin 2012.

Karl Richter (Hg.), *Zink, Zinn und Blei. Eine ausführliche Darstellung der Eigenschaften dieser Metalle, ihrer Legierun-*

gen untereinander und mit anderen Metallen sowie ihrer Verarbeitung auf physikalischem und chemischem Wege. Für Metallarbeiter und Kunst-Industrielle (= Chemisch-technische Bibliothek; Bd. 109), Wien/Leipzig [3]1927.

Jeffrey L. Rodengen, *Evinrude, Johnson and The Legend of OMC*, Fort Lauderdale 1992.

Grete Ronge, *„Hesse, Oswald"*, in: Neue Deutsche Biographie 9 (1972), S. 20f. [Online-Version]: https://www.deutsche-biographie.de/pnd130596558.html#ndbcontent.

Anke Schäning, *Synthetisch organische Farbmittel*, Wien 2010.

Axel Schildt/Detlef Siegfried, *Deutsche Kulturgeschichte. Die Bundesrepublik von 1945 bis zur Gegenwart*, München 2009.

Axel Schildt, *Die Sozialgeschichte der Bundesrepublik Deutschland bis 1989/90*, München 2007.

Axel Schildt, *Moderne Zeiten. Freizeit, Massenmedien und „Zeitgeist" in der Bundesrepublik der 50er-Jahre*, Hamburg 1995.

Gerhard Schildt, *Das Sinken des Arbeitsvolumens im Industriezeitalter*, in: Geschichte und Gesellschaft 32 (2006), S. 119–148.

Bernhard Schmauderer, *Die Entwicklung der Ultramarin-Fabrikation im 19. Jahrhundert*, in: Zeitschrift für Unternehmensgeschichte 3/4 (1969), S. 127–152.

Julius Schmidt, *Zur Kenntnis der Künstlerölfarben*, Dissertation TU München, Forchheim 1935.

H. Schmincke & Co. (Hg.), *Malen macht Freude. 75 Jahre Schmincke*, Düsseldorf 1959.

Gerhard Schulze, *Die Erlebnisgesellschaft. Kultursoziologie der Gegenwart*, Frankfurt am Main 1992.

Hans-Werner Sinn, *Kasino-Kapitalismus. Wie es zur Finanzkrise kam, und was jetzt zu tun ist*, Berlin [2]2009.

S.-W. Staps, *Conrad Hommel*, in: Allgemeines Künstlerlexikon. Die Bildenden Künstler aller Zeiten und Völker (AKL) Band 74, Berlin 2012, S. 370f.

Heinrich Trillich, *Die Deutsche Gesellschaft für rationale Malverfahren, ihre Geschichte, Einrichtungen, Ziele und Erfolge*, München 1928.

Michael Wildt, *Vom kleinen Wohlstand. Eine Konsumgeschichte der fünfziger Jahre*, Frankfurt am Main 1996.

ZU DEN AUTOREN

Jörg Lesczenski

Dr. Jörg Lesczenski studierte Geschichte, Politik und Soziologie an der Ruhr-Universität Bochum und ist seit 2006 wissenschaftlicher Mitarbeiter am Lehrstuhl für Wirtschafts- und Sozialgeschichte der Goethe-Universität, Frankfurt am Main. Zahlreiche Veröffentlichungen zur Geschichte von Familienunternehmen, u.a. *August Thyssen 1842–1926. Lebenswelt eines Wirtschaftsbürgers* (2008); *100 Prozent Messer. Die Rückkehr des Familienunternehmens. 1898 bis heute* (2019).

Andrea H. Schneider-Braunberger

Dr. Andrea Schneider-Braunberger studierte Geschichte an der Goethe-Universität, Frankfurt am Main und ist seit 1996 Geschäftsführerin der Gesellschaft für Unternehmensgeschichte e.V., Frankfurt am Main. Zahlreiche Publikationen unter anderen zur Geschichte von Familienunternehmen mit Jörg Lesczenksi/Thomas Mayer, *Vom Bocholter Wattefritzen zum Internationalen Automobilzulieferer*, Essen 2016; mit Stephanie Tilly, *Alles mit Bedacht? 225 Jahre Bankhaus C.L. Seeliger*, Wolfenbüttel 2019.

REGISTER

BILDNACHWEIS

Archiv von H. Schmincke & Co. GmbH & Co. KG: Abb. 5 (3 0001), Abb. 7 (1 0283), Abb. 8 (1 0279), Abb. 10 (1 0281), Abb. 30 (1 0281), Abb. 32 (1 0281), Abb. 33 (1 0281), Abb. 34 (1 0356), Abb. 35 (1 0356), Abb. 37 (3 0001), Abb. 45 (1 0280), Abb. 48 (1 0282), Abb. 51 (1 0111), Abb. 52 (1 0362), Abb. 55 (1 0362), Abb. 56 (1 0362), Abb. 58 (3 0001), Abb. 60 (1 0279), Abb. 61 (1 0362), Abb. 68 (1 0205), Abb. 69 (1 0205), Abb. 71 (1 0281), Abb. 72 (1 0364), Abb. 73 (1 0356), Abb. 74 (1 0279), Abb. 75 (1 0156), Abb. 76 (1 0155), Abb. 77 (1 0157), Abb. 78 (1 0155), Abb. 79 (1 0154), Abb. 85 (1 0279), Abb. 90 (1 0282), Abb. 92 (3 0001), Abb. 93 (3 0001), Abb. 94 (1 0082), Abb. 95 (3 0001), Abb. 96 (3 0001), Abb. 103 (3 0001), Abb. 106 (3 0001), Abb. 107 (3 0001), Abb. 108 (1 0020), Abb. 109 (1 0254), Abb. 110 (1 0122), Abb. 111 (1 0121), Abb. 112 (3 0001), Abb. 116 (2 0004), Abb. 117 (1 0195), Abb. 118 (1 0197), Abb. 119 (3 0001), Abb. 120 (2 0002), Abb. 121 (1 0134), Abb. 122 (1 0105), Abb. 123 (1 0139), Abb. 124 (1 0384), Abb. 125 (2 0004), Abb. 128 (2 0003), Abb. 129 (2 0011), Abb. 130 (2 0011), Abb. 131 (1 0395), Abb. 132 (1 0363), Abb. 136 (1 0348), Abb. 137 (1 0348), Abb. 138 (2 0003), Abb. 139 (2 0003), Abb. 140 (2 0003), Abb. 142(1 0206), Abb. 143 (1 0206), Abb. 145 (2 0003).

Bundesarchiv: Abb. 64 (BArch Bild 183-H28302).

C.Kreul GmbH & Co. KG: Abb. 11.

Gallerie degli Uffizi, Firenze: Abb. 29 (Cesare Mussini, »Leonardo Morente«).

Gesellschaft für Unternehmensgeschichte: Abb. 63 (eigenes Foto).

Courtesy of Historic New England: Abb. 66 (Schmincke pre-tested permanent oil colors for artists, M.Grumbacher, New York).

HWPH AG, www.hwph.de: Abb. 25.

H. Schmincke & Co. GmbH & Co. KG: Abb. 101 (Profitipp Norma Professional), Abb. 114 (Profitipp Schmincke Pastell: Künstlerfarben so zart wie Samt und Seide), Abb. 126 (Produktionsablauf bei Schmincke), Abb. 127 (Profitipp: Schmincke Aquarellfarben: das einzigartige Flüssiggießverfahren), Abb. 144 (Pressemitteilung »Marken des Jahrhunderts«), Abb. 147 (Firmensitz H. Schmincke & Co., 2019), Abb. 146.

Privatarchiv Hesse (P) im Archiv H. Schmincke & Co.: Abb. 1 (P 012), Abb. 2 (P 012), Abb. 3 (P 012), Abb. 4 (P 012), Abb. 9 (P 002), Abb. 14 (P 001), Abb. 15 (P 001), Abb. 20 (P 001), Abb. 23 (P 002), Abb. 26 (P 002), Abb. 27 (P 001), Abb. 28 (P 002), Abb. 31 (P 002), Abb. 36 (P 002), Abb. 42 (P 012), Abb. 43 (P 002), Abb. 44 (P 001) Abb. 53 (P 012), Abb. 65 (P 002), Abb. 67 (P 002), Abb. 70 (P 002), Abb. 80 (P 012), Abb. 81 (P 002), Abb. 87 (P 012), Abb. 88 (P012), Abb. 89 (P 004), Abb. 91 (P 012), Abb. 97 (P 002). Abb. 113 (P 002), Abb. 115 (2 0003), Abb. 135 (P 002), Abb. 141 (P 001).

Privatarchiv Dr. Ariane Hesse: Abb. 12, Abb. 13, Abb. 17, Abb. 18, Abb. 19, Abb. 24, Abb. 47, Abb. 49, Abb. 50, Abb. 54, Abb. 59, Abb. 83, Abb. 84, Abb. 86, Abb. 98, Abb. 99, Abb. 100, Abb. 102, Abb. 104, Abb. 105, Abb. 133, Abb. 134.

Sammlung Schwarz; mit freundlicher Genehmigung: Abb. 62 rechte Seite.

Stadtarchiv Düsseldorf: Abb. 46 (234-317-002), Abb. 82 (D_Grafenberger_834-317-004).

Stadtarchiv Mühlheim an der Ruhr: Abb. 38 (1510_90.00 Hanau, Gustav_02), Abb. 39 (Bankhaus_Hanau_1510_15.85 Bahnstraße_02).

United States Patent and Trademark Office (www.uspto.gov): Abb. 62 linke Seite.

© VG Bild-Kunst, Bonn 2020: Abb. 57 (Otto Dix, »Bildnis des Fabrikanten Dr. Julius Hesse mit Farbprobe«, Mischtechnik auf Holz, 1926).

Walter Rieker Privatarchiv: Abb. 6 (Foto 31), Abb. 16 (Foto 25), Abb. 21 (Foto 08), Abb. 22 (Foto 07), Abb. 40 (Foto 26), Abb. 41 (Foto 33)